高职高专公共基础课系列教材

高职高专创新创业实用教程

吴教育　曾红武　主　编
黄　婷　黄萧萧　朱荣毅　副主编

清华大学出版社
北京

内 容 简 介

本书打破按学科和理论体系设计课程的编写方式，以"大学生从零开始创业过程"为主线，分为创新创业与创新思维、创意激发与商机识别、商机市场环境分析、简易产品设计与测试、商业模式设计、创业团队组建、营销方案策划、商业计划书撰写及评估 8 个模块。本书主要特点是以创业过程为主线，以实训任务为驱动，以学生学习为中心。非常适合大学生从零开始学习，掌握创业全过程。本书可以全面提升学生的创新思维和创业综合能力及素养。

本书封面贴有清华大学出版社防伪标签，无标签者不得销售。
版权所有，侵权必究。举报：010-62782989，beiqinquan@tup.tsinghua.edu.cn。

图书在版编目（CIP）数据

高职高专创新创业实用教程/吴教育，曾红武主编．—北京：清华大学出版社，2020.8(2023.1重印)
高职高专公共基础课系列教材
ISBN 978-7-302-55626-8

Ⅰ.①高⋯ Ⅱ.①吴⋯ ②曾⋯ Ⅲ.①大学生－创业－高等职业教育－教材 Ⅳ.①G717.38

中国版本图书馆 CIP 数据核字(2020)第 101021 号

责任编辑：张龙卿
封面设计：范春燕
责任校对：赵琳爽
责任印制：朱雨萌

出版发行：清华大学出版社
网　　址：http://www.tup.com.cn, http://www.wqbook.com
地　　址：北京清华大学学研大厦 A 座　　　　邮　编：100084
社 总 机：010-83470000　　　　　　　　　　邮　购：010-62786544
投稿与读者服务：010-62776969, c-service@tup.tsinghua.edu.cn
质量反馈：010-62772015, zhiliang@tup.tsinghua.edu.cn
课件下载：http://www.tup.com.cn, 010-83470410

印 装 者：保定市中画美凯印刷有限公司
经　　销：全国新华书店
开　　本：185mm×260mm　　　　印　张：12.75　　　　字　数：294 千字
版　　次：2020 年 8 月第 1 版　　　　　　　　　　　　印　次：2023 年 1 月第 6 次印刷
定　　价：45.00 元

产品编号：088705-01

编委会

主　编： 吴教育　　曾红武

副主编： 黄　婷　　黄萧萧　　朱荣毅

编　委： 赖越菲　　吕　英　　闫永博　　师建华　　李　海　　孙德延

前　言

随着第四次工业革命的到来,世界已进入知识经济时代,国与国之间的竞争越来越激烈。只有创新型国家才能在国际竞争中取得有利的位置,国与国之间综合实力的竞争主要是科学技术及创新创业型人才的竞争。大学生是最具创新创业潜力的群体,是我国经济建设的接班人。青年学生应该具备一定的创新思维和创业者素质,才能更好地适应未来的工作环境和应对市场竞争的各种挑战。

2014年11月9日,习近平主席出席亚太经合组织(APEC)工商领导人峰会并提出了中国经济新常态的3个主要特点及新的4个机遇。其中,3个主要特点之一就是我国经济增长已从要素驱动、投资驱动转向创新驱动。5年过去了,"大众创业、万众创新"已经成为这个时代的潮流。全国从上至下都非常重视创新创业工作及创新创业教育。2018年9月18日,国务院下发《关于推动创新创业高质量发展打造"双创"升级版的意见》。意见指出:推进大众创业万众创新是深入实施创新驱动发展战略的重要支撑,是深入推进供给侧结构性改革的重要途径。继续强化大学生创新创业教育,在全国高校推广创业导师制,把创新创业教育和实践课程纳入高校公共基础课系列,支持高校、职业院校深化产教融合。

近年来,中国高校创新创业教育不断加强,发展迅速,然而编者团队发现仍然缺乏适合高职高专学生的实践类创新创业实用型教材。甚至很多人对创新创业教育的认识还存在误区,认为创业教育只是教人如何创业的,但实际上,无论是创业还是就业,创新思维和创业者素质对学生而言都是非常重要的,可以极大地提升学生的个人竞争力。因而我们认为,全面提升学生的创新思维、创业者素质、创新创业综合能力才是创新创业教育的基础和根本。为此,为了满足高职高专创新创业教育课程实践类教材的需要,本书编写组成员进行了多方调研,汲取了新道创业基础实训平台的设计思路和内容,充分征求广大师生的意见,并结合高职高专教学实际情况编写了本书。

全书以"大学生从零开始创业过程"为主线,分为8个模块,主要特点如下。

(1) 创业过程主线。学生完成8个模块的课程学习和实训任务后,不仅能完成创新创业项目的开发与初步迭代,还能较大程度提升创新思维能力和创业者综合素质。初步具备从零开始产生一个创业想法,到设计最简可行产品,再到撰写商业计划书并路演的能力。

(2) 实训任务驱动。教材的每个模块设置有知识目标和能力目标,并按照每个模块的学习目标的工作过程设置三个由浅到深的任务,从浅显的案例、实例入手,带动知识目标的学习和实训任务的操作,围绕一个共同的任务中心展开学习,以任务的完成结果检验和总结学习过程。不仅传授给学生理论知识和操作技能,更重要的是培养他们完成创新创业项目的职业能力。

（3）在教材内容组织上以学生学习为中心。教材配备有完备的数字化资源，纸质教材与数字化资源紧密结合，支持线上线下混合式教学模式的开展。每个模块都设计有先导案例及思考题，学生需课前预习及完成思考题，课中可以参加在线课堂活动和测评。每个模块的每个单元都设计了实训任务，学生为了完成任务需主动学习，并在课堂展示宣讲实训任务成果，通过学生互评及老师评分后才能进入下一个任务或模块的学习，使学生随着任务的推进一直沉浸在创业者创业过程的状态中，并不断提升创新创业综合素质。教材突出了创新思维训练和创业实践指导，内容丰富、有趣，可操作性强，利教便学。

"高职高专公共基础课系列教材"由教育部职业技术教育中心研究所王文槿教授担任总主编，并对丛书编写工作给予具体指导，还做了大量的组织工作。《高职高专创新创业实用教程》一书的编写团队有很强的理论和实践造诣。本书由广东职业技术学院校长吴教育教授和曾红武高级工程师主持编写，全书由吴教育、曾红武、黄婷三位教师拟定编写大纲和统稿。其他参与人员均来自曾任创新创业国家精品课程团队的资深"双师型"教师及省示范高职院校创新创业专任教师，其中模块一由黄萧萧、师建华编写，模块二、模块四由曾红武编写，模块三由李海编写，模块五由黄婷、赖越菲编写，模块六由吕英编写，模块七由朱荣毅编写，模块八由闫永博编写，另外，孙德延负责美工设计及排版。在本书编写过程中，我们参阅和借鉴了大量的文献资料，在此谨向文献作者和资料提供者致以诚挚的谢意。

由于时间仓促，编者水平有限，难免有疏漏与不足之处，欢迎广大读者批评指正。

编　者
2020 年 4 月

目　　录

模块一　创新创业与创新思维 ························· 1
　单元 1.1　认识创新与创新思维 ······················· 2
　单元 1.2　创新思维训练 ··························· 6
　单元 1.3　创新方法实践 ·························· 25
　课堂活动与课后思考 ···························· 39

模块二　创意激发与商机识别 ························ 44
　单元 2.1　寻找创业机会 ·························· 45
　单元 2.2　创业机会识别 ·························· 49
　单元 2.3　评估创业机会 ·························· 54
　课堂活动与课后思考 ···························· 63

模块三　商机市场环境分析 ························· 66
　单元 3.1　宏观创业市场分析 ······················· 67
　单元 3.2　微观创业市场分析 ······················· 72
　单元 3.3　调研创业市场 ·························· 79
　课堂活动与课后思考 ···························· 84

模块四　简易产品设计与测试 ······················· 87
　单元 4.1　最简可行产品设计 ······················· 89
　单元 4.2　原型样板制作与展示 ····················· 94
　单元 4.3　最简可行产品测试 ······················· 99
　课堂活动与课后思考 ··························· 106

模块五　商业模式设计 ··························· 111
　单元 5.1　洞悉商业模式 ·························· 112
　单元 5.2　互联网时代的盈利模式 ··················· 114
　单元 5.3　商业模式画布与设计 ····················· 121
　课堂活动与课后思考 ··························· 129

模块六　创业团队组建···132
单元 6.1　认识创业团队···133
单元 6.2　组建创业团队···140
单元 6.3　设计创业团队股权··145
课堂活动与课后思考··152

模块七　营销方案策划···156
单元 7.1　明确目标市场···157
单元 7.2　策划推广手段···160
单元 7.3　制订营销计划···168
课堂活动与课后思考··174

模块八　商业计划书撰写及评估······································178
单元 8.1　商业计划书撰写···179
单元 8.2　商业计划书评估···186
单元 8.3　商业计划 PPT 路演······································187
课堂活动与课后思考··192

参考文献···195

模块一 创新创业与创新思维

知识目标：
1. 了解创造、创新意识和创新能力的概念。
2. 了解创新思维的特点和训练方法。
3. 了解几种常见的创新方法。

能力目标：
1. 能够细心观察和体味生活，并发现日常生活中的痛点。
2. 能够运用创新的原理发现生活中的创造、创意、创新。
3. 在遇到问题时能够突破自己的思维障碍。
4. 能在实际学习、生活、工作中灵活运用发散思维、联想思维、想象和灵感等思维模式，解决实际问题。
5. 能在实际学习、生活、工作中使用所学创新方法，增强自己的创新意识。

【导入案例】

创新思维将废料变成"宝"

美国麦考尔公司的董事长是位犹太人。1946年他随父亲来到美国休斯敦做铜器生意。

一天，父亲问他："一磅铜的价格是多少？"他回答："35美分。"父亲说："对，整个得克萨斯州都知道每磅铜的价格是35美分，但作为犹太人的儿子，你应该说35美元。你试着把一磅铜做成门把手看看。"20年后，父亲去世了，他独自经营铜器店。他做过铜鼓，做过瑞士钟表上的簧片，做过奥运会的奖牌。他曾把一磅铜卖到3500美元。

1974年，美国政府为了清理给自由女神像翻新时扔下的废料，向社会广泛招标，但几个月过去了，仍没有人应标。正在法国旅行的他听说后，立即飞往纽约，看过自由女神下堆积如山的铜块、螺丝和木料后，他未提任何条件，当即就签了字。纽约许多运输公司对他的这一愚蠢举动暗自发笑。因为在纽约州，对垃圾处理有严格规定，处理不好会受到环保组织的起诉。就在一些人要看他的笑话时，他开始组织工人对废料进行分类。他让人把废铜熔化，铸成小自由女神像；把水泥块和木头加工成底座；把废铅废铝做成纽约广场形状的钥匙模型。最后他还让人把从自由女神身上扫下的灰尘包装起来，出售给花店。不到3个月的时间，他让这堆废料变成了350万美元现金，每磅铜的价格整整翻了1万倍。

在许多人的眼中，一磅铜就是一磅铜，然而，这位犹太人董事长却把一磅铜的价格卖到了几十倍、几千倍甚至上万倍的价钱。

（资料来源：杨哲,张润昊.创新思维与能力开发[M].南京：南京大学出版社，2016.）

分析： 创新是化土为银的法宝，是点石成金的利器。对于每一个人来说，只有具备了强烈的创新意识,才能有一双善于发现机会的慧眼,才能够拥有化腐朽为神奇的力量。

【课前思考】

1．什么是创新？什么是创新思维？
2．如何培养创新意识？
3．如何将自己的创新想法变成创业的现实？

单元 1.1　认识创新与创新思维

2002 年,英国广播公司（BBC）《今日节目》的听众在一项民意调查中选出以下十项最佳发明,这项民意调查是专门为纪念英国专利局成立 150 周年而设计的（按票数降序排列）。

（1）自行车／皮埃尔·拉勒曼特（Pierre Lallement，1866）

（2）收音机／古列尔莫·马可尼（Guglielmo Marconi，1897）

（3）计算机／阿兰·图灵（Alan Turing，1945）

（4）青霉素／弗罗雷和西特雷（Florey and Heatley，1940）

（5）内燃机／奥托（Nicolaus Otto，1876）

（6）万维网／蒂姆·伯纳斯-李（Tim Berners-Lee，1989）

（7）电灯泡／托马斯·爱迪生和约瑟夫·斯旺（Thomas Edison and Joseph Swan，1829）

（8）反光道钉／珀西·肖（Percy Shaw，1936）

（9）电话／亚历山大·贝尔（Alexander G.Bell，1876）

（10）电视机／约翰·洛奇·贝尔德（John Logie Baird，1923）

19 世纪 60 年代由皮埃尔·拉勒曼特在巴黎发明的自行车以压倒性票数胜出。有趣的是,这里列出的所有发明都属于创新。因为在上述所有的例子中,它们都没有停留在发明阶段,所有的发明都转化成了产品,直到今天都在市场上销售,并被大家广泛使用。

一、创新

（一）创新的含义

对"创新"概念的系统阐明,首先即是出现在美籍奥地利经济学家熊彼特（J.A.Schumpter，1883—1950）的著名经济发展理论中。熊彼特的经济理论以对资本主义分析为主体,"创新"概念是该理论体系两个最重要的概念之一,另一个是"企业家"概念。在熊彼特看来,资本主义的发展以及必然出现周期性的原因,正是在于企业家的创新行为。也就是说,该理论所谓的创新,除了"创新"概念的基本含义外,明显强调了其中具有经济学意义的方面,那就是它特指某种经济行为或活动。

创新本身就是一个不断创造、不断毁灭的过程。在熊彼特看来,创新者必须具备三个条件：要有眼光,能看到潜在利润；要有胆量,敢于冒险；要有组织能力,能动员社会资金来实现生产要素的重新组合。

（二）创新分类

如果创新的规模和种类各不相同，对这个词的理解有时候又因人而异，那么要把对创新的理解统一起来就不是一件易事。也许我们可以先从分类的方式切入，把创新进行归类，对每种创新做仔细的分析，以便于理解整体意义上的创新。

按照创新的内容，可分为知识创新、技术创新、工程创新、管理创新和社会创新等。

1．知识创新

知识创新是指通过科学研究，包括基础研究和应用研究，获得新的基础科学和技术科学知识的过程。科学研究是知识创新的主要活动和手段。知识创新包括科学知识创新、技术知识特别是高技术创新和科技知识系统集成创新等。知识创新的目的是追求新发现，探索新规律，创立新学说，创造新方法，积累新知识。总之，知识创新为人类认识世界、改造世界提供了新理论和新方法，为人类文明进步和社会发展提供了不竭动力。

2．技术创新

1992 年 OECD（经济合作与发展组织）认为：技术创新包含了新产品和新工艺的产生以及对产品和工艺的重大技术性改变。创新包括了以系列科学的、技术的、组织的、金融的和商务的活动。我国学者认为：技术创新是指企业应用创新的知识和新技术、新工艺，采用新的生产方式和经营管理模式，提高产品质量，开发生产新的产品，提供新的服务，占据市场并实现市场价值。

技术创新又可分为产品创新、服务创新、业务流程创新、业务模式创新、文化创新等。

3．工程创新

工程是人类以相关的技术，按一定的规则，为了构建一个新的存在物的集成性活动。由于每项工程活动都有其特殊的初始条件、边界条件和不同的目标要求，不可能存在两项完全相同的工程。例如，当一个隧道工程"采用"另一个隧道工程的先进经验时是必须有某些变化或创新的。工程创新就有了多方面的具体内容和多种不同的表现形式：工程理念创新、工程观念创新、工程规划创新、工程设计创新、工程技术创新、工程经济创新、工程管理创新、工程制度创新、工程运行创新、工程维护创新、工程"退出机制"创新（例如矿山工程在资源枯竭后的"退出机制"）等。工程创新的重要标志体现为"集成创新"。

4．管理创新

管理创新是指为了更有效地运用资源以实现目标而进行的创新活动或过程，或者说是一个新的管理思想从提出到首次付诸实施并取得预期效益的非连续性创新过程。管理还可分为管理理念、制度、方法和文化的创新。管理创新是一种软创新，许多工作人员只重视可见的硬创新，却忽略软创新。其实软创新是更为内在的文化创新，它是硬创新所不能代替的。

IBM 公司在硬件业务压缩、软件业务大量增加的情况下，认为企业文化需要转变，要从制造型业务转到知识型业务，管理也从"你做什么"的命令变成了"你想什么"。该公司对管理文化的新定义是："不能够事必躬亲，企业需要将合作纳入流程；不断产生创新理念，也不要固守自己的知识产权，应当利用公共的智力资本，并为其注入新活力并作出贡献。"

5. 社会创新

社会创新指的是能够满足社会目的、取得实效的新想法。社会创新是指开发出更为有效的服务、项目和组织来满足社会需求，涉及的领域包括卫生、住房、教育和养老。这需要政府和企业作出较大的努力，然而目前组织形式不固定，资金投入少，参与的机构及方式不成体系是现有的问题，各国政府也在进行此方面的政策咨询并付诸实践。社会创新可分为社会制度创新、社会政策创新、社会组织创新等。

二、创新意识

（一）创新意识的定义

创新意识是指人们根据社会和个体生活发展的需要，引起创造前所未有的事物或观念的动机，并在创造活动中表现出的意向、愿望和设想。

创新意识是人类意识活动中一种积极的、富有成果性的表现形式，是人们进行创造活动的出发点和内在动力，是创造性思维和创造力的前提。

（二）创新意识的培养方法

1. 对所学习或研究的事物有好奇心

牛顿少年时期就有很强的好奇心，他常常在夜晚仰望天上的星星和月亮。星星和月亮为什么挂在天上？星星和月亮都在天空运转着，它们为什么不相撞呢？这些疑问激发着他的探索欲望。后来，经过专心研究，他终于发现了万有引力定律。能提出问题，说明在思考问题。在学习过程中，自己如果提不出问题，那才是最大的问题。好奇心包含着强烈的求知欲和追根究底的探索精神，谁想在茫茫学海获取成功，就必须有强烈的好奇心。正像爱因斯坦说的那样："我没有特别的天赋，只有强烈的好奇心。"

2. 对所学习或研究的事物要有怀疑态度

不要认为被人验证过的都是真理。许多科学家对旧知识的摈弃，对谬误的否定，无不自怀疑开始的。伽利略始于对亚里士多德"物体依本身的轻重而下落有快有慢"结论的怀疑，发现了自由落体规律。怀疑是发自内在的创造潜能，它激发人们去钻研、去探索。我们对待所学习或研究的事物应做到：不要迷信任何权威，应大胆地怀疑。这是创新的出发点。

3. 对所学习或研究的事物要追求创新的欲望

如果没有强烈的追求创新欲望，那么无论怎样谦虚和好学，最终都是模仿或抄袭，只能在前人画的圈子里周旋。要创新，就要坚持不懈地努力，勇敢面对困难，要有克服困难的决心，不要怕失败，要相信，失败乃成功之母。

4．对所学习或研究的事物要有求异的观念

学习和生活中不要"人云亦云"。创新不是简单地模仿,要有创新精神和创新成果,必须有求异的观念。求异实质上就是换个角度思考,从多个角度思考,并将结果进行比较。求异者往往要比常人看问题更深刻、更全面。

5．对所学习或研究的事物要有冒险精神

创新实质上是一种冒险,因为否定人们习惯了的旧思想可能会遭到公众的反对。冒险不是那些危及生命和肢体安全的冒险,而是一种合理性冒险。大多数人都不会成为伟人,但我们至少要最大限度地挖掘自己的创造潜能。

6．对所学习或研究的事物要做到永不自满

一个有着创造性思想的人如果就此停止,害怕去想另一种可能比这种思想更好的思想,或已习惯了一种成功的思想而不能产生新思想,那么这个人便会变得自满,从而停止了创造。

三、创新能力

创新是在前人基础上的一种超越,创新主体在创造过程中有新思想的提出和新成果的出现,这就需要创新主体具备创新的能力和素质,能够被创造活动所激发,把潜在的创造力变成现实的创造力。一般来说,创新能力是指创新主体所具有的创造性地、有效地运用现有知识和技能做出新成果的能力。

个体创新能力显示的是一种综合能力,具体包括能力倾向、专业技能、创造技能和人格特征。

【案例1-1】

3M公司的创新

美国明尼苏达矿业制造公司,因英文名称头三个单词以M开头,所以简称为3M公司。3M公司以其为员工提供创新的环境而著称,视革新为其成长的方式,视新产品为生命,公司的目标是:每年销售量的30%从前4年研制的产品中取得。每年,3M公司都要开发200多种新产品,它那传奇般的注重创新的精神已使3M公司连续多年成为美国最受人羡慕的企业之一。

3M公司知道,建立有利于创新的文化氛围是非常重要的,因此在工作中,3M的管理人员尊重个人的尊严和价值,鼓励员工各施所长,提供一个公平的、有挑战性的、没有偏见的、大家分工协作式的工作环境。尊重个人权利,经常与员工进行坦率的交流。主管和经理要对手下员工的表现与发展负责。鼓励员工发挥主观能动性,为其提供创新方面的指导与自由。冒险与创新是公司发展的必然要求,要在诚实与相互尊重的气氛中给予鼓励和支持。同时,提供公平的个人发展的机会,对表现优秀的员工给予公平合理的奖励。

3M公司提倡员工勇于革新。只要是发明新产品,就不会受到上级任何干预。同时,允许有失败,鼓励员工坚持到底。公司宗旨中明确提出:决不可扼杀任何有关新产品的设想。在公司上下努力养成以自主、革新、个人主动性和创造性为核心的价值观。

"世界上最具有创新力的公司"是3M公司的正式宣言。3M公司对创新的基本解释既醒目又简单。创新就是：新思想+能够带来改进或利润的行动。在他们看来，创新不仅仅是一种新的思想，而且是一种得到实行并产生实际效果的思想。创新不是刻意得来的，3M公司证明了一件事，那就是当公司越是刻意要创新时反而越不如其他公司。"随时贴"便是在一连串意外中诞生的，并不是依据精密的计划而来，每次意外的发生都是因为某个人可以完全独立从事非公司指定的工作，但同时也履行了对公司的正式义务。发明者往往比管理者有更多的空间，可以表达自我。

正是由于3M公司独有的创新文化、一系列的创新机制和创新管理，才使其在过去15年中，在著名的《财富》杂志每年都出版的美国企业排行榜上，其中有10年均名列前10名。面对知识经济的挑战，3M公司的知识创新实践为企业提供了不可多得的范例。

思考：
1. 理解"创新"这个概念的关键在哪里。
2. 管理创新对公务员有什么意义？
3. 个体创新能力包含哪几方面的内涵？分别如何理解？

（资料来源：辽宁省人事厅组编．创新能力培训教程 [M]．沈阳：辽宁大学出版社，2007）

单元1.2　创新思维训练

一、冲破思维障碍

（一）思维障碍的含义

人的大脑思维有一个特点，就是一旦沿着一定的方向、按照一定的次序思考，久而久之就会形成一种惯性。也就是说，这次这样解决了一个问题，下次遇到类似的问题或表面看来相似的问题，就会不由自主地还沿着上次的思考方向或次序去思考，这种情况就称作"思维惯性"。思维惯性就像物理学里的惯性一样，很顽固也不容易克服。如果对自己长期从事的事情或日常生活中经常发生的事物产生了思维惯性，多次以这种惯性思维来对待客观事物，就形成了非常固定的思维模式，即"思维定式"。思维惯性和思维定式统称为"思维障碍"。

一方面，思维障碍有着巨大好处，它使人们的学习、生活、工作简洁明快，促进了社会的高度有序化；另一方面，思维障碍的固定程序化又阻碍科技发展，尤其是在创造活动中，思维障碍阻碍了人们创造性地解决问题，对于创新是非常不利的。

（二）常见的思维障碍

1. 习惯性思维障碍

习惯性思维障碍通俗地说就是"习惯成自然"，是指人们不自觉地用某种习惯了的思维方式或依赖过去的经验去思考已经变化的问题。

习惯性思维几乎人皆有之。对于有些简单的问题,如日常生活中的小事,按照习惯性思维去行事,可能会节省时间,或者少费脑筋。例如早上起床是先洗脸还是先刷牙,走路是先迈左脚还是右脚,各人有自己的习惯,都无不可。即使是某些数学运算,按照老经验、老习惯,还可以较快地完成运算。然而,世界充满着日新月异的变化,如果完全依赖过去的习惯和经验,固守不变的"老套路""老框框",就会约束人的思维,使人发现不了新问题,想不到新的解决方法,从而造成学习、创造的思维障碍。因此有句话说,过去的经验既是我们的财富,又是我们的包袱。《三国演义》中的空城计片段,就是诸葛亮充分利用司马懿的习惯性思维障碍的典型案例。

2. 权威型思维障碍

权威型思维障碍也叫权威定势,是指在思维过程中盲目迷信权威,以权威的是非为是非,缺乏独立思考能力,不敢怀疑权威的理论或观点,一切按照权威的意见行事。

权威定势对人类的发展与进步有着一定的积极意义,因为有了权威的存在,节省了人们无数重复探索的时间和精力;尊重权威能够消除混乱,带来秩序。但是如果一切按照权威的意见办事,盲目崇拜和服从权威,不敢逾越权威半步,就会严重扼杀人们的创造性思维的发挥。事实上,权威的意见只是在某个阶段、某个领域、某个范围是正确的,并非适用于所有问题,而只有实践才是检验真理的唯一标准。

权威型思维障碍体现在很多方面,包括领导权威、学术权威、明星权威、书本权威、媒介权威等。

3. 从众型思维障碍

从众心理,就是不带头、不冒尖,一切都随大流的心理状态。从众型思维障碍是指人们不假思索地盲从众人的认知与行为。当个体的信念与大众的信念发生冲突时,虽然个体清楚地知道自己的信念是正确的,但由于缺乏信心,或不敢违反大众的信念而主动采取与大众相同的观念。

羊群效应。羊群是一种很散乱的组织,平时在一起也是盲目地左冲右撞,但一旦有一只头羊动起来,其他的羊也会不假思索地一哄而上,全然不顾旁边可能存在的危险和不远处更好的草。羊群效应就是比喻人都有一种从众心理,从众心理很容易导致盲从,而盲从往往会令自己陷入骗局或遭到失败。

4. 自我中心思维障碍

自我中心思维障碍是指人想问题、做事情完全从自己的利益与好恶出发,主观武断地不顾他人的存在和感觉。

在日常的思维活动中,人们自觉或不自觉地按照自己的观念、用自己的眼光、站在自己的角度上去思考别人乃至整个世界,由此产生了自我中心的思维障碍。

5. 直线型思维障碍

直线型思维是指一种单维的、定向的、视野局限、思路狭窄、缺乏辨证性的思维方式,但同时也被认为是以最简洁的思维历程和最短的思维距离直达事物内核的最深层次的一种思维方式。在解决简单问题时,人们只需用一就是一、二就是二,或因为 A=B、B=C,推出结论 A=C,这样直线型的思维方式可以奏效。如果面对复杂多变的事物,仍用简单的非此即彼或者顺序排列的方式去思考,就是直线型思维障碍。

直线思维习惯看起来是更有效率地解决问题的办法,因此很多人在面临问题时首先考虑的就是如何直截了当地一击即中,却常常是事与愿违。

(三)如何突破思维障碍

思维障碍是我们进行创新的拦路虎,突破思维障碍最好的办法就是转换思维视角。

【案例 1-2】

转换思维视角

一位缺衣少食、无依无靠的妇女,无意间救了一个妖怪。妖怪要报答她,让她提三个愿望,但有一个条件,无论她提什么要求,她的仇人得到的要比她所要的多一倍。

首先,她向妖怪要了一笔钱,然后是一栋房子,第三个愿望要什么?通常我们会想什么对妇女有利而对她的仇人不利。人都有这种想法:将自己的利益最大化,将仇人的利益最小化。实际上这是互相矛盾的,我们可以稍微转换一下思路进行思考,比如从得到某种坏处出发;比如让她吓得半死。

可从以下三个方面去转换思维视角。

1. 改变万事顺着想的思路

顺着想可以使我们比较容易地找到解决问题的切入点,提高效率,但我们说客观事物是千变万化的,顺着想不能完全揭示事物的内部矛盾。

(1)变顺着想为倒着想

【案例 1-3】

强光照射下的进攻

第二次世界大战后期,苏联军队在向柏林发动总攻的前夜,想趁着天黑发动突然袭击,可是这天夜晚星光灿烂,部队难以隐蔽。朱可夫元帅下令将所有的探照灯集中起来,用最强的光照射敌军的阵地。苏军在明晃晃的灯光下突然发动进攻,打得德军措手不及,苏军取得了胜利。天黑发动袭击,这是顺着想;天亮发动进攻,就是倒着想。

(2)从对立面去想

世界上的任何事物都是对立统一的,改变这一方不行,那么改变另一方可能有助于问题的解决。

【案例 1-4】

锅炉的改进

过去,工业锅炉和生活用锅炉都是在锅炉里安装了许多水管,用给水管加热的方法,使水温升高,产生蒸汽,热效率不高。日本科学家熊田长吉想到,冷和热是相对的,不能只考虑热的方面,也要考虑冷的方面。

他在粗的热水管里又加了一根装冷水的细管,这样,热水上升,冷水下降,加快了锅炉中热水和蒸汽的循环,热效率提高了10%。

(3) 思考者改变自己的位置,用换位思考或易位思考。

【案例 1-5】

冰箱的改进

最初的冰箱冷冻室在上面,冷藏室在下面,这样做的目的是为了将上面的冷空气引到下面的冷藏室内。

日本夏普公司的研究人员进行了换位思考,假设自己是用户,发现人们对冷藏室用得较多,应该将冷冻室放在下面、冷藏室放在上面较方便。在冰箱内安上排风扇和通风管,将下面的冷空气提升到上面的冷藏室,解决了冷空气引入问题。

2. 转换问题,获得新视角

问题是多种多样的,但彼此之间有很多相通的地方,对于难以解决的问题,与其死死盯住不放,不如把问题转换一下。

(1) 复杂问题简单化

聪明的人把复杂问题简单化,不聪明的人把简单的问题越搞越复杂。事实上,在解决复杂问题的时候能够化繁为简,就是一种思维视角的转换。

【案例 1-6】

于振善测土地面积

很早以前,各国的数学家们都一直在思考如何计算出不规则地图的面积。我国的一位木匠名叫于振善,听到这样的问题后,他专心致志地研究起来,经过多次实验,终于找到了一种计算不规则图形面积的方法——"称法"。先精选一块重量、密度均匀的木板,把各种不规则的地图剪贴在木板上;然后,分别把这些图锯下来,用秤称出每块图板的重量;最后再根据比例尺算出1平方厘米的重量,用这样的方法就不难求出每块图板所表示的实际面积了。也就是说,图板的总重量中含有多少个1平方厘米的重量,就表示多少平方厘米。再扩大一定的倍数(这个倍数是指比例尺中的后项),就可以算出实际面积是多大了。

(2) 把生疏问题转化为熟悉的问题

对于从未接触过的生疏问题可能一时无法下手,找不到切入点,但不要望而却步,试着把它转化成你熟悉的问题,可能就会有新的视角,也许还会有意想不到的成果诞生。

【案例 1-7】

钢筋混凝土的发明

钢筋混凝土的发明者既不是工程师,也不是建筑材料专家,而是法国的一位园艺师,名叫约琴夫·莫里埃。莫里埃经营一个很大的花园,由于他技术高超而且勤劳,一年四季,五颜六色的鲜花开得满园都是。游客慕名前往,纷至沓来,从赏花中得到美的享受,莫里埃也因此感到快慰。但游客中免不了会有不守规矩的人,有时一天过后,漂漂亮亮的花园被弄得一团糟,花坛也被踏碎了。尽管莫里埃挂了"请勿摘花""请勿踏花坛"等牌子,但根本不管用,观赏者为了一饱眼福,照踏不误。

但怎样才能使人们既踏上花坛又踩不碎它呢?为此莫里埃琢磨了好久,始终找不到一种上策。有一天,他在花园里劳动,将用瓦盆培育的木本花移栽到花坛中去,搬动的时候,他不慎失手打破了花盆,发现花根四周的土没有散,而是包成一团,连松都未松。他感到奇怪,蹲下去仔细一看,原来花木发达的根系纵横交错,把松软的泥土牢牢地连在一起。他重新搬起来有意地又摔了一下,土仍然没有散。这件事令他一下子想到如果制作水泥花坛的时候,放些花根在中间不就很难踏碎了吗?但他仔细一想又不对,花根与水泥一起用不大合适。经过一番思索,他将铁丝仿照花木的根系编成网状,然后和水泥、沙石一起浇铸,做成新的花坛,果然踏不碎了。由此,莫里埃想到了做房子,并将铁丝换成粗钢筋,这样浇灌出来的就是钢筋混凝土。

(3) 把不能办到的事情转化成可以办到的事情

这需要克服很多的困难,并创造条件来解决该问题。

【案例 1-8】

南水北调工程

自 1952 年 10 月 30 日毛泽东主席提出"南方水多,北方水少,如有可能,借点水来也是可以的"设想以来,在党中央、国务院的领导和关怀下,广大科技工作者做了大量的野外勘查和测量,在分析比较 50 多种方案的基础上,形成了南水北调东线、中线和西线调水的基本方案,并获得了一大批富有价值的成果。

3. 把直接变为间接

(1) 先退后进

先退后进在中国第二次国内革命战争时期得到了巧妙应用,按照"敌进我退,敌驻我扰,敌疲我打,敌退我追"的十六字方针,取得了反围剿的伟大胜利。

(2) 迂回前进

有时为了前进,也可绕弯、兜圈子,"退一步海阔天空"。

【案例 1-9】

土豆在法国的传播

法国有个农学家叫安瑞,他在德国当过俘虏,吃过土豆,感觉非常好。他回到法国之后,一心想在自己的家乡种植。可是法国不少人坚决反对,后来安瑞终于得到国王的许可,在一块非常低产的土地上面试种土豆,为了引起人们对土豆的兴趣,他想出了一个很好的推广方法。土豆既然不好,不能吃,一定要看守好,不能让人偷了去,他请求国王派卫队来把守。这引起了人们的好奇心,有人趁晚上卫队不在的时候偷偷地来挖,回去吃了以后觉得很美味,于是就偷去种植,土豆得以在法国传播。

(3) 先做铺垫,创造条件

在面对一个不易解决的问题的时候,有时要设定一个新的问题做铺垫,为解决问题创造条件。

【案例 1-10】

老 汉 分 牛

一个老汉有 17 头牛,分给三个儿子。大儿子得 1/2,二儿子得 1/3,三儿子得 1/9,怎样分？（借一头,分完了剩一头再还回去。）

二、发散思维与集中思维

按趋向和思路来开展的思维通称为方向性思维,包括发散思维、集中思维、正向思维、逆向思维和侧向思维等。

（一）发散思维

1. 发散思维的含义

发散思维也叫扩散思维或多路思维。心理学家吉尔福特把发散思维定义为："从所给定的信息中产生信息,从同一来源中产生各式各样的为数众多的输出。"他还认为,智力结构中的每一种能力都与创造性有关,但发散思维与创造性的关系最密切。发散思维是创造性思维中最基本最普通的方式和方法,它广泛存在于人们的创造活动中。浙江大学王加微先生认为："发散思维就是在思维过程中,充分发挥人的想象力,突破原有知识圈,从一点向四面八方想开去,通过知识的重新组合,找出更多更新的可能答案、设想和解决办法。"概括地说,发散思维是指从一点出发,向各个不同的方向辐射,产生大量不同设想的思维。

例如,有人用强制式思维扩散搞创新,设计开发出新颖实用的新式系列鞋。

（1）可以"吃"的鞋。这不是指用嘴吃,而是用脚吸收,即在鞋内加些药物,通过脚吸收,可治疗脚汗、脚臭、脚鸡眼,甚至可治疗高血压、关节炎、胃溃疡等疾病。沿着这个思路,开发出多种防病鞋、治病鞋等。

（2）会说话的鞋。这种鞋对于儿童来说既好玩又实用,即设计出一种穿鞋时能放音乐或唱出生活常识儿歌的鞋,使儿童不靠父母,自己穿鞋,有序摆放,提高生活自理能力。

（3）可以扫地的鞋。即人走到哪里就把哪里的灰尘吸走。在朋友聚会及办公室里,穿上这种鞋,不但不扬尘,反而越来越干净。

（4）可以指示方向的鞋。即在鞋上装上指南针,调到所选择的方向,当方向偏离时,鞋就会自动发出警报,这对野外考察探险的人来说很有用处。

（5）只穿一次的鞋。即设计一次性鞋,价格便宜,可经常更换鞋的式样和颜色,这对宾馆和家庭来说,需要量很大,而且卫生。

2. 发散思维的特征

（1）流畅性

发散思维的流畅性主要指发散思维的量,即在较短的时间里产生较多的想法。思维的流畅性是衡量发散思维的一个重要指标。

（2）变通性

发散思维的变通性又称灵活性,是发散思维"质"的指标,是指思维的随机应变能力。

它反映出发散思维具有触类旁通、由此及彼的联动机制。思维一旦在某一方面受阻,即刻转向另一方向思考,并能迅速寻找出最优思路、最佳方案。变通性是应付变幻莫测的情况和解决"千姿百态"问题的关键,是发散思维的重要品质。

(3) 独创性

独创性又称求异性,是发散思维的本质,它反映发散思维的新奇部分,表现为善于独立思考问题,善于创造性地发现问题、解决问题,最终体现在思维活动和思维结果的新颖、独特性上。思维独创性强的人能够在现有的已知情况下寻找新问题,发现新的结果,善于抓住问题的矛盾点进行分析。

(二) 集中思维

1. 集中思维的含义

集中思维也叫收敛思维(或收缩思维、求同思维),这是一种异中求同的思维方式。具体来说,集中思维是指紧随发散思维,在大量创造性设想中,通过分析、综合、比较、判断,选择最有价值的设想。换言之,就是从数量中找质量的阶段。它好比我们在一个四通八达的交叉路口,要设法找出一条通向目的地的最佳路线一样。又如平时开会,在大家发言的基础上,总要把议题和意见集中一下,使我们的思维直接对准思维目标。

2. 集中思维的特点

(1) 唯一性。从集中思维的结果来说,它是唯一的,不允许含糊其辞、模棱两可。

(2) 逻辑性。吉尔福特认为,集中思维属于逻辑思维推理的领域,它不仅进行定性分析,还要进行定量分析,要仔细分析各种方案、办法和设想的可行性,所以它具有逻辑性特征。

3. 发散思维与集中思维的区别和联系

发散思维与集中思维虽然有显著的区别,但是从一个相对完整的思维过程的角度来说,发散思维与集中思维又是创造过程中相辅相成的统一体,缺一不可。在解决创造性的问题中,可通过发散思维推测出许多假设和新的设想;也可通过集中思维,从中找出一个正确的答案。可见,在创造性问题的解决中,光有发散思维或光有集中思维都是不够的,需要两者的有机结合。因为解决问题的基础是提出假设,所以说创造性是更多地表现于发散性上;但是检验假设和得出结论,解决问题则是靠集中性,又可以说创造性是终于集中,起于发散,相辅相成,这是创造力对于人们的思维品质的要求。

三、正向思维与逆向思维

(一) 正向思维

正向思维是指按照常规思路或者遵照时间发展的自然过程,或者以事物的常见特征与一般趋势为依据而进行的思维方式。正向思维一般是从分析原因入手,经过逻辑推理,由发散到集中而得出结论。

例如,根据居民的货币收入与商品的销售量、家具的销售量与新建的住宅和新婚的户数、婴儿服装销售与当年婴儿的出生数的相关性,对其进行大量的统计数据分析,找出其变量之间的关系,推测出其将来的发展状况也是运用的正向思维;再如,根据国际经济格局过去分布情况、现在分布情况和将来的趋势,找出国际经济格局的变动走向问题作出正确分析也是运用的正向思维。

还有,在发现天王星之后的几十年里,人们又发现天王星的实测轨道同理论数据存在偏差,表现出轨道上下摆动的现象。有的天文学家大胆地推测,天王星的外边还有一颗未发现的行星。19世纪40年代,英国的亚当斯花费了近两年时间,终于用万有引力定律和天王星实测数据推算出这颗尚未被发现的新星的轨道。几乎与亚当斯同时,法国天文学家勒威耶也用艰难的数学方法推算出这颗新星的可能位置。1846年9月23日,柏林天文台台长加勒果然按勒威耶推算的位置方向找到了一颗未列入星表的八等小星,即海王星。它的发现又使太阳系的空间范围增加了一倍半。80多年之后,天文学家们又通过类似的推理演绎方法在海王星外发现了冥王星。这些太阳系行星的发现均是正向思维的结果。

另外,我国古代的"月晕而风、础润而雨""朝霞不出门,晚霞行千里""鱼鳞天不雨也风颠"之类预报天气的谚语也都体现为正向思维。

(二)逆向思维

1. 逆向思维的含义

逆向思维也称为逆反思维或反向思维,它是相对正向思维而言的一种思维方式。正向思维是人们习以为常的、合情合理的思维方式,而逆向思维则与正向思维背道而驰,朝着它的相反方向去想,常常有逆常理。

【案例1-11】

皮鞋推销员

一家英国鞋厂和一家美国鞋厂各派一名推销员到太平洋一个岛屿去开辟市场。两名推销员上岛后,他们各自给自己的工厂发回一封电报。一封是:"这座岛上的人不穿鞋子,明天我就搭头班飞机回去。"另一封是:"棒极了,这个岛上的人都没穿上鞋子,潜力很大,我拟常驻此岛。"可见,对于同一个事实,两个人预见了相反的发展未来,第二个人的思维方向与第一个人的思维恰好相反。第一个人认为,岛上的人没穿鞋,鞋子在这里不会有销路,这似乎是不容怀疑的"定论"。第二个人进行的就是逆向思维,他从反面提出问题、思考问题、解决问题,并敢于用新的实践推翻"定论":今天没有穿鞋,明天为什么不可以穿鞋呢?

(资料来源:杨成双. 创造学基础[M]. 成都:电子科技大学出版社,2014.)

逆向思维作为一种思维方法是有其客观依据和客观原型的。辩证唯物法对立统一规律揭示了:任何事物或过程都包含着相互对立的因素,都是相反的对立面的统一体。由于事物内部相互对立因素的存在,事物的发展就存在两种相反的可能性;由于事物内部相反的因素的存在,不同的人就可能以相反的因素为依据而产生对立的看法;由于事物的发展存在着两种相反的可能性,不同的人就可能沿着相反的方向进行思考。

在新产品开发中,这样的例子数不胜数。例如,当大屏幕电视技术问世不久,日本东芝公司随即研制成功一种屏幕比火柴盒略大的"火柴盒式电视机",为外出人员随身携带及时掌握各种信息提供了方便。无独有偶,在收录机向多功能发展的同时,原联邦德国一家工厂研制出了一种金笔式录音机。

这个例子说明,如果偶尔打破平时的行动常规和思考模式,往相反方向想一想,往往可以获得意想不到的新思路、新感觉和新收获。

2．逆向思维的分类及其应用

逆向思维可分为六类,即结构逆向、功能逆向、状态逆向、原理逆向、序位逆向、方法逆向等。

(1) 结构逆向

结构逆向就是从已有事物的结构形式出发所进行的逆向思维,以通过结构位置的颠倒、置换等技巧,使该事物产生新的性能。

例如,在国外,电冰箱的冷冻室在上,冷藏室在下。而这一家用电器投放到中国的市场却将这一结构上下颠倒,因为这更符合中国人打开冷藏室的门次数较多的习惯,方便了居民的使用。

(2) 功能逆向

功能逆向是指从原有事物功能上进行逆向思维,以寻求解决问题、获得新的创造发明的思维方法。

例如,人们写字都想写得清晰,字保留的时间长,但也有人想使写出的字容易擦去。据此,河南省一家圆珠笔厂采用南京理工大学王卫东教授发明的可擦圆珠笔油墨配方,大量生产可擦圆珠笔,投放市场后一炮打响,现在已经大量出口。

(3) 状态逆向

状态逆向是指人们根据事物某一状态的反面来认识事物,从中找到解决问题的办法或方案的思维方法。

例如,过去木匠用锯和刨来加工木料都是木料不动而工具动,实际上是人在动,因此人的体力消耗大,质量还得不到保证。为了改变这种状况,人们将工作状态反过来,让工具不动而木料动,设计发明了电锯和电刨,从而大大提高了效率和工艺水平,减轻了劳动量。

(4) 原理逆向

原理逆向是指从相反的方面或相反的途径对原理及其运用进行思考的思维方法。

例如,1819年,丹麦物理学家奥斯特发现了通电导体可使磁针转动的磁效应。1820年,法国安培发现通电螺线管具有与磁石相同的作用。英国物理学家法拉第想:既然由电可以产生磁效应,反过来能否由磁产生电效应呢?按照这一思路,法拉第开始了新的课题研究,经过9年的艰苦探索,终于在1831年发现了电磁感应现象,即在磁场中做切割磁力线运动可以获得感生电流,为发电机制造奠定了理论基础。

(5) 序位逆向

序位是指顺序和方位。顺序又指时序或程序,方位又指方向和位置。序位逆向是指对事物的顺序和方位逆向变动,以产生新的较佳的思维。

第一,从时间顺序上进行逆向思维。

如近年来,一些农村专业户非常重视"时间差"的利用。"种菜种瓜要抢先,迟了不值钱"这条谚语提醒人们,种菜种瓜一定要讲究一个"早"字,因为早能争得经营优势卖出高价。但一些富有创新意识的农民反弹琵琶,一反常规,偏在"迟"字上大做文章,以迟取胜。结果越夏西红柿、秋西瓜、冬天结果的桂圆等纷纷问世。物以稀为贵,这些反季瓜果都能给农民带来良好的经济效益。

第二,从程序上进行逆向思维。

例如,在工厂,上道工序为下道工序提供零件是常规。后来,日本本田公司经理本田章一郎却用逆向思维提出"三及时"的思想,即下道工序在需要时向上道工序索要所需数量的合格零件,这样做的目的是因为上道工序为下道工序提供的零件送早了或送多了就会造成积压,降低资金周转速度;如果送晚了或送少了或零件质量不合格就会影响生产的正常进行。所以,提出要做到三及时,即"及时的时刻""及时的数量""及时的零件"。事实证明这样做的结果是取消了大量在制品的库存,减少了在制品资金的积压,加速了资金周转,使经济效益增加了一倍。

第三,从方向上进行逆向思维。

例如,火箭是向天上打的,那么能否向地下打呢?苏联工程师米海尔于1968年研制成功了钻井火箭,能穿透土壤、冰层、冻土、岩石,每分钟钻进10米,虽然重量只有普通钻机的1/17,但耗能却少2/3,效率提高5~8倍,引起钻井、打桩手段的革命。

第四,从方位上进行逆向思维。

例如,古代英国有一个美丽的女孩叫邓丽娜。有一次,她的父亲欠了一个商人一笔钱,到了该还的时候却无钱可还。按照当时的法律,欠债不还就要坐牢。邓丽娜的父亲苦苦哀求债主同意他延期归还,债主不答应,要挟说,除非他的女儿邓丽娜愿意嫁给他才行。邓丽娜和她的父亲都不愿意,商人提出了一个让步的办法,让邓丽娜用摸彩的办法来决定。办法是:在商人的口袋里放上两块一黑一白的石子,让邓丽娜去摸,如果摸到的是黑石子,邓丽娜就嫁给他,当然欠债就免了;如果摸到的是白石子,邓丽娜既不用嫁给他,欠债也免了。邓丽娜决定试试自己的命运,但是她发现商人往口袋里放了两块黑石子,这样无论她怎么摸,她都得嫁给这个商人。这个商人有钱而没有文化、没有修养,与这样的人一起生活,邓丽娜很不情愿,不过她突然想了一个办法。邓丽娜假装没有发现商人的花招,伸手去摸石子。她摸到了一块石子后,看也不看,飞快地将其扔到河里。对商人说,摸到的什么石子,也不用看了,只要看一看留在口袋里的是什么石子就可以了。口袋里剩下的石子当然是一块黑石子。这就是说,她摸到了一块白石子,按照协议,摸到了白石子,债务就结清,婚约也不存在。一般情况下,人们是要看摸出的石子是什么颜色的。但邓丽娜把人们的注意力调了个方位,让人们注意留在布袋里的石子,结果她赢了,既救了父亲,又保护了自己。

(6) 方法逆向

方法逆向是指在解决问题时,采用与惯用方法截然相反的方法的思维。

例如,在激烈的美国航空市场竞争中,西南航空公司没有像其他各家航空公司实行昂贵的策略,而是运用成本控管策略成为全美效益最高的航空公司。西南航空选择较不拥挤又便宜的机场及较短的直航路线的谋略来争夺市场资源,由于机型统一(全部采用波音737),机上不供应餐点、不对号入座,而且都是短途飞行,使西南航空成为全球第一家不用机票的航空公司。顾客只要用电话取得确认号码,即可凭号码登机,提领行李,并于出口领取收据。此种不按常理改变游戏规则的方法,可以让西南航空一年省下2500万美元。

3. 逆向思维的训练

(1) 必须深刻认识事物的本质

所谓"逆向",不是简单的、表面的逆反思维,不是别人说东我偏说西,而是真正从逆向中进行独到、科学的创新性思维。只有严格遵循客观规律,认清事物本质,才能避免在进行逆向思维时从一个极端走向另一个极端。

(2) 坚持思维方法的辩证统一

正向与逆向本身就是对立统一的,无法截然分开。机械地套用正向或逆向思维,都会使思维方式陷入泥沼。应当灵活机动地将两者进行合理转换,从而实现思维的目标。

(3) 思维立意要积极有益

逆向思维应经得起推敲,避免肤浅化、恶俗化。那些不具普遍性、违反科学精神、有悖于人类情感和共识的"逆向",都是不可取的。

四、侧向思维与转向思维

(一) 侧向思维

1792年,音乐家海顿的乐队成员大为光火,因为公爵曾许诺给他们一个假期,却一再拖延。他们让海顿去跟公爵谈一谈放假的事,海顿想了想,决定用音乐说话,于是写下了《告别交响曲》。演出时,乐曲以整个乐队共同出场演奏为开始,但是随着乐曲的进行,乐谱上需要的乐器越来越少。每当一位乐手演奏完自己的那一部分乐曲之后,就吹灭自己的蜡烛,离开舞台。就这样,他们一个接一个地走下舞台,直到台上空无一人。公爵明白了其中的寓意,给了他们一个假期。音乐家海顿用音乐说话而达到目的的想法和做法就是运用的侧向思维。

1. 侧向思维的含义

何谓侧向思维?我们给它下的定义是:侧向思维是指在正向思维或逆向思维方向之外而选择另一个角度进行思考的思维。

侧向思维和逆向思维都是与常规思维不同的思维。侧向思维和逆向思维二者的区别是:逆向思维在许多场合表现为与常规的正向思维方向相反,但轨迹与正向思维一致;而侧向思维与正向思维不仅在方向上,而且在轨迹上也有所不同,是偏重于在正向思维和逆向思维的轨迹之外而另辟蹊径的思维。它一是指在正向思维和逆向思维的轨迹的旁侧向外延伸的思维,二是指"从其他离得很远的领域取得启示的思维"。这如同我国古代《诗经》中的"他山之石,可以攻玉"一样,这种正逆向思维轨迹之外的侧向思维在思维实践中体现得很多。

2. 侧向思维的实际应用

(1) 旁侧外向延伸的案例

例如,一次国际评酒会上,中国的茅台酒由于装潢简朴,未受重视。酒商眼看好酒通过正式途径得不到承认,便以侧向思维,采用另一种非正式的办法,力促中国名酒得到世人的赏识。他装作失手,将酒瓶跌碎,顿时茅台酒的醇香四溢,举座皆惊,各评委们另眼相看,使茅台酒一举成名。

(2) 从远领域得启示的案例

例如,美国工程师杜里埃认为,为了保证内燃机有效地工作,必须使汽油和空气能够均匀地混合。可是,怎么来实现这种混合呢?这个问题一直纠缠着他。1891年,他看到妻子喷洒香水,于是从这个化妆器具得到启发,创造了发动机的汽化器。当然,汽化器也是一个喷雾器。

3. 侧向思维的训练

(1) 养成"迂回"思考的习惯

将思维强行扭转到"不打眼处",强制自己从侧面思考。侧向思维往往需要"拐弯抹角"。因此,养成"迂回"思考的习惯,是有效进行侧向思考的关键。

(2) 把握强弱的辩证

它要求即使在有明显正向方式的情况下,也强行将思维往侧面"拐角",拐到"不打眼处""次要处""配角处"来。这其实是体现了一种强弱的辩证。我们可以从多方面形容辩证的关系:配角即主角,轻处即重处,不"打眼"即"打眼",迂回即近路,"岔路"即正路,"附带效果"即最大效果等。

所有强弱的变化,都伴随着一个"隐"和"显"转换的过程。即所有的强——"主角""打眼""近路""最大效果"等,在开始时都是"隐"的,只有到了最后,才能感觉到别开生面之妙,甚至让人有"我怎么没想到"的惊叹。

(二) 转向思维

1. 转向思维的含义

转向思维是指在一个思维方向受阻时,便转向另一个思维方向,经过多次思维转向而达到解决问题目的的思维。善于转向思维的人们,可以在各种思路变换中迂回前进,使其越来越接近解决问题的目标,直至最后取得成功。

2. 转向思维的实际应用

例如,汉朝有个京兆尹(相当于今天首都的市长)叫孙宝。一天,有一个农民和一个摊贩打官司。原来,农民在进城时不小心把摊贩卖的橄子碰撒在地,全都碎了。摊贩让农民赔,农民也认赔,但是,在赔偿的数量上两个人起了争执:农民说只有50个,摊贩说起码有300个。现在,橄子全碎了,根本无法复原,也就无法数出有多少个。正是利用碎了的橄子不能复原这一点,农民可能往少了说,摊贩尽量往多了说。孙宝想,按农民说的,摊贩不干;按摊贩说的,农民觉得吃亏。自己给定个数量,两个人肯定都不干,而且无从定起。孙宝决定不能糊涂判案,一定要让双方都服气。于是,他让人买来一个橄子称重量,又叫人把碎了的橄子收在一起,也称了重量,再相除,就得出了橄子的数量,按此结果让农民赔偿。双方均无话可说,旁观者无不称赞。古代人把"追究橄子的数量"转向为"比较橄子的重量",从而解决了一场纠纷。

五、垂直思维与水平思维

（一）垂直思维

垂直思维是按照事物产生、发展的既定方向，借助现有的知识经验，从问题的正面进行向上或向下的垂直思考。这是一种符合事物发展方向和人类习惯的思维方式，遵循由低到高、由浅到深、由始到终等线索，因而思维脉络清晰明了，合乎逻辑。其特征是从前因后果、逻辑顺序、历史现状等角度思考，强调的是缜密、精确、严谨、有序，思考的路线一般是线性的，即沿着线性思路，一步步地解析、演绎、推理、求证。

（二）水平思维

水平思维是通过改变原有的定式、传统观念，通过分析比较，从多个方向找出新的思维原点，用全新的思维去思考。这种思维方式不一定是有顺序的，同时也是不能预测的。水平思维改变了解决问题的一般思维，试图从别的方面、方向入手，从而使思维的高度大大增加，有可能从其他领域中得到解决问题的启示。因此，水平思维在广告创意活动中起着巨大的作用。

六、形象思维与抽象思维

（一）形象思维

形象思维又称直觉思维，是借助于具体形象的生动性、实感性进行创造性思维的活动，其特点是具有形象性、完整性和跳跃性。形象思维的基本单位是表象，它是用表象来进行分析、综合、抽象、概括的过程。当人利用他已有的表象解决问题时，或借助于表象进行联想、想象，通过抽象概括构成一幅新形象时，这种思维过程就是形象思维。所以，利用表象进行思维活动、解决问题的方法，就是形象思维法。在文学作品中典型形象的创造、画家绘画、建筑师设计规划建筑蓝图等也是形象思维的结果，如图1-1所示。

图1-1 形象思维广告创意

形象思维是通过实践由感性阶段发展到理性阶段，最后完成对客观世界的理性认识的一种思维。它在整个思维过程中都不脱离具体的形象，通过想象、联想等方式进行思维。比如"协和"飞机的外形设计，我们很容易就能看出这是对鹰的仿生。但其设计构思，既不是鹰外表的简单复制，也不是对以往所有飞机外形的照搬，而是设计师根据"协和"飞机的各种功能要求，在鹰的表象基础上，有意识地进行选择、组合、加工。尤其是飞机的头部，为了改善不同航速、起落时的航行性能，头部可以转动调节，很有新意，如图1-2所示。

图 1-2 "协和"飞机（形象思维）

（二）抽象思维

抽象思维又称逻辑思维，是借助概念、判断、推理等抽象形式来反映现象的一种概括性、论证性的思维活动，其主要特点是通过分析、综合、抽象、概括等基本方法协调运用，从而揭露事物的本质和规律性联系。从具体到抽象、从感性到理性认识必须运用抽象思维方法。抽象思维是与形象思维相对应的，比方说离这里 1000 米的地方有一家书店，运用的就是抽象思维方法。如果说，前方那棵槐树后面有一家书店，运用的就是形象思维方法。

爱因斯坦认为："想象力比知识更重要、可贵。知识是有限的，而想象是无限的。正是有了想象，人们才能不断地创造世界上前所未有的新事物。"

法国心理学家泰奥迪勒·里博认为，发明家最主要的源头是想象。例如，禅修是当今很流行的利用抽象思维进行省悟、创想和构思的修行，以期获得灵感、创意和感悟。

七、联想思维与想象思维

（一）联想思维

1. 联想思维的内涵

作为形象思维的一种基本形式和方法，联想思维就是指人们在头脑中将一种事物的形象与另一种事物的形象联想起来，探索它们之间的共同的或类似的规律，从而解决问题的思维方法。

客观世界是复杂的，是由许多形形色色的事物构成的，而不同事物之间则又存在着各种各样的差异和区别。正是由于这些差异，才使得整个世界变得丰富多彩、千姿百态；同样也正是因为这些差异，才使得人们难以将它们联系到一起。事实证明，两个事物之间的差异越大，将它们联想到一起就越困难，而一旦将两种看似不相干的事物联系起来，往往就能作出创新。

因此,联想思维有着广泛的基础,它为我们提供了无限广阔的天地。一个人如果不会运用联想思维,学一点就只知道一点,那么他的知识是零碎的、孤立的,派不上什么用场;可如果他善于运用联想思维,就会由此及彼扩展开去,做到举一反三、闻一知十、触类旁通,从而使思维跳出现有的圈子,突破思维定式而获得创新的构思。

例如,瑞士人美斯托拉,有一次,上山打猎回到家里,发现自己的裤子上粘了许多草籽,他灵机一动,能不能人工造出一边是钩形刺另一边是纺织环的东西呢?不久,这种被称为"魔术带"的新鲜玩意儿很快被人们接受,慢慢地演变成今天人们常用的尼龙子母扣。正是美斯托拉将草籽的特性进行联想,才将尼龙子母扣发明出来。类似的,在我国春秋战国时期有一位工匠名叫鲁班,据史料记载,在一次采药的时候,他拿着类似镰刀的工具去采药,结果在采药时被锯齿草割伤,他发现有锯齿更容易割破东西,因此发明了锯子。

2. 联想思维的分类

(1) 相似联想

相似联想是指在头脑中根据事物之间的形状、结构、性质或作用等某一方面或某几方面的相似进行联想,以获得对事物的某种新的认识,或引发出某种新的设想。

随着人类科学知识的不断丰富和发展,能越来越细致准确地将客观世界的事物分别划归于不同的领域、不同的种类。但这些不同领域、不同种类的事物,无论它们之间的"差异"有多大,"距离"有多远,总是有着某些相同或相似的地方。事物之间的相同或相似之处,有的既大且多,有的小而又少;有的表现于事物的外部,有的存在于事物的内部;有的昭然若揭,有的若明若暗,有的深藏不露。一定程度的相似性,是客观事物普遍具有的一种基本属性,它为人们在思维过程中看出和发现事物之间的某些相同或相似提供了可能,这乃是人们得以进行相似联想的客观根据和基础。

例如,四川省居民姚岩松,曾意外地发现屎壳郎能滚动一团比它自身重几十倍的泥土,却拉不动比那块轻得多的泥土。他曾开过几年拖拉机,他联想到:能不能学一学屎壳郎滚动土块的方法,将拖拉机的犁放在耕作机身动力的前面,而把拖拉机的动力犁放在后面呢?经过实验,他设计出了犁耕工作部件前置、单履带行走的微型耕作机,以推动力代替牵引力,突破了传统的结构方式。

(2) 接近联想

接近联想是根据事物之间在空间或时间上的彼此接近进行联想,进而产生某种新设想的思维方式。

世界上的事物都不是孤立存在的,它们总是在空间上或时间上保持着联系。一个人由一个事物联想到在空间上或时间上与之相近的另一个事物,常常能启发思考,打开思路,扩宽视野,在思想上建立起事物之间的联系。

例如,苏东坡当年在杭州任地方官的时候,西湖的很多地段都已被泥沙淤积起来,成了当时所谓的"田"。苏东坡多次巡视西湖,反复考虑如何加以疏浚,再现西湖美景。有一天,他想到,如果把从湖里挖上来的淤泥堆成一条贯通南北的长堤,既便利来往的游客,又能增添西湖的景点和秀美,多好啊。苏公妙计,一举数得。

(3) 对比联想

对比联想是根据事物之间存在着的互不相同或彼此相反的情况进行联想,从而引发出某种新设想的思维方式。

客观事物之间普遍都存在着相对或相反的关系,事物的内部更是普遍存在着既统一又对立的两个方面。利用客观事物之间的这种相对或相反的关系进行联想,可以帮助我们由想到一个事物便能很快地联想到与之相对或相反的另一个事物,由想到事物的一个方面便能很快地联想到与之相对或相反的另一个方面。因此,对比联想能帮助人们从相对或相反事物的观察与思索中悟出巧妙的创新构思来。

例如,美国艾士隆公司董事长布什耐在郊区散步时,发现有几个孩子在玩一只昆虫,这只昆虫不但满身泥垢而且长得十分难看,他想市场上都是形象优美的玩具,假如生产一些丑陋的玩具投入市场会如何呢?结果这些玩具一经推出非常受欢迎,为他带来了丰厚的利润。尽管它们的售价大大高于一般玩具,销售却长期不衰。

(4) 连锁联想

连锁联想是根据事物之间这样或那样的联系,一环紧扣一环地进行联想,从而引发出新的设想。

千差万别、千变万化的客观事物,正是由于组成了一串串彼此衔接、互相制约、环环相扣的链条,客观世界才得以保持它的相对平衡与和谐。人们在思考许多问题的解决办法时,常常都需要根据事物之间所存在的环环相扣的衔接关系进行连锁联想,否则就有可能粗暴地打乱、破坏自然或社会本应具有的平衡与和谐,从而造成某种损失或灾祸。

例如,某工厂是一家小小的化肥厂,后来他们由生产化肥联想到了生产饮料,因为生产饮料可以利用生产化肥的软水处理和冷冻设备,还能利用生产化肥所剩余的蒸汽,于是他们办了饮料厂,由饮料厂他们又联想到香精生产,于是他们先后开发了玫瑰花生产基地和办起了香精厂。然后又建立了水泥厂、化工机械厂、建筑公司,这些多门类的工厂为他们带来了综合效益,使他们赢得了巨额的财富。

(5) 飞跃联想

飞跃联想是指在头脑中从一个事物形象,就其某一点或某个方面,联想到与之似乎没有任何联系的另一个事物形象,使思维活动大跨度跳跃,以获得对事物的某种新的认识,或引发出某种新的设想。

例如,美国的一个探险队首次准备在南极过冬时,遇到了一个问题:队员们打算把船上的汽油输送到基地上,但由于输油管的长度不够,当时又没有备用的管子,无法输油。队长想:能否用冰做成冰管子呢?由于南极气温极低,低至 $-80℃$,冰比钢还要硬,但怎样才能使冰成为管状而不致破裂呢?他又想到了医疗上使用的绷带,他们试着把绷带缠在铁管子上,然后在上面浇水,让水结成冰后,再拔出铁管子,就做成了冰管子,这样再把冰管子一截截连接起来,需要多长就接多长,解决了这个问题。

3．联想思维的训练

（1）拥有丰富的知识

联想思维能力不是天生的，它需要以知识和生活经验、工作经验为基础。比如，在相似联想中，人们一般是因为两个事物外形、性质、意义上的相似而引起联想。如果一个人对事物不熟悉，那么必然不会看到两个事物间的相似性。一个人拥有丰富的知识和经验，他的联想能力就自然会得到提高。

（2）用联系的眼光看问题

我们知道，事物是相互联系的，如果我们用联系的眼光来看待问题，就可以找出事物间的相关性，从而有利于联想思维的培养。

（3）打破一切思维束缚

联想思维一般是寻找事物之间的关联点，这就要求人们不能循规蹈矩，按照常规思维进行思考，而应该打破思维束缚，想到各种可能性，充分发挥自己的思维能力，找到事物之间的关联点。

（4）多参加实践活动

人们知识的获得、经验的积累、对事物理解的生成都有联想的参与。

但联想不是天生的，作为一种创造能力，它是人们在后天的实践中锻炼和培养起来的。人的联想能力越强，其创新思维就越活跃，就容易创造出成果；而人的创造性能力越强，其联想也就越丰富。所以人们要想提高联想力，必须要广泛地参加实践活动。

（5）学会观察，见微知著

要培养联想思维，最重要的不是想着如何与众不同，而是应该从身边的小事做起，从最细微之处培养自己打破常规的能力。比如，你发现熟悉的道路有不同的走法，熟悉的菜肴有不同的做法，每天都看报改变了对一些事物的看法……渐渐地，你就会慢慢发现，你的眼光变得与众不同，能够发现别人看不到的潜在机会，能够走一条不同于常人的路。

（6）举一反三

至圣先师孔子曾对他的学生说："举一隅，不以三隅反，则不复也。"意思是说，我举出一个墙角，你们应该要能灵活地推想到另外三个墙角，假如不能，我也不会再教你们了。后来，大家就把孔子说的这段话变成了"举一反三"这则成语，意思是说，学一件东西，可以灵活地思考，然后运用到其他类似的东西上。

（二）想象思维

1．想象思维的内涵

想象思维是我们经常在创新活动中应用到的思维方式，属于人类所特有的高级认知过程。这一思维过程是人发挥主观能动性，将头脑中已有的知识和形象重新组合成新事物、新形象，构思出某些新观念、新理论的过程，也是一种从现有事实出发，又超越事实的思维活动。

想象是创造者对头脑中的信息的形象性描写或艺术夸张，常伴随着生动的图像，想象力能提升创新的层次，因为它不受已有事实的局限，也不受抽象思维的束缚，所以能成为创新的源泉。可以说，有什么样的想象力，就有什么层次的创新。

根据科学推论,人类最早的想象力源于火,我们的祖先曾经过着和动物一样茹毛饮血的生活,食物都是生食。一次闪电引发森林大火,烧死了很多动物,人类的祖先有的逃出火灾,有的被烧死在森林里。因为肚子太饿,人类只能食用那些被烧死的动物。煮熟的食物能让人体更好地吸收营养,另一方面,动物体内的寄生虫也因为火的作用而被杀死,减少了人类疾病的发生。人类看着跳动的火苗开始思考,如何把火种保留下来,如何用火取暖,如何开发火的多种用途……进而开始想象更多的图景,渐渐地通过想象力创造了语言、文字、工具与技术。

2. 想象思维的训练

想象思维的魔力在于它常常能够带我们走进一个全新的世界,是一个瞬时虚拟的世界。想象思维在创新中的应用,可以遵循以下几种方法加以训练。

(1) 组合想象。组合想象作为一种想象思维训练方法,是指在头脑中,对某些事物形象,或者整个,或者抽取出它们的一些组成部分,根据某种需要,将它们结合成为另一种有其自身结构、性质、功能与特征的新的事物形象。

(2) 充填想象。充填想象作为一种想象思维训练方法,是指在仅仅认识了某事物的某些组成部分或某些发展环节的情况下,在头脑中通过想象,对该事物的其他组成部分或其他的发展环节加以填补充实,从而构成一个完整的事物形象,或构成一个完整的事物形象的发展过程。

(3) 纯化想象。纯化想象作为一种想象思维训练方法,是指在头脑中抛开与所面临事物无关或关系不大的事物的某些因素或部分,只保留必须着重考察的某些因素或部分,以构成反映该事物某方面本质与规律的简单化、单纯化、理想化的形象。

(4) 取代想象。取代想象作为一种想象思维训练方法,是指设想自己处于某个人的地位上或某件事的情境中,通过揣摩其人的思想感情或其事的具体情景,以渴求获得恰当解决某一问题的办法或启示。

(5) 预示想象。预示想象作为一种想象思维训练方法,是指根据已有的知识、经验和形象积累,在头脑中构成既体现着某种设想或愿望,又有一定的现实根据,当前虽不存在,以后却有可能产生的某种事物形象。

(6) 导引想象。导引想象作为一种想象思维训练方法,是指通过在头脑中具体细致地想象和体验自己为完成某一艰巨的任务而正在尽最大的努力,以及任务完成后的成功情景与喜悦心情,从而高度调动和发挥自身潜在的智力和体力,以促进任务顺利、出色地完成。

八、直觉思维与灵感思维

(一) 直觉思维

直觉思维能以少量的本质性现象为媒介,直接把握事物的本质与规律,是一种不加论证的判断力,是思想的自由创造。1910年的一天,科学家魏格纳在观看一张世界地图时,忽然被一个奇妙的现象吸引住了。他发现大西洋西岸的巴西东部突出部分正好能嵌入非洲西海岸凹进去的几内亚海湾。这也太巧了!难道是偶然吗?他开始仔细地研究起海岸线,发现几乎每个巴西海岸的突出部分都和非洲几内亚海湾的凹进部分相吻合,其他海岸线也基本上是这样。莫非它们原来是连在一起的,后来才渐渐分开?魏格纳大胆地设想:原来各大洲是由一整块的大陆经过断裂、分离而成的。魏格纳为了证实自己的这种想法,多方搜集资料,分析了地球物理学、地质学、古生物学、古气候学、大地测量学等相关材料,取得了海岸线的形状、地质构造、古生物等多方面的证据,并提出了"大陆漂移说"。他认为,在远古时代,大陆只是一块庞大的原始陆地,叫"泛大陆",它的周围是一片汪洋。后来由于种种原因使泛大陆破裂成几大块,它们就像漂浮在海洋上的冰山,不断漂移,越漂越远,形成了现在的海陆状况。利用直觉思维,一位气象学家创建了地质学的新学说。

(二)灵感思维

奥地利作家茨威格曾说:"伟大的事业降临到渺小人物的身上,仅仅是短暂的瞬间。谁错过了这一瞬间,它绝不会再恩赐第二遍。"

灵感是人们借助于直觉启示而对问题得到突如其来的领悟或理解的一种思维形式,它是创造性思维最重要的形式之一。灵感的出现不管在时间上还是在空间上都具有不确定性,但灵感产生的条件却是相对确定的,它的出现有赖于知识的长期积累,有赖于智力水平的提高,有赖于良好的精神状态和和谐的外部环境,有赖于长时间紧张的思考和专心的探索。

例如,美国人卢托是一位年轻的制瓶工人。有一天,他看见他女朋友穿了一条裙子,这条裙子的膝盖上面部分较窄,使腰部显得很有吸引力,看上去挺拔而漂亮。他觉得这条裙子很美,就一直盯着看。突然一个念头闪进他的脑海:如果做一个这种形状的瓶子一定别具一格。于是他就开始制作起来,并在瓶子上印了和裙子一样的图案。半个月后,一种新款式的瓶子诞生了,就是我们现在所看到的可口可乐瓶子的造型。它不仅外观别致、美观,而且用手握住时不容易滑落,同时,瓶子里的液体看上去要比实际的多。1923年,卢托以600万美元的价格把专利权卖给了可口可乐公司,从而一夜成名。

【案例1-12】

山东肥城做活"桃树经济"

山东肥城种植了十万亩桃树,当地农民从多角度、全方位开发利用这一资源,做活了"桃树经济"。

1. 春天卖"桃花"

每到四月,十万亩桃树盛开的花朵构成花的海洋。丰富多彩的"桃花节"吸引了周边几十万人游桃园、吃桃花宴、洗桃花浴……桃花本不是鲜见之物,但置身于桃花的海洋,让人有种飘飘欲仙的感觉,令人流连忘返。

2. 夏天卖桃

尽管有十万亩桃树,但桃子成熟后并不愁销路。由于规划合理,桃的品种有早熟的、晚熟的,有用于榨汁的、做酱的、酿酒的、鲜吃的,有耐贮藏的,有适合摘下即吃的;有论个卖的"佛桃",也有整箱外运的"肥桃",从夏到秋没有桃子烂在树上。

3. 秋天、冬天卖"桃木"

桃树速生,大量修剪下来的桃枝最早用来烧火做饭。随后有人发现这一资源,从最早的桃木剑、桃木梳到现在的桃木电话机外壳、桃木茶具、桃木地板、桃木衣箱……别的木头能做的,桃木都能做。他们还请到黄杨木雕之乡的工匠,加工桃木工艺品,文化与工艺的融合,提升了桃木工艺品的商品价值。昔日堆在田间地头、房前屋后的"柴火"经加工,变成能够祈福辟邪的祥瑞之物,就连手指粗的小树枝也被加工成桃木珠,串成链、制成垫,连榨桃汁、做桃酱后剩余的桃核,也成了雕刻的原材料。

为扩大知名度,他们还申请了世界最大桃园的吉尼斯世界纪录。不仅春天有桃花节,夏天有"肥"桃比赛,桃木雕刻民俗也入选了省级非物质文化遗产保护名录。

就这样,一棵棵桃树从花果到枝干,在肥城人的手里幻化出无限商机。

(资料来源:陈爱玲.创新潜能开发实用教程[M].北京:化学工业出版社,2013.)

单元 1.3 创新方法实践

一、头脑风暴法

(一) 头脑风暴法的概念及基本原则

头脑风暴法(Brain-Storming)简称 BS 法,又名智力激励法、脑轰法、畅谈会法等,发明者是美国创造学家阿历克斯·奥斯本,他也是本书提到的奥斯本检核表法的发明人。

"头脑风暴"的概念源于医学,原指精神病患者头脑中短时间出现的思维紊乱现象,称为脑猝变。病人发生脑猝变时会产生大量各种各样的胡乱想法。创造学中借用这个概念比喻思维高度活跃、打破常规的思维方式而产生大量创造性设想的状况。

头脑风暴法是运用群体创造原理,通过召开智力激励会的形式,充分发挥集体创造力来解决问题的一种创新思维方法。其中心思想是,激发每个人的直觉、灵感和想象力,让大家在和睦、融洽的气氛中自由思考。不论什么想法,都可以原原本本地讲出来,不必顾虑这个想法是否"荒唐可笑"。

头脑风暴法规定了四项基本原则。

(1) 自由思考原则。要求与会者尽可能地解放思想,无拘无束地思考问题,不必介意自己的想法是否荒唐可笑,不允许用集体提出的意见来阻碍个人的创造性思维。

(2) 延迟评判原则。会议期间绝对不允许批评别人提出的设想,任何人不能做判断性的结论。等大家畅谈结束后,再组织有关人士来分析。美国心理学家经过试验后发现:采用延迟评判,在集体思考问题时可多产生 70% 的新设想,在个人思考问题时可多产生 90% 的新设想。

(3) 以量求质原则。参加会议人员不分上下级,平等相待;提出的设想越多越好,各类设想不分好坏,一律记录下来,以大量的设想来保证质量较高设想的存在。

(4) 结合改善原则。与会者要仔细倾听别人的发言,注意在他人启发下及时修正自己不完善的设想或将自己的想法与他人的想法加以综合,再提出更完善的创意或方案。

（二）头脑风暴法的运用方法与步骤

1. 会前准备

根据要解决的问题，选择会议主持人，确定设想的议题，确定参加会议的人员。

（1）确定会议主持人

智力激励会开的效果如何与主持人有很大的关系，所以应选好主持人。主持人一般应具备以下四个条件。

第一，熟悉智力激励法的基本原理与召开智力激励会的程序与方法，有一定的组织能力。

第二，对所要解决的问题有比较明确的理解，以便在会议中作启发诱导。

第三，能坚持智力激励会规定的原则，以充分发挥激励作用机制。

第四，能灵活地处理会议中出现的各种情况，以保证会议按规定程序进行到底。

（2）确定会议主题

根据要解决的问题，由问题提出者与主持人共同分析研究来确定本次智力激励会的议题。

确定议题时，必须把握好两条，一是议题要集中，不得分散；二是议题明确，不许含糊。遇到较为复杂和重大的技术创造问题，要视其复杂程度、结构层次或组成部分，酌情分解为若干专门议题，通过多次互激设想活动逐个解决。议题越专门化，互激思考就越能深入、越具体。最好是解决比较单一的问题。

（3）确定参会的人员

一是与会人数。与会人数要合理，一般以5~15人为宜。人数过少会造成知识面过窄，难以达到知识互补；人数过多，使思维的目标分散，无法保证与会者充分发表设想。情绪的激昂或者消沉都会影响人的思维活动，直接关系到思考和设想的质量和效率。

二是人员的专业构成。参与智力互激人员的专业构成要合理，应根据议题内容确定，要有代表性，要保证与会者大多数对议题熟悉，适当吸收外行参加，突破专业思考的约束。参加互激设想的人员，代表性越强，设想到的问题就越周全。

三是人员的知识水准。同一次激励会，尽量注意与会人员知识水准的同一性，即学历、资历、级别、职称等尽量一致。

四是尽量吸收有实践经验的人参加。

（4）确定举行互激设想活动的地点和日期

为了提高会议的效果，使与会人员思想上有所准备，提前酝酿解决问题的设想。应该给与会人员提前下达书面通知，写明会议内容及背景、开会时间和地点等。

2. 热身活动

准备工作安排就绪后，届时即可召集参加智力激励会的人员进入会场。为了激发创造性思考的气氛，使与会者把精力集中到会议上来，可安排一些热身活动。热身活动的形式可多样化，可以通过看有关创造的录像、回答脑筋急转弯问题、讲一个创造技法灵活运用的小故事等形式，使大家的思维活跃起来。

3. 明确问题

主持人首先向与会者说明会议必须遵守的四项基本原则,该原则最好事先写成大标题,贴在显眼的地方。然后简明扼要、带有启发性地向大家介绍有关问题的最低数量信息,使与会者对所要解决的问题有明确的全面了解。介绍不要过多,更不要把自己的初步设想和盘托出,以免形成限制框架。主持人以启发为原则,诱导与会者提出自己的创意,并在会议出现停滞时及时引导。

4. 自由畅谈

在遵守会议规定的四项原则的前提下,所有人员都要始终针对议题,精心思考,大胆设想,自由发言,造成一种高度激励的气氛,使与会者突破思维障碍和心理约束,达到知识互补、信息刺激、情绪鼓励。会议时间不宜过长或太短,一般掌握在 20 分钟到 1 个小时之间。

5. 加工整理

这是对智力激励会所得各种创意或设想的优选阶段。通过对提出的所有设想进行分析、研究、评价和选择,筛选出可行设想,进一步完善后,作为解决问题的方法、答案、措施或方案。具体方法可遵循实用性原则、创造性原则、科学性原则、现实可能性原则对发明创造问题进行分析、评价和选择。

(三)头脑风暴法的优点及局限性

1. 头脑风暴法的优点

头脑风暴法具有以下几个优点。

(1)消除了妨碍自由想象的清规戒律,使小组成员人人平等,在轻松愉悦的氛围中自由联想,有助于新创意的出现。

(2)集体讨论能够满足人们进行社会交往的需要,能大大提高工作效率。在相同的时间内,集体活动总比个体活动容易产生更多的创意,因而也更有可能产生高质量的解决问题的方案。

(3)在集体中更容易创造出适合创造性思维的环境,成员间相互启发,能产生更多的高质量的创意。

(4)充分体现集体的智慧。在头脑风暴环境下,有利于将他人的创意加以综合与发展,从而形成更有价值的问题解决方案。

2. 头脑风暴法的局限性

头脑风暴法的局限性表现在以下方面。

(1)小组成员之间若有矛盾或冲突,就会形成不愉快的气氛,从而抑制了思维的自由性,抑制了新创意的产生。

(2)有时因为头脑风暴会议的失控,使头脑风暴会议违背了"暂缓评价"的规则,出现消极的评价,甚至相互批评或谴责,这些必将使人们的创意热情受到"激冷",从而减少了创意数量,降低创意质量。

(3)头脑风暴法实施的成本(时间、费用等)很高。头脑风暴进行时如果没有很好地控制场面,时间成本将会很高,有时未必会完成预想的目标。

二、检核表法

(一)检核表法概述

奥斯本检核表法是头脑风暴法的创始人奥斯本提出的一种设问型创新方法。20世纪40年代,奥斯本在《发挥创造力》一书中介绍了许多创意技巧。后来,美国麻省理工学院创造工程研究所从这本书中选择了9个项目,编制出"新创意检核表"(见表1-1),以此作为提示人们进行创造性设想的工具。

奥斯本检核表法主要是运用提问的方式对产品的研制与优化进行创新,主要围绕能否他用、能否借用、能否扩大、能否缩小、能否改变、能否代用、能否调整、能否颠倒、能否组合9个方面、75个问题展开。

表1-1 奥斯本检核表

9个方面	75个问题
能否他用	•有无其他用途? •保持原状能否扩大用途? •稍加改变,有无别的用途?
能否借用	•过去有无类似的东西? •以前有无相似的想法? •类比它能否产生新思路? •有什么东西可供模仿? •能不能超过它?
能否扩大	•能否增加一些东西? •能否附加一些东西? •能否延长使用寿命? •能否增加效率? •能否增加尺寸? •能否提高强度? •能否提高性能? •能否增加新成分? •能否加倍? •能否增加几倍? •能否放大? •能否扩大?
能否缩小	•能减去些什么? •能否密集一些? •能否压缩? •能否浓缩? •能否微型化? •能否聚合? •能否变低、变矮? •能否变薄、变窄? •能否省略、去掉? •能否分割? •能否减轻? •能否变成流线型?

续表

9个方面	75个问题
能否改变	• 能否改变功能？ • 能否改变形状？ • 能否改变颜色？ • 能否改变味道？ • 能否改变运动形式？ • 能否改变音响？ • 能否改变外形？ • 是否还有其他改变可能？
能否代用	• 能否代替？ • 用什么代替？ • 还有别的排列吗？ • 还有别的成分吗？ • 还有别的材料吗？ • 还有别的过程吗？ • 还有别的能源吗？ • 还有别的颜色吗？ • 还有别的音响吗？ • 还有别的照明吗？
能否调整	• 能否变换？ • 有无可换成分、元件、部件？ • 能否变换模式、型号？ • 能否变换顺序、对换位置？ • 能否变换工序？ • 能否变换因果关系？ • 能否变换速度或频率？ • 能否变换工作规范？
能否颠倒	• 能否颠倒里外？ • 能否颠倒正负？ • 能否颠倒正反？ • 能否颠倒首尾？ • 能否颠倒上下？ • 能否颠倒位置？ • 能否颠倒作用？
能否组合	• 能否重新组合？ • 能否尝试混合？ • 能否尝试合成？ • 能否尝试配合？ • 能否尝试协调？ • 能否尝试配套？ • 能否把物体组合？ • 能否把目的组合？ • 能否把特性组合？ • 能否把观念组合？

下面看一个奥斯本检核表综合使用的例子（见表1-2），围绕保温瓶运用奥斯本检核表法展开系列设问创新。

表 1-2　新型保温瓶的检核表法运用

检核项目	新设想名称	新设想说明
能否他用	理疗保温瓶	利用保温瓶的热气进行理疗,如预防感冒等
能否借用	自加热保温瓶	借用化学反应原理制成自加热保温瓶
能否扩大	保温桶	扩大保温瓶的瓶口及容积,发展为保温桶
能否缩小	保温杯	缩小体积,开发咖啡保温杯、中药保温杯等
能否改变	异形保温瓶	设计异形保温瓶,满足求异心理需要
能否代用	不锈钢胆保温瓶	用不锈钢瓶胆代替玻璃瓶胆还可使瓶身瓶胆一体化
能否调整	调温瓶	能调整温度并使之保持的容器具
能否颠倒	散温瓶	使所盛物品能迅速恢复到室温
能否组合	智能净水保温瓶	将保温瓶、水处理系统及计算机控制组合

（二）奥斯本检核表法的原理

1．打破惯性思维定式

奥斯本检核表法9个方面的共同点是怀疑、批判、打破现有状态,使用的形式是提问。而惯性思维就是"没有问题",即便遇到了问题也设法找个理由帮它解释,让问题的存在合理化、必然化。而奥斯本检核表就是一个问题表,它帮助人们通过提问的形式,引导人们变得尖锐一些、敏感一些,从麻痹和迟钝中走向创新。在小学、中学乃至大学,教师要求学生提问主要是了解他们是否接受了教师的讲授,学生问的也都是这道题怎么解、这句话是什么意思。这是一个查漏补缺的问答过程。这种提问不是创新者的提问,创新者的提问态度是怀疑而不是不懂,是心智活动而不是记忆力活动。创新者要问的是,对不对？有没有？会不会？能不能？为什么？这类问题恐怕有时连教师都回答不上来。

奥斯本检核表列出的9个方面是提示人们进行发散性思维的渠道,但这种发散不同于前几个模块所谈的漫无目标,而是有了可操作性的发散。

2．体现逻辑思维形式

奥斯本检核表的75个问题是逻辑的、系统的、有条理的,既有归纳性,又有演绎性。例如能否扩大、能否缩小、能否改变,具有归纳意义；能否他用、能否借用、能否组合,具有演绎意义。通过奥斯本检核表所列问题,逐条地思考拟解决的问题,有意识地激发逻辑思维灵感,有利于较深入地发掘问题、较高水平地解决问题。

（三）奥斯本检核表法的特点

奥斯本检核表法在创造学界是很受欢迎的创新方法,不过我们在熟悉奥斯本检核表法特征的前提下,也需要对它进行深入的奥斯本检核,即奥斯本检核本身能否扩大、能否缩小、能否改变、能否调整……这样才能在合适的地方充分发挥该办法的优势。

1．改良性创新

奥斯本检核表法是针对已有事物做出的提问及发明创想,其前提是必须有一个实际的、具体的事物或是可供考虑的对象,否则"检核"就没有对象。所以,该方法的创新之处重在改造、改良,而非"无中生有"的创造。明白了这一特性,我们就明确了奥斯本检核表法的适用范围。这也是它与逆向思维不完全一样的地方。

2．发散式引导

奥斯本检核表法是启发式的、发散式的思维，它的侧重点是提出思考角度，而非推进的步骤，这有助于帮助人们打破思维定式，刺激想象力，促进对现实事物的思考与优化。这种横向的、发散式的联想很适用于新品开发、设计、销售、广告等领域的创新改良。

3．强制性思考

应用奥斯本检核表法是一种强制性的思考过程，有利于突破不愿提问的心理障碍或思维定式，敦促人们从各个角度去评判问题，促使人们善于提问、思考、想象及变换思考角度，避免了单一化的思维方式。很多时候，善于提问本身就是一种创造。

（四）使用奥斯本检核表法注意事项

奥斯本检核表法实用性非常强，不过，在运用过程中，我们不能够不假思索地盲目搬用、生搬硬套，而是要"为我所用"。

1．批判的眼光

奥斯本检核表法是实用方法，但绝不是设问型创新方法的"终结者"，更不能将其9个方面75个提问变成束缚思维的条条框框。我们运用奥斯本检核表法是要减少思维的漏洞。而不是要限制我们的思考，更不是要将思考简单地画上边框和界限，而是要以批判性眼光来看待思考角度和提问方式。对于一件具体的事物，我们可能不需要拿这75个问题逐个地去检查核对。但也可能要用另外150个问题去检核。

2．灵活的运用

要灵活掌握思维方式和设问、提问方式，根据现实情况选择合适的问题，或是改造、优化提问的方式。在遇到具体的事物时，不妨将既有事物进行分解，再开展针对性的思考。比如产品方面的创新，可以把产品分解为材料、结构、功能、工艺、推广、销售、服务等多个维度来思考；在进行人员调配时，不妨"全体卧倒"，再根据情况需要逐个起立。

3．实际的检验

奥斯本检核表法重在思维的启发，而非对规律的探索，它较为忽略对技术对象的客观规律性的认识。因此，使用该方法时，能够获得好点子但不能止于好点子，后续如何推进、如何检验、如何让想法落地，还需要一步步扎实地推进，将想法进一步与技术方法结合，需要我们掌握更多的实践能力，这样才能完成有实际价值的发明。

三、5W2H法

（一）"5W2H法"的概念

发明者用五个以W开头的英语单词和两个以H开头的英语单词进行设问，发现解决问题的线索，寻找发明思路，进行设计构思，从而搞出新的发明项目，因而得名为"5W2H法"。这几个英语单词和它们的意思如下。

Why——为什么？为什么要这么做？理由何在？原因是什么？

What——是什么？目的是什么？做什么工作？

Where——何处？在哪里做？从哪里入手？
When——何时？什么时间完成？什么时机最适宜？
Who——何人？由谁来承担？谁来完成？谁负责？
How——怎么做？如何提高效率？如何实施？方法怎样？
How much——多少？做到什么程度？数量如何？质量水平如何？费用产出如何？

（二）"5W2H法"的特点与功能

5W2H法是在第二次世界大战中美国陆军兵器修理部首创，其特点是简单、方便，易于理解，富有启发意义，广泛用于企业管理和技术活动，对于决策非常有帮助，也有助于弥补考虑问题的疏漏。

（三）对提问题的认识

提出疑问与发现问题和解决问题是极其重要的。创造力高的人都具有善于提问题的能力，提出一个好的问题就意味着问题解决了一半。提问题的技巧高，可以发挥人的想象力。在发明创造中，对问题不敏感，看不出毛病，与平时不善于提问有密切关系。对一个问题追根刨底，有可能发现新的知识和新的疑问。所以说，学会发明首先要学会提问，善于提问。孩子经常会向大人发问："这是为什么呀？"而人随着年龄和知识的增长，人的提问欲望渐渐淡薄。搞研究做学问的人往往多疑问，会被别人误认为是什么也不懂的傻瓜。诸如此类的看法和心态恰恰阻碍了人的创造性的发挥。

四、列举类技法

列举类技法有缺点列举法、优点列举法、特性列举法、希望点列举法。这几种技法都可以通过"头脑风暴法"进行群体思维的发散，或个体的思维发散，从而产生创造性设想，经过集思广益，最终形成创造方案。这四种方法不同之处是从研究对象的不同侧面着手分析；相同之处，有"相对反义词"的概念，即不是"优点"就是"缺点"。发扬"优点"也就是完善"缺点"。

（一）缺点列举法

缺点列举法是通过对事物或对象的缺陷一一列举，从而找出改革或创意方案，使之更趋完美的创意技法。类似的技法如鲁克成、罗庆生的《创造学教程》中提到的"缺点利用法"，彭杰所著的《创造工程》中提到的"优利幸法"。

1. 缺点列举法的提出

任何事物都不可能十全十美，总会有些不尽如人意的地方。这是不以人的意志为转移的客观存在的现实。而人们往往有追求真善美的理想，这就是提出此类技法的动力。例如，一位我国台湾的记者曾对传统的雨伞列举了一系列缺陷。诸如：遇大风会"开花"（变形）；遮挡前面视线；易忘带回家；伞头会刺伤人；太长；体积太大；占据一只手，不能提东西；坐公共汽车雨水易湿别人；回家还要撑开晾开；伞骨会生锈；颜色单调、约会时不够宽，遮不住两个人；伞布透水、伞骨易折断、途中天晴收藏携带不便；不能同时当遮阳伞；撑开锁孔常出故障、与同事间常常拿错，不易识别。

针对这些缺点,市场上开发了五花八门的伞。诸如:折叠收藏两节式的;伞布防水的;帽子型的;伞布为透明尼龙的;伞布图案美观的;伞头圆形的;伞头附集水器的;晴雨两用式的;伞布可换的;伞布椭圆形的,适合两人用的(情侣伞);手柄可转动、内附电筒的;手柄内装收音机的;重量轻的,外加伞套可收藏放入衣袋或提包的;伞骨不生锈的等。

2. 应用缺点改进产品的原则

(1) 在不损坏原有事物特质的基础上进行改造。无论是硬技术问题还是软技术问题(如经营管理问题),都有它的本质特性。缺点列举法是在事物本来面貌基础上,找出问题和毛病加以改进,使其更完善,更完美。但是愿望与现实总是存在着一定的差距。所以,要对缺点进行正确分析,必须抓住主要缺点,给出改进方案。现实中就有在改造过程中,由于条件不成熟就动手改造,结果破坏了产品的事实。

(2) 在现有原材料和现有技术条件下进行改造。

(3) 经济合算的原则。虽然条件具备,但是要改造成本太高,也不便于动手改造。

(4) 列举缺点不是目的,找出问题后,要结合"希望点列举""缺点利用"等技法综合考虑,反复思考。根据现有技术等条件进行优选,提出最佳方案。

3. 缺点类型

(1) 一般性缺点。表面容易看见的和不易看见的。比如一个木箱,是以"黄金分割法"制作的,一眼看上去就很美。如果表面油漆得很好,实际做工很差,就不易看到。

(2) 实质性的缺点。有些产品的缺点不易从表面看到,必须看图纸、看方案,经过取样检查,甚至要解剖或化验。有的还要经过试用或使用过程中才能发现问题。

(3) 有硬技术问题,比如日本丰田汽车公司 2010 年 3 月 1 日公告,公司将在美国市场销售的多款车型共计大约 93.4 万辆车免费更换一条输油软管,原因是油管存在漏油风险。

(4) 企事业单位经营管理中的软技术问题。

(5) 人的优缺点问题。对于人的缺点一般采取表扬为主、批评为辅的原则,但是作为个人,多看自己的缺点是严格要求自己,古人曰:"吾人一日三省吾身。"

4. 操作方法

缺点列举法既可个人用,也可集体用。后者可开个缺点列举会,由 5~10 人参加,事先选好改革议题,会上纷纷列举对象的各种缺点,越多越好,要"吹毛求疵",一一记在卡片上,然后从中制订出可行的完美改革方案。

(二) 希望点列举法

希望点列举法就是对创意对象提出一系列希望,越多越好,越新奇越好,经过归纳,找出最优希望点进行创意设计的技法。

希望点列举法不像缺点列举法受原物的束缚,想象空间大,更趋完善,是一种积极主动型的创意方法。

例如,对服装可提出各种"希望点"。诸如:没有纽扣,冬暖夏凉,免洗免烫,可变花色,两面可穿,可变式样,重量特轻,肥瘦皆宜,可做提包,晴雨两用,夜里发光,可做食品等。

（三）特性列举法（AL法）

特性列举法是美国克劳福德创立的。该法简单,既适用于个人,也适用于群体。其主要手段是逐一列举创意对象的特征进行联想,提出解决方案。一般分如下两步进行。

(1) 选择目标较明确的创意课题,宜小不宜大（课题大,宜分若干小课题）；再列举创意对象的特征：名词特性、形容词特性和动词特性。

名词特性：全体、部分、材料、制造方法。

(2) 从各个特性出发,提问或自问,启发广泛联想,形成"头脑风暴",产生各种设想,再经评价分析,优选出经济效益高、美观实用的方案。

在运用该法时,对创意对象的特性分析得越详细越好,并尽量从多角度提出问题和解决问题。有一种鸣笛水壶就是按这一思路创意成功的：蒸汽口设在壶口,水烧开后自动鸣笛；盖上无孔,提壶时不烫手；水壶外壳是倒过来冲压成型,焊上壶底,外形美观,还可以节省能源。气动保温瓶也是运用该法发明的。原保温瓶只有装水、倒水两种功能,新保温瓶则有气动出水的功能（动词特性）；此外,新保温瓶不仅有实用价值,而且造型、色彩美,是美化家庭的装饰品（形容词特性）。

五、组合类技法

所谓组合类技法是指按照一定的技术原理或功能、目的,将现有的科学技术原理或方法、现象、物品作适当的组合或重新安排,从而获得具有统一整体功能的新技术、新产品、新形象的创造技法。

世界上任何东西都是已知要素的组合,即是把以前独立的发明组合起来。同样,人员也需要组合,才能产生合作的力量；事件需要组合,才能提高效率；零件需要组合,才能创造出新的产品。

因为组合类技法是在一整体目标下利用现有技术成果,因而往往并不十分需要建立高深的理论基础和开发非常专门的技术,所以创新者可以在一般的知识水准上从事技术水准较高的创新。如1979年诺贝尔医学奖得主霍斯·菲尔德,只是一个没读过大学的普通技术人员,但其将已有的X射线照相装置与计算机结合在一起,发明了计算机断层扫描仪,并在诊断脑内疾病和体内癌变方面具有特殊贡献。

将日常生活中用到的铅笔和橡皮擦组合起来就成为橡皮擦头的铅笔。所以组合法在生活中随时可用,目前发明创造成果有70%以上都来自此法。而人们每天吃的鲜味美食,也是利用组合法将各种盐、糖、醋、酱油等原料组合而成。

组合中的互补,可发挥一加一大于二的作用,如在人与人的组合中有才能互补,在产品上有功能互补,组合的目的不是简单相加,而是要提高功效。组合的过程在生活中随时都在发生,如果能有意识地去分解事物,研究其性质、功能、用途,再按照一定的目的去进行组合,它的功效必然大增。

（一）同类物品组合法

将两种或两种以上的同一类事物或近似事物组合在一起而成为一件新产品。在组合过程中,参与组合的对象和组合前相比,其基本原理和基本结构通常并无根本性的变化。

同类组合的创造活动,在保持事物原有的功能或意义下,通过量的增加以弥补其功能不足之处,或求取新的功能。

例如,将几个挂衣架组合在一起构成多层挂衣架,可同时挂上衣及多条裤子,以节省衣柜空间;双人自行车则是将两个自行车进行组合而产生的。

同类组合的创意来自于我们的观察与思索,例如:
(1)某单独事物成双后,功能是否能更好?
(2)原来单独的事物成双后,是否能产生新的意义?
(3)两个或两个以上相同的事物组合在一起,是否有新功能、新意义?

(二)异类物品组合法

将两种或两种以上不同领域的技术思想与物质产品有机合并在一起而成为一件新产品。

异类组合具有以下三个特点。
(1)被组合的对象来自不同的方面,无主、次之分。
(2)组合对象从意义、原则、构造、成分及功能等任何一方面或多方面相互进行渗透。
(3)为异类求同,又可分为物与物的组合和物与事的组合。

物与物的组合:牛奶与咖啡组合成为咖啡牛奶;面条与蔬菜的组合成为速食泡面;大豆粉与牛奶的组合成为豆奶。

物与事的组合:音乐为一抽象事物,而音乐与马克杯组合成音乐杯;音乐与摇篮组合成音乐摇篮;音乐与储钱罐结合成为音乐储钱罐;音乐与蜡烛结合成音乐蜡烛等。

(三)主体附加法

主体附加法是在原有的技术思想中补充新的内容,在原有产品上增加新的功能,以弥补原有产品的功能不足,进一步完善主体功能的一种创造技法。

实施步骤如下。
(1)有目的地选定一个主体。
(2)运用缺点列举法,全面分析主体的缺点。
(3)运用希望点列举法,对主体提出这种希望。
(4)考虑能否在不变或略变主体的前提下,通过增加附属物以克服或弥补主体的缺陷。
(5)考虑能否利用或借助主体的某种功能,附加一种别的东西使其发挥作用。

例如,能旋转360°的电风扇,它是吹风与旋转功能部件组合在一起的新式电风扇;在自行车上可以加装里程表、后视镜、风扇、防雨罩、折叠货架、车灯、车铃;洗衣机附加甩干功能、杀菌消毒功能;衬衫上可印上名人的诗句等。

在采用主体附加法时,应注意:
(1)一种附加物可加到几个主体上;
(2)一个主体可加几种附加物;
(3)可实行多重附加,即在附加物上再加一附加物。

六、思维导图

(一) 思维导图概述

英国学者托尼·布赞（Tony Buzan）在20世纪70年代初期创立了思维导图学说。该学说源自脑神经生理的学习互动模式，研究的是人人生而具有的发散性思考能力和多感官学习特性。托尼发现如果人类大脑的每一个脑细胞都被和谐而巧妙地结合运用，将比彼此分开的工作效率更高。这个看似微小的发现，却产生了令人意想不到的成就。托尼曾试着将大脑皮层中关于文字与颜色的技巧合用，发现因为做笔记的方法改变而大大增加了记忆力。

思维导图（Mind Mapping，见图1-3）以发散性思维为基础，运用在创意的发想与收敛、问题的解决与分析等方面，往往会产生令人惊喜的效果。它是一种展现个人智力潜能的方法，可以提升思考技巧，大幅增进记忆力、组织力与创造力。

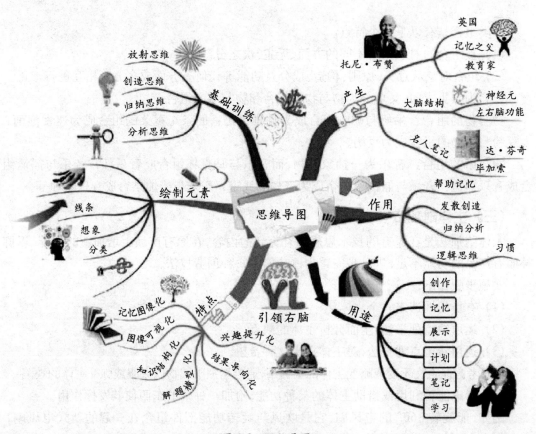

图1-3 思维导图

思维导图作为有效的思维工具，运用图文并重的技巧，开启人类大脑的无限潜能。思维导图充分运用左右脑的机能和多感官协作，协助人们在科学与艺术、逻辑与想象之间平衡地发展。近来思维导图完整的逻辑架构及全脑思考的方法被广泛应用在多个创意领域，大量降低所需耗费的时间，对于绩效的提升，产生了令人无法忽视的功效。思维的突破创新将深刻影响着人们的生产、生活，进而推动社会发展。

（二）思维导图的用途

随着人们对思维导图的认识和掌握,思维导图可以应用于生活和工作的各个方面,包括学习、写作、沟通、演讲、管理、会议等,运用思维导图带来的学习能力和清晰的思维方式会改善人的诸多行为表现（见图1-4）。

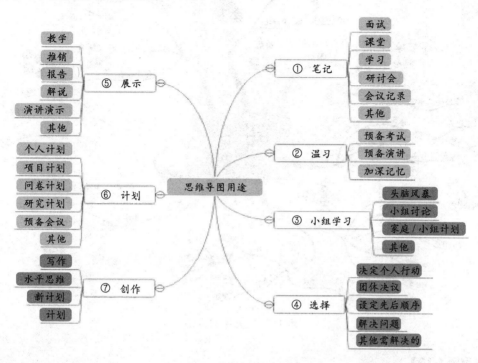

图1-4　思维导图的用途

（1）成倍提高人们的学习效率,可以更快地学习新知识与复习整合旧知识。

（2）激发人们的联想与创意,将各种零散的智慧、资源等融会贯通成为一个系统。

（3）让人们形成系统的学习和思维的习惯,并使人们能够达到众多想达到的目标,包括快速记笔记、顺利通过考试、轻松地表达沟通、演讲、写作、管理等。

（4）让人们具有超人的学习能力,向自己喜欢的优秀人物学习,并超越偶像和对手。

（5）让人们尽快掌握思维导图这个能打开大脑潜能的强有力的图解工具。它能同时让人运用大脑皮层的所有智能,包括词汇、图像、数字、逻辑、韵律、颜色和空间感知。它可以运用于生活的各个层面,帮助人们更有效地学习、更清晰地思维,让大脑呈现最佳表现。

（三）如何创建思维导图

创建思维导图有两种方式：手绘或借助计算机。思维导图诞生初期,人们在应用它时是不需要计算机软件来制作的,完全是手绘作品。计算机的作用在于可以更好地帮助我们进行作品的整理、保存和复制传播。但无论计算机技术如何发展,它都不能代替人的思考。而且通过手绘思维导图作品,可以促进大脑左脑和右脑的合理应用,促进大脑的潜能开发,在提高记忆力、促进知识的整理消化和吸收等诸多方面,效果显著。同时,通过不断地手绘作品,可以创造出属于自己的独特风格,创造出独具特色的作品,不断地锤炼自己的制作技能、技巧和手法（见图1-5）。

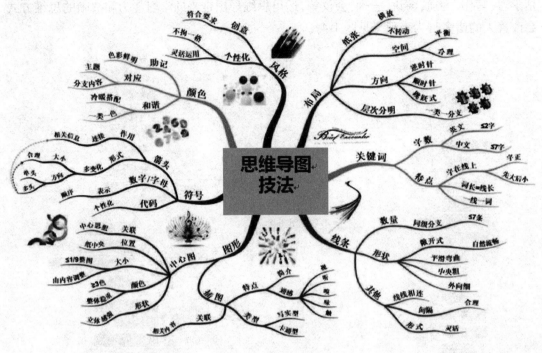

图1-5 思维导图技法

【案例1-13】

北京大学毕业的"卖肉佬"

陈生毕业于北京大学,十多年前放弃了自己在政府中让人羡慕的公务员职务,毅然下海,倒腾过白酒和房地产,打造了"天地壹号"苹果醋,在悄悄进入养猪行业后,在不到两年的时间在广州开设了近100家猪肉连锁店,营业额达到2亿元人民币,被人称为广州千万富翁级的"猪肉大王"。

不完全统计数字显示,目前我国大学生创业成功率只有2%～3%,有97%～98%的大学生创业失败。专业人士分析,缺乏相关的创业教育和实战经验、缺乏"第一桶金"等都是大学生创业失败的重要原因之一。然而,对于成功创业的大学生来说极为重要的实战经验及"第一桶金"都是"天上掉下来的"吗?为什么陈生在不到两年的时间里进入养猪行业,就能在广州开设近100家猪肉连锁店,营业额达到2亿元人民币?这个问题,的确值得好好追问。

实际上,之所以能在养猪行业里很短时间内就取得骄人成绩,成为拥有数千名员工的集团的董事长,还在于陈生此前就经历的几次创业的"实战经验":陈生卖过菜,卖过白酒,卖过房子、卖过饮料,这使得他有独到的见解:很多事情不是具备条件并做好了调查才去做就能做好,而是在条件不充分的时候就要开始做,这样才能抓住机会。

然而,"条件不充分"时到底怎么才能"抓住机会"呢?我们来看一下陈生的做法:他卖白酒时,根本没有能力投资数千万元设立厂房,可是他直接从农户那里收购散装米酒,不需要在固定设施上投入一分钱便可以通过广大的农民帮他生产,产能却可以达到投资5000万元的工厂的数倍。此后,他才利用积累起来的资金开始租用厂房和设施,打造自己的品牌。迅速地进入和占领市场,让他在白酒市场上打了个漂亮仗。而当许多人"跟风"学习一位到南方视察的国家领导人用陈醋兑雪碧当饮料的饮食方法时,善于"抓住机会"的陈生想到了如何将这种饮料生产出来。经过多次尝试,著名的"天地壹号"苹果醋就此诞生。

当然,资金积累到一定程度时,陈生成功的秘诀更让人难忘:在经济飞速发展的年代,无数企业"抓破脑袋"寻求发展良机,在这样的情况下,只有技高一筹者才能够取得成功。而一些企业运用精细化营销,就是一种技高一筹的做法。于是,从传统的中国猪肉行业里,陈生分析到了其中的巨大商机,因为中国每年的猪肉消费约500亿千克,按每千克20元算,年销售额就高达上万亿元。而与其他行业相比,猪肉这个行业一直没有得到很好的整合,基本上没有形成像样的产业化,竞争不强,档次不高,机会很多。更重要的是,进入这一行业的陈生,机智地率先推出了绿色环保猪肉"壹号土猪",开始经营自己的品牌猪肉。

虽然走的还是"公司+农户合作"的路子,但针对学生、部队等不同人群,却能够选择不同的农户,提出不同的饲养要求,比如,为部队定制的猪可肥一点;学生吃的可瘦一点;为精英人士定制的肉猪,据传每天吃中草药甚至冬虫夏草,使公司的生猪产品质量与普通猪肉"和而不同"。在这样的"精细化营销"战略下,陈生终于在很短的时间内叫响了"壹号土猪"品牌,成为广州知名的"猪肉大王"。

分析:没有夕阳产业,只有夕阳的观念。现在众多的老字号、老企业发展受阻,根本原因出在哪里?答案显而易见,当做产品就把重点放在产品上,注重"品牌"在原有路径上的运营,如果对既有的行业失去信心,随着产业的变革只会惯性发展而没有创新,则最终就会自生自灭。陈生卖猪肉,将一个极其传统的产品,做到如此风生水起,值得所有传统行业的经营者深思。没有夕阳的企业,只有夕阳的企业家,传统产业也是朝阳产业,关键是在传承中创新。

课堂活动与课后思考

认知感悟创新实训

一、活动目标

感悟认知创新的相关概念,学会寻找生活中创新的事物,以此触发联想,形成新的创新点。

二、活动时间

课上20分钟,分工讨论,课下收集案例,制作PPT。

三、活动步骤

步骤一:主持人宣布实训题目,利用中国公众科技网、中国专利信息网、视觉中国、新华网科技频道、"挑战杯"官网、专利之家等互联网收集2~3个案例。

步骤二：分组。自由组合活动小组并命名，每组6～10人，其中主持人1人，秘书1人，发言人1人。

步骤三：各小组主持人主持本组会议。会议内容具体如下。

① 小组主持人宣布活动内容。
② 主持人进行分工，在不同网站上收集相关案例。
③ 案例可以包括科学发现、技术发明、企业创新、文化创意、大学生创业等。
④ 小组主持人组织组员讨论上述案例，完成表1-3。

表1-3 案例讨论整理表

班级：　　　　　小组名称：　　　　　主持人：

案例名称	基本内容	创新点	产生的价值	受到启发	产生的设想

⑤ 发言人做好向全班大会汇报本组案例分析的准备，制作好PPT。

步骤四：全班大会。各小组发言人分别向大会汇报本小组的案例。全班同学分享各组同学的创新成果。

步骤五：全体同学进行评价，评选最佳案例2～3项，对表现最佳的同学进行奖励。

发散思维训练

1．过河

有一条水很深、水面很宽的河，要设法到河对岸去，运用发散思维，你能想出哪些办法？

2．雨伞问题

日常用的雨伞存在以下问题：容易刺伤人、拿伞的那只手不能再派其他用途、乘车时伞会弄湿乘客衣服、伞骨易折断、伞布透水、开伞收伞不够方便、样式单调、携带不够方便等。请用发散思维的方法改进雨伞。

3．燃绳问题

烧一根绳子，从头烧到尾需要1个小时。现在有若干条材质相同的绳子，如何用烧绳的方法来计时1个小时15分钟？

4．摆硬币

用5枚大小相同的硬币，要求其两两相接触，该怎么摆？

5．拼十字形

有一张长方形的纸，长是宽的2倍。请把它剪成3块，并拼成一个十字形，该如何剪？

6．火柴组图形

请用8根火柴组成2个正方形和4个边长相同的三角形。

7．查明缺席者

一个有几百名员工的工厂，在正式开会前，要求能很快地查明缺席者的姓名，有什么好办法？

8．1+1=？

关于"1+1=？"这个等式，你能想出多少个可能的答案呢？

9．阳阳的压岁钱

每到春节，阳阳就会收到长辈们给的压岁钱。这一年，过完春节，阳阳把大人们给的压岁钱都存进了银行。他的四个兄弟姐妹开始猜测阳阳今年到底收了多少压岁钱。

姐姐说："阳阳至少有1000元压岁钱。"

弟弟说："我猜他的压岁钱不到2000元。"

哥哥说："阳阳有500元压岁钱。"

妹妹说："阳阳哥哥的存折上至少有100元。"

这四个人中只有一个人猜对了，你能推断出阳阳到底收了多少压岁钱吗？

10．非常规用途

请分别写出下列事物的非常规用途：破碎的镜子、变质的面包、损坏的航天飞机。

11．木料

一个木匠有一些木料。星期一，这些木料的形状是立方体；星期二，这个木匠把木料弄成了圆柱体；星期三，他又把木料弄成了锥形体。虽然木料的形状变来变去，但他并没有对木料进行切割或雕琢。请问，他是怎么做到的呢？

12．怪城

有一个怪城，城里一边住着好人，一边住着坏人。城门左右各有一个人站岗，其中一个是好人，一个是骗子，好人总说实话，骗子总说假话。有个人到了这个城门后，忘记了哪边是好人，如果问错了路，就会走到坏人住的地方，吃亏上当。请问他应该怎么问守门的人呢？

困　　境

1．活动目标

这是一个用来培养小组创造思维的游戏。主要培养团队协作、共同解决问题的意识。

2．活动时间

1小时以上。

3．活动道具

每个小组都有4个道具。

① 4根直径约为20厘米、长约45厘米的圆木。处理过的用作栅栏的松木或者旧的电线杆均可，要确保圆木的表面没有尖锐的棱角。

② 一块硬木板，长度约为 4 米，宽度约为 30 厘米，厚度约为 5 厘米。
③ 一根 12 厘米粗、6 米长的绳子。
④ 2 根绳子，用来标记起点和终点。

4. 活动步骤

步骤一：选择一块地面较软的场地作为游戏场地。如果地面光滑且坚硬，圆木就会容易滚动，队员们将很难在木板上站稳。

步骤二：让队员们每 5 个人组成一个小组。

步骤三：给每个小组指定一个小组长。（如果任命那些非常内向的人做小组长，将可以帮助他们改善自我形象。）

步骤四：让所有小组到起点站好，给每个小组发圆木、木板和绳子。

步骤五：告诉各小组成员他们的任务是用发给他们的材料，越过一片"危险"地段。在穿越的过程中身体不得接触地面。

步骤六：如果需要加大游戏的难度，可以蒙上 2 名队员的眼睛——告诉大家，有 2 名队员的眼睛已经因为挥发出的酸性气体的刺激而失明了。

步骤七：致游戏开场白。

你们小组正在工厂的一个角落里进行一项秘密工作。突然，你们中的一个人发现一个输送新型强酸的管道漏了，而且已经有很多强酸从管道中流了出来，这些强酸在地面上蔓延了约 10 米宽，挡住了你们逃离危险的去路。强酸挥发出来的气味越来越强烈，你们已经逐渐感到呼吸困难，所以必须尽快逃出去。你们不能从强酸上面走过去，因为不论你们身体的哪一部分碰到这种酸，你们都会在数秒内被溶化。你们目前唯一可用的工具就是 4 根圆木、一块木板和一根绳子。这 4 根圆木经过了耐腐蚀处理，它们可以接触强酸。木板和绳子不能接触强酸，它们碰到这种强酸也会立刻被溶化。如果在穿越的过程中有人碰到了强酸，那么整个小组必须立刻返回原地，让受伤的队员到一个特殊淋浴器下面冲洗，这是抑制强酸灼伤的唯一办法。然后，整个小组才能重新开始穿越。如果木板或绳子碰到了酸，也必须进行同样的处理，否则整个木板或绳子都会被溶化。游戏成功的条件是整个小组都能安全地越过这片强酸地带，祝你们好运！

5. 活动提示

讨论问题示例：
- 你们在游戏过程中碰到了什么问题？
- 你们是怎样分析问题的？
- 每个人都做了什么？
- 每个人都充当了什么角色？
- 小组长是否进行了有效的领导？
- 每个人是否都能积极参与，共同解决问题？你认为小组的整个运作过程有效吗？为什么？
- 就进一步提高小组的运作，你的建议是什么？

钉子游戏

1. 活动目标

综合运用联想、想象,从多角度发散思维,克服心理惯性、思维定式。学会诱发和捕捉灵感,解决看似不可能解决的问题,并提出多种解决方案。

2. 活动时间

30分钟。

3. 活动步骤

步骤一:学生分组。6~10人为一组,给自己的小组命名。

步骤二:选出组长。

步骤三:分配给每组11根钉子和1个硬纸小盒。要求用1根钉子支起10根钉子,小盒可以起固定1根钉子的作用。注意事项如下:

① 11根钉子不能分散放置;

② 这是一个肯定能完成的游戏,只是需要有足够的信心和耐心,能够承受多次失败;

③ 以小组为单位操作,需要团结协作才能完成,要不断把自己的想法告诉大家,相互沟通交流;

④ 要把每种尝试用图片(手机拍照)和文字记录下来。

步骤四:学生分析任务,尝试各种思路。

步骤五:成功实现靠1根钉子支撑起10根钉子的小组,分别向全班同学展示,大家讨论交流,互相学习借鉴。

步骤六:每个人分享活动感悟。

4. 活动提示

想要创新必须敢于尝试,尝试的过程中必然会遇到障碍与挫折。创新的最大障碍是你自己,必须对创新充满信心,有足够的耐心,坚信答案就在眼前。当然,还要克服心理惯性,勇于面对问题,善于总结经验,多动脑、勤动手。最后,引导学生对此次活动进行反思和总结。

模块二 创意激发与商机识别

知识目标：

1. 认识创业机会内涵。
2. 掌握创业机会识别内容。
3. 掌握创业机会评价方法。

能力目标：

1. 能够洞悉创业机会来源。
2. 学会分析创业机会内容。
3. 学会创业机会评价方法。

【导入案例】

创业要做有用户需求的东西

王兴，1997年被保送到清华大学电子工程系无线电专业，2003年携创业计划回国。在6年内连续创办了4家风靡一时的网站。2009年7月，王兴的饭否网因故停止运营。直到2010年1月，该网站依然开张无望，于是他萌发了创建一个类似Groupon团购网站的念头。

2010年3月4日，王兴的美团网上线。由于王兴的创业经历，美团网一上线即引起广泛关注。

美团网有着"吃喝玩乐全都有"和"美团一次美一次"的服务宣传宗旨。2014年美团全年交易额突破460亿元，较去年增长180%以上，市场份额占比超过60%，比2013年的53%增长了7个百分点。2015年1月18日，美团网CEO王兴表示，美团已经完成7亿美元融资，美团估值达到70亿美元。10月8日，大众点评与美团网宣布合并。

美团创始人、CEO王兴先生在做客网易财经的时候，主持人问："你之前做了三个网站，对你现在做美团有什么帮助，获取了哪些经验？"

他回答："我只能说，其实最重要的是潜移默化的影响，是语言无法简单概括总结的。如果一定要用语言总结，那就是我知道要做这些有用户需求的东西。"

（资料来源：佚名.励志一生.www.lizhiyisheng.cc，2019-2-13.）

分析： 市场上从来都不缺机会，缺的是识别和判断机会的能力。没有市场需求的项目，想法再好，最终也会失败。因此，创业者在选项目的时候，要看项目有没有市场需求，是不是刚性需求，是不是消费者的"痛点"，是否有持续性的消费需求。

【课前思考】

1. 如何寻找创业机会？

2．创业机会有哪些来源？
3．如何分析消费者痛点？

单元2.1 寻找创业机会

寻找创业机会就是我们熟知的发现商机,优秀的创业者都善于发现商机,即善于发现、研究、解决别人的问题。

这就需要从社会变化的角度出发,了解政策变化、科技变化,分析市场需求,了解竞争对手的优势与劣势,利用自己的竞争优势,急别人所急,解决用户所遇到的各类问题,总之,机会是给有准备的人。

一、创业机会的含义

（一）创业机会

创业机会是指创业者可以利用的商业机会,也是指市场上尚未全部满足的需求。广义上说,机会是指通过对资源进行创造性的组合来满足市场需求（或兴趣或短缺）从而带来超额价值的可能性。

（二）创业机会存在的三种情况

创业机会的存在一般有三种情况。

(1) 在现有的产品和服务市场上,去寻找尚未满足的顾客痛点,启动开发一个新市场,或者发现现有产品的新功能和新用途,引导人们使用它。

(2) 创造开发,设计生产出具有新功能的产品,以满足人们变化的需求。

(3) 由于社会分工的演进、专业化所衍生的新的市场。创业者应对市场机会进行寻找、发掘、识别,以确定其是否可以成为自己的机会。

（三）创业三要素

创业维艰,在创业之前每个创业者总需要做好各种准备来面对创业所面临的各种问题。对一次成功创业影响的因素很多,但创业最关键的三个要素是团队、资源和机会。

1．创始人和团队

创业中创始人和团队无疑在创业中起着举足轻重的作用,成功的创业对创业中的人要求很高,它需要创业中的人有创业意识和精神,有创业的好方法,有创业的人脉,有调查显示。第一次创业的失败率高达99%,但有过创业经验的人在二次创业中成功率却能提高不少,因此对于创业者来说有没有创业经验对创业起着至关重要的作用。另外,创业者能不能和团队在面临困难时坚持下去,也是影响创业成功的一个重要方面。

2．创业资源

机会永远属于那些既有资本又有眼光的人。在当前创业门槛不断提高的今天,资本成了决定创业公司去留的关键,草根创业者如果没有资本注入很快就会倒下而一蹶不振。因资金链断裂而倒下的企业数不胜数。在当前创业热潮兴起,传统的投资机构和互联网相结合,出现了以投融界为首的互联网融资平台,帮助企业解决融资难、贵、慢等问题,在一定程度上缓解了融资尴尬,提高了创业的成功率。

3. 好的创业机会

好的机会是作为创业的前提,也可以说是创业机会,而对于创业机会的把握和寻找是创业中所首要解决的问题。从投资人的角度来看,大部分的天使投资看重的是创业项目的好坏和这个项目的发展前景高低。如果为了迎合大众创业的浪潮,而匆匆上马一个项目,可想而知成功率会有多高。所以在创业之前一定要选择一个创业者感兴趣的有发展前景的项目,要做到差异化有创新。

二、洞悉创业机会的来源

经常听到一些想创业的朋友抱怨:"别人机遇好,我运气不好,没有机遇。""我要是早几年做就好了,现在做什么都难了。"这都是误解。著名成功学大师拿波伦·希尔说:"一切成功,一切财富,始于意念。" 这个世界上创业机会无处不在,就看你能不能洞悉创业机会的来源,创业机会有以下五大来源。

(一)市场环境变化

市场环境一旦发生变化,市场的需求、市场的结构也会相应发生变化,创业者正是这些能寻找变化,积极反应,并从中挖掘机会的人。这种变化主要来自于产业结构的变动、消费结构升级、城市化加速、人口思想观念的变化、政府政策的变化、人口结构的变化、居民收入水平提高、全球化趋势等诸方面。比如居民收入水平提高,私人轿车的拥有量将不断增加,这就会派生出汽车销售、修理、配件、清洁、装潢、二手车交易、陪驾等诸多创业机会。

很多的重大政治经济事件往往也隐含商机。比如随着"一带一路"这项倡议的持续贯彻和推行,未来该沿线区域的跨境贸易还存有巨大的市场潜力,在旅游行业、教育培训、国际贸易、人工智能、大数据、云计算、智慧城市建设、文创产业、医疗健康等方面都将迎来较好的发展机会。

(二)未满足的客户需求

善于发现自己和观察他人在需求方面的问题或生活中的难处,是寻找创业机会的一个重要途径。比如女性有吃零食的习惯,但是零食热量高,容易让人发胖,因此,低热量零食应运而生。又比如上海有一位大学毕业生发现远在郊区的本校师生往返市区交通十分不便,于是创办了一家客运公司,这也是把问题转化为创业机会的成功案例。

从顾客的需求出发,时常关注日常生活和工作,就会从中发现某些机会。尤其是在移动互联网时代,创业者要花时间关注用户的需求。IBM公司把计算机带进办公室,微软公司把计算机带入家庭,乔布斯则把计算机放在人们的身边,这得益于乔布斯分析顾客的需求,他先后领导和推出了麦金塔计算机(Macintosh)、iMac、iPod、iPhone、iPad等风靡全球的电子产品,深刻地改变了现代通信、娱乐、生活方式。

(三)竞争对手的不足之处

如果你能弥补竞争对手的缺陷和不足,这也将成为你的创业机会。看看你周围的公司,你能比他们更快、更可靠、更便宜地提供产品或服务吗?你能做得更好吗?若能,你也许就找到了机会。

研究竞争者,分析对手的情况,是价格太高、是服务不好,还是品质不好等,总之对手的缺点就是契机。苹果手机的价格昂贵,雷军的小米科技用渗透价使智能手机普及化,让老百姓拥有高性价比手机,目前,小米已经在手机领域有相当地位。银行的服务不好,支付宝出现了;中国移动没做好飞信,微信来了。因此,创业者要积极观察并研究竞争对手,发现对手的弱点。

(四)发明创造和新知识

创造发明提供了新产品、新服务,在更好地满足顾客需求的同时,也带来了更多的创业机会。比如随着计算机的诞生,计算机维修、软件开发、图文制作、信息服务、网上开店等创业机会随之而来,即使你不发明新的东西,你也能成为销售和推广新产品的人,从而给你带来商机。发明创造带来的机会比其他任何方式的难度都大、风险也大,但是一旦成功,其收益也非常大。

新知识、新技术的产生带来新的市场需求。例如随着健康知识的普及和技术的进步,围绕"水"带来了许多创业机会,上海就有不少创业者因加盟"都市清泉"而走上了创业之路。

(五)弥补市场空白

生活中我们往往会遇到一些"别人不愿意干"的事情,如果创业者能够弥补这些市场空白,这就是创业机会。顺丰快递的创始人王卫比其他人更懂得如何抓住这些机会。最早,王卫受人之托,在广东和我国香港之间夹带点儿货,慢慢地,东西越来越多,当用拉杆箱子也装不下的时候,王卫意识到这是一个商机,一位顺丰早期员工说:"那时候顺丰只有十几个人,大家围在王卫身边,同吃同住,每天唯一的任务就是跑市场。我们这些业务员都像疯了一样,每天早出晚归,骑着摩托车在大街小巷穿梭。"有位邻居也对他印象深刻,说他每天凌晨就开始工作,晚上才离开。"那时候整条街没什么人,他来了之后,一直有货车来来回回拉货,后来这里开始有别的物流公司,他带旺了整条街。"

【案例 2-1】

午夜的士洗车场

赵秋实开了家洗车店,很快附近又陆续开了几家洗车场。为了拉拢客户,同行竟半价收费,导致他的生意难以为继。

有一次,赵秋实坐的士去市区办事,发觉车玻璃上沾满了泥,车内到处是灰尘。司机不好意思地说:"为了拉生意,我根本顾不上洗车,等到晚上收车后,洗车场又早已关门了。"交谈中,赵秋实了解到,南阳市共有 2000 辆的士,车主们都配备了双班司机,保证人歇车不停。

赵秋实心想,全市这么多的士,如果自己的洗车场改成晚上营业,专洗的士车,不就双赢了吗?

赵秋实在洗车场装了几个1000瓦的照明灯泡，又制作了"午夜的士洗车场"的大牌子。当晚，他站在广告牌边等了一夜，却没迎来一辆的士。好在天快亮时，一辆路过的士忽然掉头回到他的洗车场，车主兴奋地说："我开了十多年的车，第一次碰到晚上营业的洗车场。"赵秋实很快将车洗得干干净净。

尽管一夜只洗了一辆车，但是，这名司机的话给了赵秋实信心。他想，自己没有宣传，司机们当然不知道有夜晚营业的洗车场。他想起了前几天那个出租车司机，马上拨通他的电话。接着，这名司机通过声讯台，把这一消息传给正在营运的同行们。

在声讯台的宣传下，第二天晚上，一些的士司机陆续赶来洗车，赵秋实共洗了15辆车，赚了150元钱，累得腰酸背痛。后来，他实在忙不过来，就聘请了6名工人。

随着洗车场名声远扬，赵秋实的生意越来越火。一次，一名"的哥"见赵秋实和员工忙得不可开交，干脆打了一桶水，拿起抹布自己洗了起来。洗完车后，他向赵秋实付钱，赵秋实依据水电成本，只按半价收了对方5元钱。

这件事给了他很大启示。后来，他干脆推出自助洗车模式，的士司机自己动手，他提供一切洗车用具，只收半价。这样一来，就再也没有显现排长队等候洗车的情形。很多司机都说，开了一天车，利用洗车的工夫活动一下身子也不错。

2007年年初，赵秋实又推出套餐式多种服务优惠组合，如清洗、上光打蜡、玻璃打蜡、轮胎增黑和车内消毒的五合一洗车。看到赵秋实的午夜洗车场生意火爆，附近的同行竞相效仿。经过苦苦思考，赵秋实决定从信誉和服务质量上做文章。

2007年年底，他决定换一个更大的场地，将毗邻的一个可同时停100辆车的大仓库租了下来。在装修时，他特意把这里打造成一个以汽车文化为主题的休息场所，配备了多组沙发和桌椅，并在服务台旁安装了两台计算机，免费供顾客上网。

2008年3月的一天，一位师傅把车停下后，倒头就躺在沙发上，对赵秋实说："开了一天车，真累呀。你这里要是有推拿按摩的服务就好了。"赵秋实茅塞顿开：确实，的士司机不停地在路上跑，只有洗车空当才能休息一下，若是能把洗车的半小时充分利用起来，为师傅们提供更多人性化服务，肯定很受欢迎。

赵秋实赶忙聘请了3名按摩师，给他们每人每月800元基本工资，另加提成。的士司机花30元钱，就可享用半个小时的推拿按摩服务。

这项服务推出后，大受司机欢迎，赵秋实大喜过望，马上又聘请了6名按摩师和5名擦鞋工，还聘请了3名下岗女工做服务员。凡是前来洗车的顾客，服务员都会微笑着为他们递上一杯水；在这里擦鞋的司机，只需付1元钱；若洗车的同时又享用按摩服务，就可免费擦鞋。

2008年8月，赵秋实又在郊区分别开了两家同样规模的连锁洗车场，让父亲和弟弟管理。经过司机们口口相传，新开的洗车场生意也飞快火爆起来，赵秋实每月的纯收入已高达5万多元。

（资料来源：http://www.tian-shi.com）

单元 2.2 创业机会识别

机会识别是创业过程的起点,也是创业过程中的一个重要阶段。许多好的商业机会并不是突然出现的,而是对于"一个有准备的头脑"的一种"回报",或是当一个识别市场机会的机制建立起来之后才会被出现。在机会识别阶段,创业者需要弄清楚:机会在哪里?如何识别?

一、创业机会识别因素

创业机会的识别过程是指基于创业者特征以及环境变化等因素,创业者从现有的产品、服务、原材料和组织方式等层面进行差距分析与判断,找出改进或者创造手段及目的的关系的可能性,最终形成新的产品、新的服务、新的原材料以及新的组织方式。创业者特征及环境变化构成了影响创业机会识别的关键因素,具体内容如下。

(一)创业愿望

阿里巴巴创始人马云说过:"我觉得创业者首先要有一个梦想,这很重要,如果你没有梦想,为做而做,别人让你做是做不好的……"创业愿望是创业的原动力,只有拥有强烈的创业愿望,创业者才有可能更多、更有效地发现和识别市场机会。反之,再好的创业机会也会与创业者失之交臂。

(二)认知能力与专业知识

多数创业者有"第六感",比别人更灵敏,能够帮助他们看到别人错过的机会。事实上,这种优越能力最终取决于个人或者团队的认知能力与创业技能,其中包括创业者所积累的专业知识、行业知识、创业经验等。一般来说,在某个领域经验丰富的人士,相对于外围人士来说,更加具有商业敏感度,而并非"当局者迷,旁观者清"。据国内外研究和调查显示,与创业机会识别相关的能力主要有远见与洞察能力、信息获取与分析能力、环境变化及技术发展趋势预测能力、模仿与创新能力、社会关系建立与维护能力、行业或者创业领域知识与经验储备能力等。

(三)先前经验

先前经验也是决定个人认知能力、创业技能的重要因素之一,因为大多数创业者的创业能力都是基于先前经验而不断成长的。但是,考虑到该因素对创业机会识别的影响程度较高,故单独提出作为影响创业机会识别的关键因素之一。而且,该因素还涉及一个非常重要的概念,即走廊原理:创业者一旦创建企业,就开始了一段旅程,在这段旅程中,通向创业机会的"走廊"将变得清晰可见,也就是说,特定产业中的先前经验有助于创业者识别出创业机会。走廊原理强调经验和知识对于个体发现和把握创业机会的重要性,个体在特定领域的经验和知识存量越多,就越容易看到并把握该领域内的创业机会,从而实施创业活动。

(四)社会资本

创业者的社会资本是指与创业者个人及组织所建立的各类社会关系连接在一起形成

的一系列资源,实际上是创业者各类社会关系资源价值的集中体现。创业者的社会关系网络包括政府、金融机构、高校、专业支持机构、商业合作伙伴、朋友、家庭、同事等。社会资本通常与人力资本、财务资本相提并论,对创业活动产生的影响也越来越大,备受创业研究与实践者关注。有关研究发现,社会关系网络是个体识别创业机会的主要来源,其中的"强联系"与"弱联系"相比较,前者的信息转化率相对较高;但是相对于前者而言,后者更有助于个体识别更多的创业机会。

(五)创业思维

创业的本质就是创造。而创业机会的识别过程也要求创造新的手段及目的关系,最终形成新的产品、新的服务、新的原材料以及新的组织方式,其本身就是一个不断反复的创造性思维过程。可见,创新思维对于创业机会识别及其后续创业活动十分重要。例如,从纷繁复杂的信息中,你有没有可能挖掘出客户的需求,并提出具有创意性、产生新价值的产品或者服务解决方案,取决于你的创新思维能力。如果缺乏一定的创新思维能力,即使你获取了高价值信息甚至明确了客户的新需求,恐怕也难以识别出蕴藏其中的创业机会。

(六)创业环境

环境的变化是创业机会的重要来源,因此创业环境必定会对创业机会的识别产生巨大影响。创业环境是创业过程中多种因素的组合,包括宏观经济政策与制度、产业结构、人口环境、技术环境、自然环境、市场环境、创业价值观等。例如,创业型经济发展的政策倾向、人们生活方式的改变、市场竞争环境的公平性,都会对创业机会的识别产生较大程度的影响,甚至影响创业者的创业积极性。

【案例 2-2】

白手起家实现年营业额近亿元　小镇青年的创业逆袭

小镇青年如何通过不断评估创业环境,抓住创业机会,实现创业逆袭?32 岁的江西小伙何涛作了一个很好的示范。

从白手起家创办装饰公司,到实现年营业额近亿元,何涛只用了 6 年。如今,他还是一家高科技生物制药公司——江西迈柯菲生物医药科技有限公司的董事长。

梦想属于有准备的人。何涛从小就有一个"创业梦",喜欢看创业书籍,醉心于研究创业成功案例。进入大学后,他便实践起来——在学校卖起了乐器、做起了兼职,很快实现了经济独立。2010 年 7 月毕业后,何涛就加入了创业大军。起初,他和朋友共同创办了一家装饰公司,但因经营理念不一,不到 10 个月就散伙了。

2011 年 8 月,经过半年筹备,何涛注册了自己的装饰公司——江西允中装饰设计工程有限公司。3 个月过去了,公司竟没有成交一单业务。面对困境,何涛并未放弃。2011 年 12 月,一家央企在江西设立分公司,对装修工程进行公开招标,何涛抓住机遇,带领团队经过一个多月的精心准备,从 20 多家同行中脱颖而出。开标现场,何涛和公司团队伙伴相拥,喜极而泣。

经过两年打拼,何涛的公司在装修行业站稳了脚跟,开始把目光投向千万元级的大项目。2014年,得知安徽有个预算5000万元的装修项目,何涛和团队马上动起来。然而,该项目负责人不客气地对何涛说:"想做这个工程可以,先打2000万元保证金。"何涛明白,对方这样说,实际就是拒绝,但何涛选择再搏一次。回南昌后,他整合资源,游说各方,让银行出具了一份2000万元的履约保函。当该负责人接到保函时颇感震惊,但又提出新条件:"拿到保函只是第一步,你们必须满足我方接下来提出的各种要求,我才能把这个项目交给你们。"半年内,何涛带着团队往返南昌、合肥、六安等地20多趟,用真诚打动了项目负责人,拿下这个项目。

凭着信誉,允中装饰在业界有口皆碑,业务迅速遍布江西,走向全国,年营业额从起步的100万元,发展到近亿元。

在装饰公司取得稳健发展后,何涛把眼光投向了战略性新兴产业——高科技生物制药。借助于江西推动中医药强省建设的一系列利好,何涛于2016年在赣江新区发起成立了江西迈柯菲生物医药公司。公司围绕恶性肿瘤、衰老、自身免疫型疾病等重大疾病领域,致力于免疫细胞治疗技术和产品的研究和开发。

"国庆假期后,我们生物医药公司的多种干细胞产品将实现量产,这至少可以带来数千万元的现金回流。"目前,生物医药公司虽然还处于初创阶段,但何涛对前景充满信心。他介绍,公司正开展多项新技术的开发和应用,已获得8项国家发明专利。

赠人玫瑰,手有余香。如今,何涛把更多的时间用于公益事业和辅导大学生创业方面。为此,他担任了团省委及南昌大学等十多所高校的青年创业导师,开展创业宣讲40多次,帮助指导50多个青年大学生创业团队近300多人走上创业道路。

分析: 作为一个刚进入大学就开始创业实践的大学生,社会阅历毕竟还少,人际关系也不多,在创业道路上难免会遇到挫折。但是32岁的江西小伙何涛,通过不断评估创业环境,抓住创业机会,实现创业逆袭,凭的就是在抓住创业机会的同时,不断认真分析外部环境和自身的特征,理清各种有利和不利因素,面对困难,迎难而上,不断提升自己的能力,不断增强企业的竞争实力,一旦各项条件成熟,就可以快速发展。何涛的成功逆袭,给我们作了一个很好的示范。

二、创业机会识别途径

创业者面对想到、遇到的各种创意,如何选择并最终获得成功,需要进行反复的推敲和思考。如何拨开云雾见光明,可以从以下三个途径着手。

(一)现有市场途径

对创业者来说,在现有的市场中发现创业机会,是很自然和较经济的选择。一方面,它与我们的生活息息相关,能真实地感觉到市场机会的存在;另一方面,由于总有尚未全部满足的需求,在现有市场中创业,能减少机会的搜寻成本,降低创业风险,有利于成功创业。

(二)潜在市场途径

潜在的创业机会来自于新技术应用和人们需求的多样化等。成功的创业者能敏锐地感知社会大众的需求变化,从中捕捉市场机会。

(三)衍生市场途径

衍生的市场机会来自于社会分工的演进、经济活动的多样化和产业结构的调整等方面。第一,社会分工的演进为创业机会提供了新空间;第二,经济活动的多样化为创业拓展了新途径;第三,产业结构的调整与国企改革为创业提供了新契机。

三、创业机会识别过程

机会识别也是行为之一,如果能够分解机会识别行为,洞察机会识别过程,对研究机会、提升机会识别能力,显然有好处。南开大学商学院张玉利院长尝试把创业机会识别过程分解为以下阶段:产生创意(Idea)、形成商业概念(Business Concept)、进行市场测试(Test)、设计商业模式(Business Model),这些是从商业机会(Business Opportunity)到创业计划(Business Plan)所需要开展的工作,简称为B-OICTMP。

(一)商业机会(Business Opportunity)

创业者利用各种渠道掌握并获得各种外部环境、新技术、新发明等信息后,基于自身的专业知识、先前经验、社会资本等特点,通过创业机会识别途径,发现创业机会。

(二)产生创意(Idea)

创意(Idea)是具有创业指向同时具有创新性甚至原创性的想法,是将问题或需求转化成逻辑性的架构,让概念物像化或程序化,而不是单纯的奇思妙想。美国教育学家杜威在《我们如何思维》一书中将人的思维概括为"好奇—联想—条理性",对分析创意形成也有帮助。创意与点子的不同之处在于创意具有创业指向。

(三)商业概念(Business Concept)

产生创意后,创业者需要把创意发展为可以在市场上进行检验的商业概念。商业概念不仅体现了顾客正在经历的也是创业者试图解决的各种问题,也体现了解决问题所带来的顾客利益和获取利益所采取的手段。这种利益是顾客认可并愿意为此支付的价值。商业概念的核心是产品,广义的产品定义包含了把普通人变成顾客的所有价值来源。顾客在与企业的互动中体验到的任何事与物,都应该被认定为公司的产品,无论是杂货店、电子商务咨询网站、咨询顾问服务,还是非营利社会服务机构,都概莫能外。当然,产品本身并不是目的,关键是学会如何解决顾客的问题。

(四)测试(Test)

测试是获取真实信息的重要手段,近些年来普遍被创业者所采用。创业是资源高度约束并面临高度不确定性环境下的行为,应对不确定性更需要依据真实的信息决策,这是一个简单的道理,通过测试创业者可以检验顾客是否喜欢产品,是否接受价格,是否有合适渠道购买,是否满意服务,是否有超出预想的体验。

一个商业概念是否可行,需要通过三方面的测试:真实性测试、竞争测试、价值测试。这三方面通俗易懂,也抓住了重点。

（五）商业模式（Business Model）

商业模式是企业创造价值的核心逻辑。商业模式的这一逻辑性主要表现在层层递进的三个方面。

（1）价值发现。明确价值创造的来源，这是对机会识别的延伸。通过可行性分析，创业者所认定的创新性产品和服务，只是创建新企业的手段，企业最终的盈利与否取决于它是否拥有顾客。

（2）价值匹配。明确合作伙伴，实现价值创造。新企业不可能拥有满足顾客需要的所有资源和能力，即便新企业愿意亲自去打造和构建需要的所有能力，也常常面临着很大的成本和风险。因此，为了在机会窗口内取得先发优势，并最大限度地控制机会开发的风险，几乎所有的新企业都要与其他企业形成合作关系，以使其商业模式有效运作。

（3）价值获取。制定竞争策略，占有创新价值。这是价值创造的目标，是新企业能够生存下来并获取竞争优势的关键，也是有效商业模式的核心逻辑之一。许多创业企业是创新产品或服务的开拓者，但却不是创新利益的占有者。

简而言之，商业模式就是打造一个创造和传递客户价值和公司价值的系统。

（六）商业计划书（Business Plan）

在经历了机会识别、创意产生、商业概念开发、市场测试、设计商业模式等环节后，创业者就可以确定将要创业的机会是否可以实施，并开始制作商业计划书了。

【案例2-3】

从一个点子到300亿元估值独角兽

创办于2006年的猪八戒网，源于朱明跃的一个"点子"。

当时，电商平台在国内蓬勃发展，实物交易催生出很多好生意。朱明跃则思考，创新创意这种非实物类但却更有市场需求的东西，能否也通过互联网去交易？洞察到了这样的需求后，朱明跃在2005年着手创建了猪八戒网。

有意思的是，他创办这个网站本身，就是一笔符合自己初衷的买卖。朱明跃在网上发帖悬赏500元建网站，某位程序员接了单，猪八戒网就此建成，开始了艰难的成长之路。

2006年，32岁的朱明跃辞去工作，与另外5名初始团队一起专职做猪八戒网。猪八戒网做的事在当时当地（重庆）都是创新的，但"弹药"不足也无法占领市场。直到2007年，重庆市博恩科技（集团）有限公司的投资部给了朱明跃500万元的天使投资。粮草充足，猪八戒网也不再局限于西南，与竞争对手交战于"北上广深"，且获得了不错的成绩。

目前，猪八戒网发展成为国内领先的人才共享平台，主要为各种机构、企业组织、社会团体以及个人提供在线创意工作服务，有超过1300万创意人才入驻，服务着25个国家1000万个政府和企业单位。

2015年C轮26亿元融资过后，猪八戒网估值达到120亿元人民币左右，成为名副其实的独角兽，并且在长达10年的亏损后，猪八戒网在2016年实现了盈利。业内人士称，目前猪八戒网的估值有可能超过300亿元。

分析：从2006年到2019年，猪八戒网已经走过了13年。朱明跃的成功虽然是他个人能力的体现和坚持不懈努力的结果，但更多的是他能识别创业机会，开创线上"创意设计服务"的独特商业模式。

（资料来源：猪八戒网冲击科创板：13年，从一个点子到300亿元西南独角兽.青年创业网.http://www.qncye.com，2019-07-23）

单元2.3 评估创业机会

做创业，创业者自身的素质及想法固然重要，但并不是每个想法都能转化为创业机会。许多创业者仅凭想法去创业，对创业充满信心，但最终却失败了，这是因为不是每个创业机会都一定会给创业者带来益处，每个创业机会都存在一定的风险。因此，创业者在利用创业机会之前要对创业机会进行科学的分析与评价，然后做出是否创业的决策。

一、有价值创业机会的基本特征

我们知道九成以上的创业梦想最后都失败了。事实上，新创业获得成功的概率不到1%。

成功与失败的原因，除了不可控的各种因素外，还有一些原因是创业者在开始的时候，未能对创业机会进行评估就贸然实施。当然创业本身是一种做中学的高风险行为，而且失败也可能是奠定下一次创业成功的基础。

这些先天体质不良，市场进入时机不对，或者具有致命瑕疵的创业构想，如果创业者在开始创业前能先以比较客观的方式进行评估，判断出面对的创业机会是否具有创业价值，那么创业成功的概率也可以因此而大幅提升。有价值潜力的创意一般会具有以下基本特征。

（一）独特、新颖、难以模仿

创业的本质是创新，创意的新颖性可以是新的发明、新的技术，可以是新的解决方案，可以是差异化的解决办法，也可以是更好的措施。另外，新颖性还意味着一定程度的领先性。不少创业者在选择创业机会时，关注国家政策优先支持的领域就是在寻找领先性的项目。不具有新颖性的想法不仅将来不会吸引投资者和消费者，对创业者本人都不会有激励作用。新颖性还可以加大被模仿的难度。

（二）客观、真实、可以操作

有价值的创意绝对不会是空想，而要有现实意义，具有实用价值。简单的判断标准是能够开发出可以把握机会的产品或服务，而且市场上存在对产品或服务的真实需求，或可以找到让潜在消费者接受产品或服务的方法。同时，市场对这些产品和服务的需求的容量也要足够大。

（三）对用户的价值与对创业者的价值

有潜力的创意还必须具备对用户的价值与对创业者的价值。创意的价值特征是根本，好的创意要能给消费者带来真正的价值。创意的价值要靠市场检验。好的创意需要进行市场测试。同时,好的创意必须给创业者带来价值,这是创业动机产生的前提。

【案例2-4】

"中药鸡"年销上千万元,并且带动周边农户走向富裕

张正群,这位来自重庆的"80后辣妹子",正是中国百万返乡创业的青年之一。7年前,她不顾亲人朋友的反对,不畏乡村环境的艰辛,毅然跑到重庆乡村的大山里养鸡;7年间,她筚路蓝缕,从"门外汉"自学成养殖专家,独创的"中药鸡"年销上千万元,并且带动周边农户走向富裕。

2008年,中国爆发了震惊全国的三聚氰胺奶制品污染事件,而张正群的女儿此前正在吃三鹿奶粉,这件事让她既震惊又愤怒。那段时间,她反复失眠,一方面担心女儿的健康会不会受影响,另一方面更忧虑其他食物的食品安全。

"那个时候我就在想,农产品要保证安全,源头企业一定要有良知。如果有机会,我一定要做一家有良知的农产品生产企业,让全国的家庭都能吃上放心的食物!"

2012年,张正群在老家一山之隔的青峰镇牌坊坝村流转了100多亩山坡,成立了永川态聚家禽养殖股份合作社,开始了土鸡养殖。

由于坚持"良知",她拒绝喂养添加了各类抗生素的"饲料鸡",而是选择用纯粮食喂鸡。这样一来,张正群家的鸡比起同行业的饲料鸡抵抗力差不少,2013年禽流感来袭,即将出栏的两万只鸡损失惨重,导致直接亏损三十多万元。

2013年4月,张正群邀请了西南大学的教授作为技术顾问,用200只土鸡进行实验,以人参、山楂、当归等30多味中药以1:20的比例添加杂粮作为主食,以昆虫及菜叶为辅进行喂养。此外,她还将过去的圈养改为竹林下散养,并且严格控制出栏时间。

半年过后,张正群将"中药鸡"送往权威机构进行检测,结果表明,中药鸡抵抗力大幅增强,抗生素、药物残留几乎为零,脂肪含量是普通土鸡的1/3,而蛋白质和钙却高出1/3。在越来越讲求食物品质的当下,张正群的"中药鸡"以高钙、高蛋白、低脂肪的特点迅速打开市场,受到热烈欢迎。

(资料来源:"中药鸡"张正群:返乡创业背后的梦想与坚持.青年创业网.http://www.qncye.com,2019-4-26)

二、创业机会评价方法

如何评价创业机会,目前还没有一种一致公认的方法,创业者在进行正式评价时,往往不考虑评价指标体系和评价方法,仅凭直觉做出判断,容易做错误的决策。综合考虑国内外的一些研究,创业机会的评价方法可以分为定性分析和定量分析等方法。

(一)定性分析方法

定性评价创业机会的流程,它包括五大步骤:第一步,判断新产品或服务将如何使购买者创造价值,判断新产品或服务的使用的潜在障碍,如何克服这些障碍,根据对产品和

市场认可度的分析,得出新产品的潜在需求,早期使用者的行为特征,产品达到创造收益的预期时间;第二步,分析产品在目标市场投放的技术风险、财务风险和竞争风险,机会的分析;第三步,在产品的制造过程中是否能保证足够的生产批量和可以接受的产品质量;第四步,估算新产品项目的初始投资额,使用何种融资渠道;第五步,在更大的范围内考虑风险的程度,以及如何控制和管理那些风险因素。

(二)定量分析方法

1．标准打分矩阵

通过选择对创业机会成功有重要影响的因素,再由专家小组对每一个因素进行最好(3分)、好(2分)、一般(1分)三个等级的打分,最后求出对于每个因素在各个创业机会下的加权平均分,从而可以对不同的创业机会进行比较,如表2-1所示。

表2-1 标准打分矩阵法

标准	专家评分			
	极好(3分)	好(2分)	一般(1分)	加权平均分
易操作性				
质量和易维护性				
市场接受度				
增加资本的能力				
投资回报				
专利权状况				
市场规模				
制作的简单性				
广告潜力				
成长潜力				

2．公式法

技术成功概率 × 商业成功概率 ×(价格 − 成本)× 投资生命周期 ÷ 总成本 = 机会优先级

在该公式中,技术和商业成功的概率是以百分比表示的,平均年销售数量以销售的产品数量计算,成本是以单位产品的成本计算,投资生命周期是指可以预期的年均销售数保持不变的年限,总成本指预期的所有投入,包括研究、设计、制造和营销费用。对于不同的创业机会,将具体数值带入计算,特定机会的优先级越高,该机会越有可能成功。

三、创业机会的评估内容

创业团队与投资者对于创业前景都寄予极高的期待,创业者更是对创业机会在未来所能带来的丰厚利润满怀信心。然而创业的成功率是非常低的。创业者需要先以比较客观的方式进行评估,才能提升创业的成功率。蒂蒙斯构建了创业机会评价6大指标体系。

(一)市场评估指标

1．市场基础

一个好的新创业机会,必然是具有特定市场基础,专注于满足顾客需求,同时能为顾客带来增值的效果。因此评估新创业机会的时候,可由市场定位是否明确、顾客需求分析是否清晰、顾客接触途径是否流畅、产品线是否可以持续衍生等,来判断新创业机会可能创造的市场价值。带给顾客的价值越高,则创业成功的机会也会越高。

2. 市场结构

针对新创业机会的市场结构进行五方面分析,包括进入障碍、上游厂商、顾客、渠道商的谈判力量、替代性竞争产品的威胁,以及市场内部竞争的激烈程度。由市场结构分析可以得知新创企业未来在市场中的地位,以及可能遭遇竞争对手的反击的程度。

3. 市场规模

市场规模大小与成长速度,也是影响新创业成败的重要因素。一般而言,市场规模大者,进入障碍相对较低,市场竞争激烈程度也会略为下降。如果要进入的是一个十分成熟的市场,那么纵然市场规模很大,由于已经不再成长,利润空间必然很小,因此这项新创业恐怕就不值得投入。反之,一个正在成长中的市场,通常也会是一个充满商机的市场,所谓水涨船高,只要进入时机正确,必然会有获利的空间。

4. 市场渗透力

对于一个具有庞大市场潜力的新创业机会,市场渗透力(市场机会实现的过程)评估将会是一项非常重要的影响因素。聪明的创业家知道选择在最适合的时机进入市场,也就是当市场需求正要大幅成长之际,你已经将产能备好,等着接单。

5. 市场占有率

由新创业机会预期可达成的市场占有率目标,可以显示这家新创公司未来的市场竞争力。一般而言,要成为市场的领导厂商,最少需要拥有20%的市场占有率。但如果低于5%的市场占有率,则这项新创业的市场竞争力显然不高,自然也会影响未来企业上市的价值。尤其处在具有赢家通吃特质的高科技产业,新创业必须要拥有能够成为市场前几名的能力,才比较具有被投资的价值。

6. 产品的成本结构

由产品的成本结构也可以反映出该项新创业的前景是否亮丽。例如,由物料与人工成本所占比重之高低、变动成本与固定成本的比重以及经济规模产量大小,可以判断这项新创业能够创造附加价值的幅度以及未来可能的获利空间。

(二)效益评估指标

1. 合理的税后净利

一般而言,具有吸引力的新创业机会,至少需要能够创造15%的税后净利。如果新创业预期的税后净利是在5%以下,那么这就不是一个好的投资机会。

2. 达到损益平衡所需的时间

合理的损益平衡时间应该能在两年以内达成,但如果三年还达不到,则恐怕就不是一个值得投入的新创业机会。不过有的新创业机会确实需要经过比较长的耕耘时间,并经由这些前期投入,创造进入障碍,并因此保证后期的持续获利。在这种情况下,可以将前期投入视为一种投资,而较长的损益平衡时间,就可以获得容忍。

3. 投资报酬率(ROI)

考虑到新创业开发可能面临的各项风险,合理的 ROI 应该在 25% 以上。一般而言,15% 以下的 ROI 将不是一个值得考虑的新创业机会。

4. 资本需求

资金需求量较低的新创业机会,一般会比较受到投资者的欢迎。事实上,许多个案显示,资本额过高其实并不利于创业成功,有时还会带来稀释投资报酬率的负面效果。通常,越是知识密集的新创业机会,对于资金的需求量越低,投资报酬反而会越高。因此在创业开始的时候,不要募集太多的资金,最好透过盈余积累的方式来创造资金。而比较低的资本额,将有利于拉高盈余,并且可以进一步提高未来上市的价格。

5. 毛利率

毛利率高的新创业机会,相对风险较低,也比较容易达成损益平衡。反之,毛利率低的新创业机会,风险则较高,遇到决策失误或市场产生较大变化的时候,企业很容易就遭受损失。一般而言,理想的毛利率是 40%。当毛利率低于 20% 的时候,这个新创业机会就不值得再予考虑。

6. 策略性价值

能否创造新创企业在市场上的策略性价值,也是一项重要的评价指标。一般而言,策略性价值与产业网络规模、利益机制、竞争程度密切相关,而新创业机会对于产业价值链所能创造的加值效果,也与它所采取的经营策略与经营模式密切相关。

7. 资本市场活力

当新创企业处于一个具有高度活力的资本市场时,它的获利回收机会相对也会比较高。不过资本市场的变化幅度极大,因此在市场高点时投入,资金成本较低,筹资相对容易。但在资本市场低点时,投资新创企业开发的诱因则较低,好的新创业机会也相对较少。不过对投资者而言,市场低点的取得成本较低,有的时候反而投资报酬会更高。一般而言,新创企业在活跃的资本市场比较容易创造增值效果,因此资本市场活力也是一项可以被用来评价新创业机会的外部环境指标。

8. 退出机制与策略

所有投资的目的都在于回收,因此退出机制与策略就成为一项评估新创业机会的重要指标。企业的价值一般也要由具有客观定价能力的交易市场来决定,而这种交易机制的完善程度也会影响新创业退出机制的弹性。由于退出的困难度普遍要高于进入,所以一个具有吸引力的新创业机会,应该要为所有投资者考虑退出机制以及退出的策略规划。

(三)团队评估指标

1. 最佳团队组合

由声誉卓著的创业家领军,结合一群各具专业背景成员所组成的创业团队,再加上紧密的组织内聚力与共同的价值观分享,这种所谓最佳团队组合可以被视为新创业成功的最佳保证。因此评价新创业机会,绝对不可忽视创业团队组合的成分以及团队整体能够对外发挥的程度。

2. 产业经验与专业背景

创业者与他的团队成员对于所要投入产业的相关经验与了解程度多寡,也会影响新创业获得成功的概率。一般可以经由产业内专家对于创业团队成员的背景经验与专业能力的评价来获得这项信息。再好的新创业机会,如果创业团队不具备相关产业经验或专业背景,则对于投资者恐怕就不会具有任何吸引力。

3. 诚信正直的人格

创业者的人格特质也是一项会影响新创业成败的关键因素,尤其针对创业者的人品与道德观。在业界具有良好声誉,重视诚信、正直、无私、公平等基本为人处世原则的创业者,对于评价新创业机会通常都具有显著加分的效果。许多绝佳的创业机会,最后都是因为内部争权夺利而导致功败垂成,这也突显领导者人格特质对于创业成功的重要性。

4. 专业坦诚

一个好的创业者与他的团队成员,在各项经营管理与技术专业工作上,通常能够以理性客观的态度,坦诚面对各项问题,不刻意欺骗客户与投资者,不逃避事实,不否认自己的不足,并且创业团队成员也知道应该如何去做才能克服自己的缺失。在许多创业失败个案中,都可以看到创业团队唯恐别人看穿自己的缺失,因此强烈防御他人质疑,一味掩饰问题,以及推诿责任的态度,不但没有面对缺失的勇气,也没有解决问题的智能。精明的投资者经常可由访谈的过程中,来判断创业团队的专业坦诚度,并作为是否支持该项创业的重要决策参考。

(四)个人评估指标

1. 与个人目标契合程度

创业过程中遭遇的困难与风险极大,因此有必要了解创业者的创业动机,以利于判断他愿意为创业活动付出的代价程度。一般认为,新创业机会与个人目标的契合程度越高,则创业者投入意愿与风险承受意愿自然也会越大,新创业目标最后获得实现的概率也相对较高。因此,一个具有吸引力的新创业机会,一定是一个能充分与创业者个人目标相契合的创业计划。

2. 机会成本

一个人一生的黄金岁月大约只有30年,又可分为学习、发展与收获等不同阶段。而为了这项创业机会,你将需要放弃什么?可以由其中获得什么?得失的评价如何?在决定进行创业之前,所有参与创业的成员都需要仔细思考创业所要付出的机会成本。必须经由机会成本的客观判断,才可以得知新创业机会是否真的对于个人生涯发展具有吸引力。

3. 对于失败的底线

古人说,留得青山在,不怕没柴烧。创业必然需要面对可能失败的风险,但创业者也不宜将个人声誉与全部资源都压在一次的创业活动上。理性的创业者必须要自己设定承认失败的底线,以便保留下次可以东山再起的机会。因此在评估新创业机会的时候,也需要了解有关创业团队对于失败底线的看法。通常铤而走险与成王败寇的创业构想,也不会被投资者视为一个好的新创业机会。

4．个人偏好

评估新创业机会的时候,也需要考虑新创业的内容与进行方式是否能够符合创业者个人的偏好,包括工作地点、生活习惯、个人嗜好等。

5．风险承受度

由于每个人的风险承受度可能都不一样,因此这也将成为影响新创业机会评估的重要因素。一般而言,风险承受度太高或太低均不利于新创业的发展。风险承受度太低的创业家,由于决策过于保守,相对拥有的创新机会也会比较少。但风险承受度太高的创业家,也会因为孤注一掷的举动,而常将企业陷入险境。一个能以理性分析面对风险的人,才是比较理想的创业家,由他来执行的新创业机会相对才会比较具有吸引力。

6．负荷承受度

创业团队的耐压性与负荷承受度,也是评量新创业机会的一项重要指针。负荷承受度与创业团队成员愿意为新创业投入工作量的多寡,以及愿意忍受的辛苦程度密切相关。一般来说,由负荷承受度较低的创业团队所提出的创业构想,成功的概率也一定会较低。

(五)竞争优势评估指标

1．成本竞争力

一个好的新创业开发案,通常都具有可以经由持续降低成本来创造竞争优势的能力。除了以发挥经济规模来降低成本之外,良好的品质管理、高效率的生产管理、优越的采购能力、快速的产品设计、比较高的自制率等,也都是有助于降低成本的有效手段。因此一项具有吸引力的新创业机会,应该能够对于物料成本、制造成本、营销成本等拥有掌控与持续降低成本的能力。总之,新创业机会所呈现的成本竞争力,将是评价这项创业最后能否获得成功的重要指标。

2．市场控制力

对于市场的产品价格、客户、渠道、零件价格的控制力,直接关系到企业的竞争优势,因此市场领导厂商通常都具有比较高的市场控制力。一个缺乏市场控制力的新创业机会,它的投资吸引力也一定会比较低。如果一个新创企业对于关键零件来源与价格缺乏控制力,对于经销渠道与经销商也缺乏控制力,同时订单几乎完全依赖少数一两个客户,那么这个创业面临的经营风险一定很高,要想持续获利也会非常困难。不过,如果新创业机会具有持续推进产品创新的能力,那么就比较有机会摆脱这种为他人所控制的市场困局。

3．进入障碍

高进入障碍的市场,对于新创业开发相对比较不具有吸引力。同样的,新创业如果无法制造进入障碍,也不是一个好的投资机会。制造进入障碍的方式,包括专利、核心能力、规模经济、商誉、高品质低成本、掌握稀有资源、掌握通路、快速创新缩短生命周期,等等。在一个处处存在障碍的市场中,通常比较难于发掘好的创业机会。不过缺乏进入障碍的新市场,却往往容易吸引大量的竞争者,而使毛利快速下降。因此所谓具吸引力的新创业机会,进入的应该是一个障碍还不太高的新市场,但进去以后就需要具备制造进入障碍能力,以用来保护自身的市场利益。

(六)经营策略评估指标

1.服务品质

由于顾客服务品质关系到企业的市场竞争力,因此新创业的经营模式是否能在服务品质方面具有差异化特色,并且能够创造明显的竞争优势,也是新创业机会评价时的重要考量。

2.定价策略

一个好的定价策略是采取略低于市场领导厂商产品的价格,而不是以过低的价格进行市场竞争。以低价位低毛利抢占市场,通常不是一种可取的竞争策略。因此在进行新创业机会评估时,也需要评量定价策略是否具有能够创造优势的特色。

3.策略弹性

成熟大型企业的最大弱点就是决策缓慢,尤其在需要调整策略方向的时候,往往要经过长期的内部折冲。反之,新创企业组织的包袱较少,决策速度与弹性相对较快,因此策略弹性将成为新创业企业发展的竞争优势。对于一项新创业机会的评估,当然也要看它在面临经营环境变化之际,其经营决策方面能做出怎样快速弹性的应对。

4.技术优势

创业者拥有的技术领先程度、技术专利、技术授权、技术联盟关系等,都可能成为一种可以创造优势的策略特色。

5.进入时机

能掌握市场机会窗口打开的时机,采取适当的进入策略,这项新创业成功的概率自然也将会大幅提升。因此新创业机会对于市场进入时机的判断水准,也将成为一项重要的策略特色。

6.销售渠道

渠道经常是一个被忽略的议题,但渠道却可能是对新创业发展产生致命影响的因素之一。技术背景创业者通常会有一种错误的认知,他们以为只要产品精良,自然顾客就会上门。但实际上,许多优秀的产品却从来没有接触消费者的机会,而原因就是它们缺乏适当的销售渠道。所以新创业是否在销售渠道规划方面具有一定程度的创新优势与策略特色,也应该是评估新创业机会不可忽视的重点。

7.误差承受力

由于所有的创业规划都是属于预估,因此未来的实况必定与假设情境有极大的出人。所谓新创业规划误差承受力是指,在实现创业目标前提下,执行创业计划的弹性,以及创业团队与创业资源能够承受变动的程度。一项新创业如果对于未来情境预测误差能有比较高的承受力量,则也应该被视为一项具有策略特色的新创业机会。

【案例 2-5】

超级课堂杨明平:创业在课堂

杨明平是无届网络科技有限公司 CEO,超级课堂的创始人,参与组建并投资了移动医疗小盒科技、智慧交通"锣卜平衡车"、移动广告平台"酷客美地"、美术社交平台"画友"、移动藏家交易平台"藏趣"。擅长现代企业管理和融资,专注产品研发,打造真正优质的科技产品。

杨明平是一位"80 后""高校系"创业者,2012 年《福布斯》刊登的"中国 30 位 30 岁以下创业者"名单上,他位列其中。用他的话说,就是喜欢"折腾",他开过火锅店,从事过金融业,在中小学教育行业开启颠覆模式,又在手机互联网开挖艺术品市场。他成立无届网络科技有限公司,希望科技能够到达所有的地方……

"我们一直以来的想法,就是用超级课堂的大片式教育去代替老师的 PPT。"杨明平满满的自豪感,"不论是导演、文案、后期制作、视觉、动画、合成、音效还是教研团队,我们的阵容强大,当时也雄心勃勃,为的就是要保护学生的好奇心与求知欲。"超级课堂的目标是将在线教育规模化,通过两个途径来实现,一个是互联网,一个是走内容。一年的时间,超级课堂有了一万多个付费用户,销售收入达两三千万元,2015 年销售收入预计达四五千万元。

如今他专注于移动教育的应用产品开发和运营。旗下有两大产品线。产品之一的物理大师专注于 K12 中小学教学资料片的开发和运营,目前已经开发了近 180 个教学资料片,涵盖初中所有物理的教学知识点。产品以生动、有趣、形象的方式辅助中小学课堂教学的前五分钟。产品之二的老师无忧,提升教师批改作业和试卷效率的工具,把纸质作业电子化,并构建大数据的题库系统,形成教师提升效率、黏度极高的产品。在此基础上,构建教师社交、家校沟通的平台。

他的梦想是带领团队打造一个真正的百亿美金的公司,给现行的教育带来质的变革。无论投资和创业都希望能在该领域做到创新,做到细分市场的第一名。

(资料来源: https://cxcy.sdut.edu.cn)

分析:一路走来,杨明平已经历了同龄人所不及的各种困境与成功,用他的话说:"责任、信任、走心,是一个能干出一番事业的创业者应有的素质。"现在他已经是一位著名的连续创业成功者,如果没有突出的创业机会评估能力是不可能做到的。

课堂活动与课后思考

商机寻找画板

一、活动目标

1. 让学生通过活动了解创业机会来源。
2. 让学生通过活动学会寻找创业机会。

二、建议时间

课下时间自定,课上用时30分钟。

三、材料准备

黑笔、A4纸、大卡纸、便利贴。

四、活动步骤

1. 思考生活中存在的问题(你的烦恼)或未被满足的需求(填写表2-2)。

表2-2 生活中的烦恼

烦恼一	烦恼二	烦恼三	烦恼四	烦恼五

2. 对这些问题进行分类。
3. 选出最具代表的烦恼。
4. 描述通过这些烦恼所挖掘出的用户需求(填写表2-3)。

表2-3 发现用户需求

需求一	
需求二	
需求三	

5. 调研所挖掘出的用户需求是否得到目标消费者认可。

创业机会识别

一、活动目标

让学生通过活动学会识别商机。

二、建议时间

课下时间自定,课上用时 20 分钟。

三、材料准备

黑笔、A4 纸、大卡纸、便利贴。

四、活动步骤

1. 将全班按照 6~8 人一组精选分组。
2. 每个同学将所挖掘的最具代表性的用户需求展示给组员。
3. 全组同学讨论并投票选择出一个创业机会。
4. 分析这个创业机会,并对该商业机会进行描述(填写表2-4)。

表2-4 识别商业计划

商机相关人员	需求描述	商机描述

创业机会评估

一、活动目标

1. 让学生通过活动了解评估内容。
2. 让学生通过活动学会评估商机。

二、建议时间

课下时间自定,课上用时 30 分钟。

三、材料准备

黑笔、A4 纸、大卡纸、便利贴。

四、活动步骤

1. 将全班按照 6~8 人一组精选分组。
2. 全组同学讨论任务二的创业机会识别结果。
3. 继续分析这个创业机会,并确认解决方案(填写表2-5)。

表2-5 评估内容

商机相关人员	需求描述	商机描述	解决方案

4. 用表 2-6 给每个指标按照 2～5 分进行打分评估。

表 2-6　评估商机

评估方面	资源获取	市场规模	盈利能力	竞争能力	可持续性	风险可控	创新能力	带动就业	成本结构	加权得分
评分										
评估结论										

课后思考

1. 影响创业机会识别的因素是什么？
2. 有价值的创业机会有哪些特征？
3. 如何评估创业机会？

模块三　商机市场环境分析

知识目标：

1. 了解创业环境的分类以及创业环境对新创企业的影响和作用。
2. 了解宏观环境和微观环境的影响因素。
3. 学会调研创业市场，能提炼卖点，找到企业的产品或服务的差异化特点，选择适合自己的利基市场，能采取相应的营销战略。

能力目标：

1. 能初步用 PEST 对宏观环境进行分析。
2. 能用五力模型（5-FORCE）分析工具进行行业市场分析。
3. 学会运用市场调查工具分析产品的独特卖点、差异化、利基市场。

【导入案例】

当地的创业环境对企业发展的作用

武汉市华丽环保科技有限公司是一家面向全球，专注研发、生产和销售生物塑料及制品的高科技环保新材料和清洁技术企业，国家生物降解材料产业化示范基地，生物降解材料中国国家标准起草单位（参与起草的13项国家和行业标准已颁布实施），并入选福布斯中国潜力企业百强。

公司聚集了国内外多位资深的高分子材料、生物工程、有机合成、机械设计与制造等领域的专家和科技人才，全心致力于生物塑料的研究和产业化推广，已掌握了原材料研发、制品生产及设备制造等各个领域的核心技术，获得了多项中国和世界发明专利，尤其是淀粉改性塑化技术已达到世界先进水平。

1997年，武汉华丽环保科技有限公司董事长张先炳从媒体的报道中了解到，新型的环保材料不但体现在对社会环境具有非同寻常的意义，并且在市场发展方面有着广阔的空间。

15年前，年近60岁的张先炳决定开始研发低碳材料。将自己多年做房地产的积蓄创办了武汉华丽环保科技有限公司，当时他认识到由于技术不成熟、设备不配套、市场推广难度大以至于低碳不能实现产业化。针对技术问题，他将多个专业的专家汇集在一起组成了自己公司的研发团队，拿出自己从前的积蓄作为研发项目的基金，公司在公司核心骨干和专家技术人员的共同经营下，前后荣获众多国家技术奖项及荣誉，并且拥有了更加成熟的技术经验，逐渐有了自己的技术优势，从而形成特有的技术配方以及生产工艺体系。

针对设备问题，张先炳为了能早日实现生产，在外连续奔波几个月找设备。设备找到后，又摸索工艺和试验，光是试验就用了400吨淀粉。最终在专家和员工的共同努力下，攻克了一个又一个难题。

（资料来源：刘涵.武汉创业环境及典型创业案例分析 [J].中国高新技术企业，2016（6）：186-187.）

分析: 在武汉华丽环保科技有限公司的创业过程中,武汉市的创业环境对公司的发展作用是很明显的,如武汉市出台对科技型企业予以支持的金融新政,为企业的创立及逐步走入正常运转提供了资金支持;出台的各种针对创业的优惠政策,为企业减轻了负担;鼓励企业创业创新,吸引了科技研究人员,尤其是退休的科技人员,为企业提供了技术支持。

环境是指影响人的生活和发展的各种自然因素和生存空间,包括自然环境和社会环境。创业环境是指影响创业活动开展和发生作用的各种因素、条件和空间的总和,是对创业活动产生影响的内外部环境要素之间相互作用、相互影响的生态系统。创业环境是一个系统,是各种因素综合影响的结果;创业环境对创业的活动范围、性质有影响,创业环境对不同的行业、不同的创业者都有一种隐性的规定作用,创业者会受到创业环境的制约;创业环境是创业活动的基本条件,它影响创业活动的进展、实施,甚至成败。

影响创业环境的因素有很多,有内部因素,也有外部因素;有宏观因素,也有微观因素;有社会因素,也有自然因素。这些因素涉及市场、行业、经济、环境、政治、社会等各个方面。

创业环境是一个系统,因而具有系统的特征,如整体性、层次性、开放性、可变性、差异性与相关性等。

创业环境可以从不同的角度进行分类。如按创业环境的构成要素分类,可以分为经济环境、政治法律环境、商务环境、教育环境、社会文化环境以及自然环境等;按创业环境的层次分类,可以分为宏观环境、中观环境和微观环境。宏观环境指一国或一个经济区域范围内的创业环境;中观环境是指某个区域或城市、乡镇的创业环境等,微观环境是指企业的文化氛围、团队合作精神、创新精神等;按环境要素的物质形态看,可以分为软环境和硬环境。硬环境是指创业环境中有形要素的总和,如有形基础设施、自然区位和经济区位;软环境指无形的环境要素总和,如政治、法律、经济、文化环境等。硬环境是创业的物质基础,软环境是创业的活动支撑。硬环境一般不容易改变,软环境是对硬环境的优化、弥补。下面从宏观环境和微观环境进行分析。

【课前思考】
1. 如何看待当地的创业环境?它对创业市场有什么影响?
2. 创业市场有哪些分类?影响宏观环境市场与微观环境市场的因素有哪些?
3. 如何调研创业市场?

单元 3.1 宏观创业市场分析

企业要进入市场,需要了解市场的宏观环境,如相关的法律、制度等。宏观环境是影响企业、行业的宏观力量,对企业的影响是间接性的,也称一般环境。因为影响宏观环境的因素不可控,创业者必须了解或熟悉相应的宏观环境因素,有助于在适应环境的基础上把握机遇,它可以用 PEST 进行分析。PEST 指的是政治(Politics)、经济(Economy)、社会(Society)、技术(Technology)。

一、政治环境

政治环境包括政府政策、税收政策、财政政策、法律系统、军事形势、执法体系等，这些政策对创业活动有直接的影响，与企业的生存、发展密切相关。

有的行业受到国家的管制限制，如铁路、航空等，国家对这类企业的经营资格有比较严格的限制；有的行业有特殊的要求，如安全问题、环保问题等，这些要求会阻碍创业者进入。因此，创业者初期应考虑相关的政策和法律，要选择适合自己的行业进行创业。

二、经济环境

经济环境是影响企业生存和发展的国家经济形势、经济特征，经济环境包括经济结构、经济发展阶段、经济周期、通货膨胀情况及趋势、利率水平、劳动力市场、国民收入及其变化趋势以及资本市场发育程度等因素，它们决定了企业潜在市场的大小。

（一）经济结构

经济结构是指企业所在地区的生产力布局情况，包括产业结构、分配结构、交换结构、消费结构、技术结构等。对新创企业关系最密切的是产业结构，社会对最终产品的需求影响经济结构的形成，科学技术进步会影响经济结构的变化。

（二）经济周期

经济周期又称商业周期，指经济活动发生的总体趋势所表现出来的经济波动规律，包括繁荣、萧条、衰退、复苏四个阶段（在图形上叫衰退、谷底、扩张和顶峰），反映了经济活动扩张与紧缩的交替或周期性波动变化。在经济复苏、繁荣阶段，有利于新创企业的发展，在萧条、衰退阶段，不利于新创企业的活动，但不管在什么阶段，对创业的机会而言，可能性是一样的。

（三）资本市场

资本市场又称长期资金市场，与货币市场相对应，一般指的是进行中长期（一年以上）资金（或资产）借贷融通活动的市场，资本市场的活跃状态和发展状况对企业的资本获得、资金的获取有重要的影响，是决定新创企业获取资金难易的关键。

资本市场是融资、投资的主要渠道，可以长期获得稳定收入，但由于资金期限长、流动性差、价格变动大、风险大，需要加强监管。

三、社会环境

社会环境包括人口结构、社会文化环境等。

（一）人口结构

人口结构又称人口构成，是对人口按照不同的标准进行划分的结果，主要指的是对某一地区、国家在一定时点对人口总体内部的规定性，反映的是某种数量关系比例，如性别结构、年龄结构、收入结构等，它可划分为三大类人口构成：人口的自然构成、地域构成与社会构成。

人口结构的变化意味着市场规模的变化、市场结构的变化，也就是会影响潜在市场和现实市场的规模。构成人口结构的因素主要包括年龄、性别、人种、民族、宗教、教育程度、职业、收入、家庭人数等。依据人口的社会特征划分,主要包括阶级（阶层）结构、民族结构、文化结构、语言结构、宗教结构、教育程度结构、婚姻结构、家庭结构、行业结构、职业结构、部门结构等。社会经济发展以及社会生产方式决定了人口社会结构及其变动,人口社会结构反作用于社会经济发展。

（二）社会文化环境

社会文化环境是指在一种社会形态下一个国家、地区或民族已形成的信念、价值观念、宗教信仰、道德规范、审美观念、行为方式、风俗习惯等被社会所公认的各种行为规范和传统文化。

企业的经营活动处在一定的社会文化环境中,不同国家、民族都有其独特的社会文化背景,社会文化环境影响着人们的欲望和行为,决定了当地的消费偏好、思想观念等。企业应全面了解社会文化环境,分析群体的消费理念,才能分析、判断当地消费者的需求,准确找到目标市场。

四、科技环境

科技环境是科技进步和新技术的应用对社会产生的影响和作用,它包括科技水平、科技体制、科技政策、科技立法等。科技的发展促进了新产品、新事物、新部门、新职业、新岗位的出现,新技术的应用降低了新创企业的成本,缓解了资金的紧张,因此,科技环境会影响新创企业的活动和生产经营,技术含量的差异引起产品的差异,影响消费结构的变化,促使企业不断进行技术竞争和创新,从而在市场中占据主动权和提升竞争力。

五、PEST分析工具

PEST 分析法是对宏观环境（又称一般环境）的分析,也就是对影响行业和企业的宏观因素进行分析,是在掌握大量资料的基础上,从政治、经济、社会、技术四个方面对影响企业的环境因素进行分析,如表 3-1 所示。

表 3-1 行业产品 PEST 分析

P	E	S	T
(1) 国家出台了哪些相关政策？这些政策的作用是促进还是制约？ (2) 出台的相关法律有哪些？对企业的产品有何影响？	(1) GDP 增长率、进出口额及增长率 (2) 消费价格指数、失业率、居民可支配收入	(1) 性别比例、年龄结构、地域分布、生活方式、购买习惯、受教育程度等 (2) 所在社会中成员的民族特征、文化传统、宗教信仰、价值观念以及风俗习惯等因素	(1) 商业化速度、发展趋势 (2) 国家对该项目、产品的支持程度,投入的研发经费情况、专利个数等

【案例 3-1】

保健品行业 PEST 分析

所谓保健品行业 PEST 分析是指通过对政治、经济、社会和技术等因素进行分析,来确定这些因素的变化对保健品行业发展战略管理过程的影响。

1. 从政治法律角度看，政府主管部门的更迭也带来保健品行业新变化

保健品标准和规定缺失且相互矛盾，如我国卫生部制定的《食品添加剂使用标准》(B276196)规定食品中不允许含过氧化氢（俗称双氧水），但某些生产规章又定有保健食品的过氧化氢残留标准。由于缺乏有关的行业管理和国家标准，造成保健品行业目前假冒伪劣产品、虚假广告、价格虚高等现象严重。企业在现有法规下宣传自己的产品很容易违规。法规规定，保健食品不能宣传治疗作用。另一方面，保健食品中使用的中草药在药典中都有治疗作用。可是一用到保健食品里就不能宣传了，似乎治疗作用全没了。

国务院印发的《"健康中国2030"规划纲要》指出，预计健康产业总规模2020年将突破8万亿元，2030年将突破16万亿元。继互联网产业之后，将大健康产业带到公众视野，我国将建立起体系完整、结构优化的健康产业体系，形成一批具有较强创新能力和国际竞争力的医疗及服务的大型企业。

2. 从经济的角度看，市场竞争日益激烈，跨国公司成为行业领头羊

一是产品开始两极分化。因为竞争日益激烈，保健品呈现出明显的两极分化趋势：以功能诉求为主的产品，多用疗程、买赠促销等刺激消费者购买，这类产品价格越来越高；以营养补充为诉求的机能性食品或滋补品，价格越来越低，有成为日用品保健品的趋势。二是渠道细分、直销比例增大。传统的药店+商超的销售渠道快速分化，保健品连锁专卖店、厂家直销店、店中店、传销、电话销售、会务销售、展会销售直至网络销售等多种渠道形式正在加速形成，保健品销售额中直销比例日益增大。三是传播方式日益直接化。由于传统媒体效果弱化、价格日益提高，保健品厂商传播产品信息的方法正日益扁平化，直接掌握消费者资料，定期针对固定消费群体进行传播，已经成了传播的重要手段之一。

3. 从社会的角度看，保健品市场起伏不定但发展势头良好

2000年开始，保健品行业连续发生负面事件，媒体连篇累牍的负面报道，让保健品行业再次陷入"信任危机"，从而导致不少保健品企业崩盘，保健品迅速从巅峰跌入谷低。到2003年3月后，销售额回升，保健品行业销售额在短期内急速攀升，保健品行业开始复苏。

社会生活的变化促使了保健业的强劲势头。一些大中城市和地区已达到了中等收入国家水平，人们的消费观念、健康观念发生了较大变化，人们生活方式的改变，使处于亚健康状态的人群不断扩大，多层次的社会生活需要，促进城乡保健品消费支出以每年3%～15%的速度快速增长。

4. 从技术的角度看，保健品行业研发、生产和销售发生了全新变化

未来保健品竞争的核心必将是科技含量，加强科技投入迫在眉睫。特别是已经有一定经济实力的企业更要重视保健品的应用基础研究，努力提高新产品的科技含量和质量水平，使保健品企业向高新技术企业过渡，科技含量高的产品成为主流。

只有保健品企业不断更新技术和提高技术含量，开发出效果好、质量高、有特点的第三代保健品，使产品从低层次的价格战、广告战中走出来，转向高层次的技术战、服务战，才能缔造出我国的保健品世界品牌，才有能力进军国际市场。电子信息技术的发展，也使电子商务成为销售重要渠道。各销售商抓住电子商务的有力武器，搞销售网站，拓宽销售

面,丰富产品种类。通过投入设备和资金,开设购物网站的形式来发展更多的消费人群,同时也可以利用网络这一先进技术进一步地宣传产品,以及让消费者先试后买,买什么都满意的先进销售理念。

保健品行业在获得高速发展的同时,也暴露出许多问题。这些问题严重危害行业的发展,已经到了要引起高度重视并急需解决的地步。

1. 管理体制落后

(1) 行政立法滞后。目前保健品产业还没有统一的行政归口管理部门,没有制定一个可操作性的产业标准以及规范统一的检测手段、审查程序和管理办法。一些违法经营者便采取打"擦边球"的策略进入保健品市场,一些不具备生产条件的厂家,在该产业较高利润的刺激下,纷纷投产或转产保健品,导致假冒伪劣产品泛滥。

(2) 行业管理缺位。因为条块分割、多头监管,致使许多保健品生产商的违法行为得不到有效制止,一些有害的假冒伪劣保健品得以流入市场,严重危害人民身体健康。

(3) 保健品生产标准偏低,缺乏统一标准,管理混乱。保健品行业门槛较低,生产环节要求不高,没有一个严谨的质量控制体系。部分保健品未经严格的临床验证,加之审批相对简单,市场又在迅速膨胀,造成了大量的非专业化企业涌入保健品行业。

2. 企业追求短期利益

由于保健品直接用于人体,保健品企业要承担更高的社会义务。企业的产品创新少,雷同现象严重,以虚假广告欺骗消费者,保健品企业出现非法行为。

厂家用不成熟或有问题的产品进行产品投机,用高得离谱的价格进行价格投机,用高回扣进行渠道投机,用不可兑现的承诺或虚假的案例进行促销投机,有的甚至用品牌延伸进行品牌投机。

3. 消费者消费观念错误

由于保健食品和保健药品使用的原料是相互交叉的(卫生部曾颁布过8种既可食用又可药用的物品,如枣、百合、山药等),加之其功能往往都与调整人体的机能相关,因此,保健食品和保健药品的本质区别并不明显。

目前消费者购服保健品存在许多误区。有多多益善引起中毒的现象;有张冠李戴,用非自然行为阻碍机体正常运行的;还有孕期乱补,不但无益于孕妇,还有害于胎儿等。这些年来整个社会偏重于以经济利益为主要目标,部分企业有意无意地混淆或歪曲医药科技与管理科学的一般原则,导致人们心中形成了一些错误的消费观念。

(资料来源:https://wenku.baidu.com/view/8c68cf19a8114431b90dd86d.html)

分析:PEST 分析是从宏观环境进行的分析。在分析某个企业、某个行业时,通过四个因素来分析所面临的状况时,需要掌握大量的、充分的相关研究资料,并对相关的产品、行业有深刻的认识。PEST 分析可通过头脑风暴法来完成,主要运用在公司战略规划、市场规划、产品经营发展、研究报告撰写等方面。

【案例 3-2】

南京穆尊信息科技有限公司

卢宗健创业团队作为南京科技职业学院电子信息学院的在校大学生,于 2015 年入驻创意谷开始创业，主要进行综合门控系统的设计和研发，2016年5月获风险投资200万元，目前企业运营良好。

团队入驻后，创意谷在与卢宗健团队的初期交流中，得知其创新创业目标并不是简单的门禁系统的优化升级，而是希望家居住户能够利用移动互联技术，全方位智能管理家居安全。基于此目标，创意谷通过聘请信息专业老师提供技术上的支持，并支持创业团队参加各类信息技术大会和软件大会，了解最新的技术和需求以提高自身项目的技术水平。当发现创业团队缺乏硬件设计人才之后，创意谷积极帮助其联系南京科技职业学院、南京信息工程大学相关专业教师，使得创业团队人才资源更加优化。创意谷为推进其更快的发展，在其研发阶段投入30万元作为项目启动资金，提供免费办公空间，使得团队在最短的时间里研发设计出了第一代综合门控系统，包括手机APP软件、智能锁、智能监控等模块。

在企业初步运营阶段，创意谷又投入30万元免息贷款作为运营资本。创意谷聘请财务专业人员、电子信息企业管理人员、营销专业教师等作为创业导师为其提供企业运营培训、咨询和营销方案的策划辅导。创意谷提供了4个门禁场所供团队进行产品测试，在创业导师和技术专家的辅导下，团队对其项目产品进行了优化升级，产生了较为成熟的第二代系统原型。在管理专业创业导师的帮助下，撰写了商业计划书，并在创意谷的路演区进行了投资路演和小范围宣传推介。

在项目推广阶段，创意谷积极组织创业团队对接天使投资人和风险投资机构方，赴数十家投资机构进行项目对接和推介。经过多次与外部投资方接触洽谈，2016年5月获得天使投资人的A轮投资200万元，并约定根据企业和项目发展情况追加投资。目前，南京穆尊信息科技有限公司发展迅速，产品市场反响良好，公司现更名为江苏零零狗智能科技有限公司。

（资料来源：http://www.njpi.edu.cn/cxcy/5e/bd/c2826a24253/page.psp）

分析：大学生创业首先需要的是资本投入，创业的金融支持主要是自有资金、风险投资、银行贷款等。计算机和网络的运用，产品的高科技化，加上有学校老师的技术支持，国家政策的扶持，对大学生创业企业的生存和发展产生了非常重要的影响。

单元3.2 微观创业市场分析

要分析微观创业市场应先分析创业微观环境。微观环境是指直接影响、制约企业运行的各种力量和因素的总和，微观环境包括企业资源、企业文化、企业核心竞争力、微观企业环境、供应商、营销中介、消费者、竞争者及社会公众等。

一、微观环境

（一）企业资源

企业资源是指企业的资源状况和企业资源所表现出来的优势和劣势情况，以及企业对其未来目标的制定和实施的影响而形成的各种要素，如品牌形象、员工队伍、知识产权等。

从资源的范围看,企业的资源可分为外部资源和内部资源。企业的内部资源包括人力资源、财力和物力资源、信息资源、技术资源、管理资源、可控市场资源、内部环境资源;企业的外部资源包括行业资源、产业资源、市场资源、外部环境资源。

从资源的外部形态看,企业的资源也可分为有形资源和无形资源。有形资源主要是指财务资源和实物资源,它们是企业经营管理活动的基础,一般都可以通过会计方式来计算其价值;无形资源主要包括时空资源、信息资源、技术资源、品牌资源、文化资源和管理资源等。相对于有形资源来说,无形资源似乎没有明显的物质载体而看似无形,但它们却成为支撑企业发展的基础,能够为企业带来无可比拟的优势。

(二)企业文化

企业文化(又叫组织文化)(Corporate Culture 或 Organizational Culture)是一个企业在日常的运行、生产经营和管理活动中表现出来并实践的理念、价值观等精神财富和物质形态,它包括组织价值观、企业精神、处事方式、行为准则、企业制度、信念、仪式、符号等,是企业文化形象的展示,企业的价值观是企业文化的核心。

(三)企业核心竞争力

企业的核心竞争力是企业内部多种要素的结合,企业长期形成的,在其竞争领域表现出来的,支撑企业过去、现在和未来的竞争优势和能力,或者说,是其不容易被竞争对手所模仿或效仿的,能带来独特利润的能力,它具有价值高、不易模仿、稀缺性、不可替代性等特点,核心内容包括知识、制度和资源。

企业的核心竞争力要从以下几个方面进行考虑:管理的规范化、竞争对手分析、资源竞争分析、市场竞争分析、差异化分析、无差异化分析、人力资源竞争等。

(四)大学生创业的微观环境分析

大学生创业的微观环境就是要对自己的创业流程进行分析,做好如下几个方面。

1. 制订计划书

创业前要做好计划书,包括做好调查,尽可能考虑今后可能会遇到的风险、困难,制订营销计划,分析基本业务过程,提出公司战略、宗旨和目标,对行业、市场进行分析,提出相应的竞争策略、市场融资策略、营销方案等。

2. 确定顾客群

顾客群的不同直接影响价格的定位,人流量在创业前是最看重的一点。

根据所在区域的市场容量、行业状况、竞争对手、品牌力度、竞争优势等,考虑以下三方面情况:产品或服务能达到、市场所需要、竞争者所不能,从这三方面的交叉处找到目标客户群。

从市场定位确定目标客户群定位。要确定地理上的销售区域,要根据市场定位预想客户群,分析客户群的心理特点,描述客户群的外在行为特征。

因客户群是变动的,要从用得上→买得起→信得过→看得中→急着用入手,以产品的功能特点、技术优势、应用范围为出发点,把目标客户群按五个条件进行排位,从开发符合五个条件的人群开始,逐步扩大,一步一步做大市场规模。

3. 确定店址

大多数学生选店址会选一些比较熟悉的环境。如将店址选在大学附近，或者是交通比较便利的地区。开店选址非常重要，有时决定了公司的生死。一般来说，选址要符合以下条件：①客流量大；②交通便利；③人口密度高；④商业活动频度高；⑤同类商店聚集等。

4. 选货和进货

选货要掌握当地市场行情，根据销售趋势、存量、价格趋势、人群的购买力等进行考虑。先到市场上转一转、看一看、比一比、问一问、算一算、想一想，可以先试销，根据试销情况进货。新店开张尽量款式多样，然后根据销售情况有所选择。

进货要注意产品质量，从实际情况出发，按实际需求选择种类，开始要以热销品带动销售。不以价格论英雄，价格低也要以质量为第一要素，按"款多量少，少量多次"的原则进货。第一次进货时不可太多，以免积压。

5. 沟通供应商

供应商是指为企业及其竞争者提供生产经营所需资源的企业或个人，包括提供原材料、设备、能源、劳务和其他用品等。因为大学生的资金比较匮乏，没有很大的进货量，所以供应商的选择应当适合自己的店面大小。

与供应商沟通，不能完全靠电子邮件或者电话，一定要亲自到供应商公司去了解。对供应商要有一定的控制能力，如有质量人员看现场，把沟通结果反馈给老板。与供应商沟通一方面要有适当的距离，另一方面要真诚。要多联系不同的供应商，货比三家。通过长期合作，考察以后才能选择固定的供应商。

6. 产品价格定位

大学生一开始没有经验，产品也没有固定顾客，要吸引顾客就只有将产品的定价降低，获得比别人更多的竞争力。价格定位并不是一成不变的，在产品生命周期的不同阶段，在企业发展的不同历史阶段，价格定位可以灵活变化。

【案例 3-3】

家乐福被迫关门

法国家乐福集团成立于1959年，是大型超级市场（Hypermarket）概念的创始者，创始人马塞尔·富尼埃于1963年在法国开设了世界第一家大型超市，如今家乐福已发展成为欧洲最大、全球第二大的零售商。家乐福于1969年开始进入国际市场，目前在世界上31个国家和地区拥有一万多家销售网点。涉及的零售业态包括大卖场、超级市场、折扣店、便利店、仓储式商店与电子商务，拥有50多万名员工。

家乐福的经营理念是以低廉的价格、卓越的顾客服务和舒适的购物环境为广大消费者提供日常生活所需的各类消费品。家乐福对顾客的承诺是在价格、商品种类、质量、服务及便利性等各方面满足消费者的需求。家乐福力争通过自己的努力成为当地社区最好的购物场所，为消费者带来更多的实惠和便利，并携手各商业伙伴为当地经济的繁荣做出贡献。

家乐福（中国）于 1995 年进入中国，如今，家乐福已成功地进入了中国的 25 个城市，北至哈尔滨，南至深圳，西至乌鲁木齐，东至上海，开设了 59 家大型超市，聘请员工 3 万多名。

然而，家乐福败走我国香港。继 1997 年年底八佰伴及 1998 年中大丸百货公司在香港相继停业后，2000 年 9 月 18 日，世界第二大超市集团"家乐福"位于香港杏花村、荃湾、屯门及元朗的 4 所大型超市全部停业，撤离香港。

法资家乐福集团，在全球共有 5200 多间分店，遍布 26 个国家及地区，全球的年销售额达 363 亿美元，盈利达 7.6 亿美元，员工逾 24 万人。家乐福在我国的台湾、深圳、北京、上海的大型连锁超市，生意均蒸蒸日上，为何独独兵败香港？

（资料来源：https://www.wendangwang.com/doc/5468b5a4e6d2859df31e3fe2/）

分析：家乐福声明其停业原因，是由于香港市场竞争激烈，又难以在香港觅得合适的地方开办大型超级市场，短期内难以在市场争取到足够占有率。家乐福倒闭的原因可从两个方面来分析。

1. 自身环境

（1）家乐福的"一站式购物"（让顾客一次购足所需物品）不适合香港地窄人稠的购物环境。家乐福的购物理念在于地方宽敞，与香港寸土寸金的社会环境背道而驰，显然资源运用不当。这一点反映了家乐福在适应香港社会环境方面的不足和欠缺。

（2）家乐福在香港没有物业，而本身需要数万至 10 万方英尺（1 英尺：0.305 米）的面积经营，背负庞大租金的包袱，同时受租约限制，做成声势时租约已满，竞争对手觊觎它的铺位，会以更高租金夺取；家乐福原先的优势是货品包罗万象，但对手迅速模仿，这项优势也逐渐失去。

除了已开的 4 间分店外，家乐福还在将军澳新都城和马鞍山新港城中心租用了逾 30 万平方英尺的楼面，却一直未能开业，这也给它带来沉重的经济负担。

（3）家乐福在台湾有 20 家分店，能够形成配送规模，但在香港只有 4 家分店，导致配送的成本相对高昂。在进军香港期间，它还与供货商发生了一些争执，几乎诉诸法律。

2. 外部环境

（1）1996 年家乐福进军香港的时候，正好遇上香港历史上租金最贵时期，经营成本高昂，这对于以低价取胜的家乐福来说，是一个沉重的压力，并且在这期间又不幸遭遇亚洲金融风暴，香港经济也大受打击，家乐福这几年受通货紧缩影响，一直无盈利。

（2）由于香港本地超市集团百佳、惠康、华润、苹果速销等掀起的减价战，给家乐福的经营以重创。

二、波特的五力分析模型

（一）五力分析模型

五力分析模型是迈克尔·波特（Michael Porter）于 20 世纪 80 年代初提出的，他认为行业中存在着决定竞争规模和程度的五种力量，这五种力量综合起来影响着产业的吸引力以及现有企业的竞争战略决策。五种力量分别为同行业内现有竞争者的竞争能力、潜在竞争者进入的能力、替代品的替代能力、供应商的讨价还价能力（供货商的议价能力）、购买者的讨价还价能力（购买者的议价能力）。将其用于竞争战略的分析，可以有效地分析客户的竞争环境。五种力量模型确定了竞争的五种主要来源，五种力量模型将大量不同的因素汇集在一个模型中，以此分析一个行业的基本竞争态势，如图 3-1 所示。

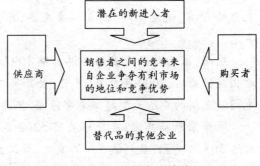

图 3-1　五种力量模型

（二）行业市场分析

用五种力量模型 (5-FORCE) 分析工具进行行业市场分析。

1．供货商的议价能力

供货商的议价能力体现在对投入要素价格提高、对单位价值质量价格降低的能力，通过这种能力影响现有企业的盈利空间、盈利能力和产品在市场中的竞争力。供货商的议价能力的强弱主要看供方提供的投入要素价值在买主产品总成本的比例大小，对买主产品生产过程的重要程度，比例越大，重要性越大，供货商的议价能力就越强，反之则越弱。

2．购买者的议价能力

购买者主要通过其压价与要求提供较高的产品或服务质量的能力，来影响行业中现有企业的盈利能力。

3．新进入者的威胁

竞争性进入威胁的严重程度取决于两方面的因素，这就是进入新领域的障碍大小与预期现有企业对于进入者的反应情况。新企业进入一个行业的可能性大小，取决于进入者主观估计进入所能带来的潜在利益、所需花费的代价与所要承担的风险这三者的相对大小情况。

4．替代品的威胁

替代品是指那些与客户产品具有相同功能的或类似功能的产品。两个处于同行业或不同行业中的企业，可能会由于所生产的产品是互为替代品，从而在它们之间产生相互竞争行为，这种源自替代品的竞争会以各种形式影响行业中现有企业的竞争战略。总之，替代品价格越低、质量越好、用户转换成本越低，其所能产生的竞争压力就越强。这种来自替代品生产者的竞争压力的强度，可以具体通过考察替代品销售增长率、替代品厂家生产能力与盈利扩张情况来加以描述。替代竞争的压力越大，对客户的威胁越大。

5．同业竞争者的竞争程度

现有企业之间的竞争常常表现在价格、广告、产品介绍、售后服务等方面，其竞争强度与许多因素有关。

【案例 3-4】

吉利汽车五种力量模型分析

1. 在竞争对手中的位置

吉利主要的竞争对手在低中高端都有公布,低端市场的主要竞争对手是比亚迪和奇瑞,消费者对奇瑞的质量和品质都给予了相当的肯定;吉利中高端的主要竞争对手是上海通用和丰田,这两个企业都具有相当的品牌优势,在消费者心中也确立了高品质高品位的形象,但价格是偏高的。

吉利经过近十年的发展,在中低端汽车市场已经具备了足够的实力与合资品牌抗衡,在制造工艺、技术水平,以及外观、内饰的设计上都有着不俗的表现。从 2007 年 5 月开始,吉利全面进入战略转型期,核心是从"价格取胜"转向"技术领先";从"成本领先"向"品牌创新"转变,从"低价取胜"向"技术领先、品质优先、客户满意、全面领先"转变,从"老百姓买得起的好车"转型为"造最安全、最环保、最节能的好车"。现在已转型成功。

从吉利品牌知名度和品牌认可度来说,吉利汽车形成了多系列的品牌矩阵,成为中国自主品牌的典型代表。消费者对国内汽车的自主品牌具有强势需求。

吉利于 2010 年收购沃尔沃后获得了它的核心技术,帮助吉利更好地走向国际市场,吉利的竞争优势真正逐步加强。

2. 新加入者的威胁

(1) 市场的饱和度限制了竞争者加入汽车工业。进入 21 世纪以后,随着经济发展和个人收入的进一步增长,我国汽车产业呈现出井喷趋势。总体来说,大城市市场汽车需求趋于饱和,市场逐渐转向二、三级市场。

(2) 产品更新换代的速度,汽车生产的资金要求,使得新进入市场的可能性越来越小。

(3) 政府对尾气排放及油耗的政策,产业结构的调整政策将进一步限制加入者进入市场的威胁。

(4) 即使强行进入汽车市场也会采用有杀伤力的价格来切入市场,这种做法更加剧了汽车市场的竞争,同时新的竞争者可能会与现有企业发生原材料等其他的竞争,最终导致行业中现有企业盈利水平降低,新竞争者承担的风险是十分巨大的。

3. 供应商的讨价还价能力

在中国建造生产基地,按国情来看无疑降低了生产成本、人力费用、运输费用,大大降低了总体成本。目前,汽车行业中的很大一部分经销商库存激增,亏损增加,甚至出现了退出、倒闭现象,供应商的亏损面也大幅增加,这就必然降低供应商讨价还价的能力,也减少了由此带来的一些负面影响。

关于吉利汽车的相关产业支持如下。

(1) 汽车零件:浙江福林国润汽车零部件有限公司隶属于浙江吉利控股集团有限公司,是香港上市公司吉利汽车全资控股的外商独资企业。公司在短短的三年时间内开发并量产汽车制动器总成、电动助力转向器、汽车摩擦片三大系列的产品。

(2) 发动机:上海华普发动机有限公司主要从事轿车发动机的研发、生产和销售,是具有自主设计研发能力、专业化生产能力、独立知识产权的高新技术汽车发动机企业。目前，主要产品有轿车用汽油机 1.3L、1.5L、1.6L、1.8L（JL479QY、JL479QA、JL481QA、JL481Q）四个型号。拥有世界一流的德国 Gehring 珩磨机、美国 Sheffield 三坐标测量机、日本电控拧紧机等先进设备，缸体、缸盖采用了先进的日本 NTC 的技术 YNC 柔性加工线，装配线、试验线属国内先进水平，具有多种型号发动机的共线生产能力。

（3）变速器：浙江吉利变速器有限公司隶属于吉利控股集团之子公司，主要产品为手动、自动轿车变速前驱动桥，年产 1.0～1.8L 各型手动变速器 20 万台，1.0～1.6L 的各型自动变速器 1 万台，全部产品均为自主研发。目前公司参考、借鉴国际先进技术，并结合吉利车型的具体情况，为吉利 1.5L、1.6L、1.8L 车型"量身定制"，拥有 100% 自主知识产权的 JL-S160、JL-S148 五速前驱动桥，均已研发成功，并全部通过了各项国家规定的台架及道路试验，承担临海、路桥、华普、美日、湘潭、兰州六大基地的配套任务。

（4）国际营销：上海吉利美嘉峰国际贸易股份有限公司（"吉利国际"）创建于 2002 年 7 月，注册资金 2000 万元，拥有直接对外贸易权，从事汽车出口行业，是吉利控股集团的一级子公司和唯一的进出口窗口。在独联体、中东、非洲、东南亚、中南美洲五个战略市场均设有代表处。累计实现海外销售十几万辆，位居中国轿车出口前列。

吉利汽车在整个市场中形成了一条延伸产业链，从汽车的零部件、发动机等基本上游产业，到汽车的销售、销售后的服务等下游产业，都形成了一定的规模。从规模经济的角度来说，它可以很好地将成本控制在一个比较低的水平。在这个大环境下，供应商的讨价还价能力肯定有很大程度的削弱。

4. 客户的讨价还价能力

中国汽车市场的卖方主要由国内自主品牌和合资汽车公司的品牌构成，虽然中国是汽车消费大国，中国人民的消费力十分强劲，但是汽车行业的竞争也是十分激烈的。汽车的购买者主要通过其压价与要求提供较高的产品或服务质量的能力，来影响行业中现有企业的盈利能力。

中国市场是各个品牌的主要市场，竞争激烈，可供消费选择的品牌档次丰富，客户在相当程度上可以对售价、担保及其他服务项目进行讨价还价。客户的讨价还价能力也越来越强。

5. 替代产品的威胁

（1）其他品牌的汽车。各大汽车品牌在产品的品质、价格、性能、服务等方面不断地加强提高，因此吉利汽车还有很大的进步空间。

（2）人们不是为了购买汽车而买汽车，而是希望汽车能更好地满足其出行的需要。大城市种类繁多的交通工具各有其特殊用途和功能以满足特定的客户需求，因此并不具有完全替代的威胁。

（3）现代科技的不断发展，各种新型能源汽车越来越多地被开发出来，全球汽车业目前面临的最大挑战就是研发价格合适且款式吸引人的环保型汽车。

（资料来源：https://zhidao.baidu.com/question/413527810.html）

分析：五种力量模型用于竞争战略的分析，可以有效地分析客户的竞争环境。从目前发展情况和各种数据分析可以看出，吉利的及时转型和转型后的战略实施控制情况都比较好,全球化战略目标清晰明确,只要吉利在战略实施和控制时把握好,吉利的快速发展指日可待。

单元 3.3　调研创业市场

创业前需要调研创业市场,调研的目的是研究所在的市场环境,找出市场的空白点、需求点及未被满足点。一是要研究竞争对手、对手的市场竞争力,研究对手的产品线、产品的定位、功能、卖点、价格等,找出自身产品或服务与众不同的特点,从中提炼卖点;二是找到企业的产品或服务的差异化特点。通过技术创新和产品功能的系列化,实施产品的差异化战略;三是选择适合自己的利基市场。选取常被大企业忽略的、需求尚未得到满足的、力量薄弱的、有获利基础的小市场作为其目标市场的营销战略。

一、独特卖点

独特卖点也叫 USP (Unique Selling Proposition),顾名思义,就是"独特的销售主张",是与别人不一样的优点、亮点,产品独具的特点,是企业的核心竞争力、优势的体现。

"独特的销售主张"应具备三个要点:利益承诺(消费者有什么好处)、独特性(同类产品做不到)、强有力(集中于一点),强调产品的差异性,品牌是外壳,USP 是内核。

【案例 3-5】

带有海棠树的房子

吕刚是一家房地产公司的销售人员,有一天,他带着一对年轻夫妇去看一幢老房子。当这对年轻夫妇走进这幢房子的院子时,吕刚注意到女人很高兴地对丈夫说:"亲爱的,你看这院子里有棵海棠树!"

当这对夫妇走进这幢房子的客厅时,发现客厅的地板已经非常陈旧,吕刚注意到他们脸上顿时露出不悦的神情。这时吕刚立即在旁边对他们解释说:"这间客厅的地板是有些陈旧,不过,你们没有发现吗?这幢房子的最大优点就是当你们透过窗户向外望去,就可以看到院子里的那棵海棠树。"

这对夫妇继续走进厨房,他们发现厨房里的设备也很陈旧。吕刚又接着说:"厨房的设备的确有点儿陈旧,但是你们每次在厨房做菜时,向窗外望去,都可以看到那棵美丽的海棠树。"

到后来,他们又陆续发现了房子中的不少问题,但每次吕刚都会强调:"没错,这幢房子是有不少问题,但这幢房子有一个特点是其他所有房子都没有的,那就是你们从任何一个房间的窗户向外看,都可以看到院子里那棵美丽的海棠树。"

最终,这对年轻夫妇还是买下了这幢带有海棠树的房子。

(资料来源:https://baijiahao.baidu.com/s?id=1595600653146381457&wfr=spider&for=pc)

分析： 销售人员观察到女主人很喜欢院子中的海棠树，捕捉到这个信息时，能充分运用这个信息作为独特的卖点。根据客户的反应及时强调房子的独特卖点，引起客户强烈的情感共鸣，激发了客户对房子的关注。用此独特的卖点打动了客户，显示了销售人员卓越的推销能力，房子最终得以成交。

再如，南昌卷烟厂的"金圣"品牌的价值从一文不值到2004年攀升到41.8亿元，同年"金圣"商标被国家工商总局认定为中国驰名商标，自从2001年开始，"金圣"香烟打开国际市场，首批产品登陆东南亚，当年就创汇70多万美元。是什么让"金圣"从众多烟草品牌中脱颖而出呢？是独特卖点。针对吸烟引起咳嗽、哮喘的问题，金圣提出了在香烟中添加中草药成分的卖点，使其产品具备了其他产品绝对没有的功能：能够缓解咳嗽、哮喘。这一点极大契合了消费者的需求和愿望，从而使"金圣"品牌保持了旺盛的生命力。

大城市的健身会所竞争非常激烈，关键是如何去吸引顾客的眼球？大家一般都没有空闲时间去光顾，或者有时间时会所已经关门，做一家24小时营业的健身会所就是一个与众不同的卖点。

二、差异化

差异化是和同质化相对应的词，指的是产品的独树一帜。企业对相同的产品作一些改变，使消费者感知产品的差异而形成不同的偏好。差异化的领域有有形和无形两个方面。

差异化是企业产品特色的主体，可以表现在设计风格、品牌、包装方面（如鸣笛水壶与一般水壶的差异），也可以表现在文化因素方面（如民族服装与一般服装的差异），也可以表现在产品的附加值上（如特色服务与一般服务的差异）。差异化是市场结构的一个主要要素，企业控制市场的程度主要受差异化的影响，对企业的营销活动具有重要意义。

产品的差异化以有形特征为后盾，有形特征需要通过无形特征来强化。

【案例 3-6】

海尔差异化战略的实施

从海尔成长历程看，其差异化战略的实施主要经历了以下三个阶段。

1. 品牌战略阶段

在1984年到1991年实施品牌战略期间，别的企业上产量，而海尔扑下身子抓质量。此战略在海尔创立之初即以张瑞敏砸冰箱的戏剧化举动宣告推出。这在当时家电产品尚需凭票购买的卖方市场时代，无疑是一个极具超前意识的经营理念。

此后的六七年间，海尔完善了生产过程的全面质量管理，同时在销售方面推出星级服务的概念，在消费者心目中树立起质量超群的国产品牌形象。另一方面，海尔在早期就是一家极为重视顾客需求的企业，在计划经济向市场调节转轨的年代即完成了市场导向的定位。

2. 多元化战略阶段

海尔在20世纪90年代将自己扩展为一个横跨白色家电、黑色家电、米色家电（PC等）、各种小家电以及制药、生物工程、金融服务等领域的多部门公司。在此期间，海尔在质量控制和生产过程管理中大量采用国际标准。

1984年，海尔只有一个型号的冰箱产品，目前已拥有包括白色家电、黑色家电、米色家电等在内的86大门类13000多个规格品种的产品群。在中国的大中城市里，许多家庭都是海尔产品的用户。

3. 国际化战略阶段

20世纪90年代后期，海尔开始了第三阶段即通过国际化创建全球品牌的进程。

目前，海尔在国外已设立10余家工厂；为绕过贸易壁垒，其布局基本上按世界各大自由贸易区或经济联盟设置。海尔的海外经营单位均实行本地化管理，以适应当地消费者的特定需要并吸收本地人才加盟。与此同时，海尔还在美、日等技术先进国家设立了研发和设计中心，并通过与多家跨国公司的联合研发，开展学习并利用国际技术资源。为此，海尔开展了其能力平台的再次升级，即以流程再造为手段，以 ERP、CRM、电子商务等信息技术为基础，建立以现代仓储和配送为骨架的物流管理系统，以实现整个企业采购、制造和销售配送的即时化以及产品制造与开发的进一步个性化。

（资料来源：http://www.795.com.cn/wz/80723.html）

分析：差异化战略的运用取决于各种因素。一般来讲，当出现下述几种情况时，这一战略是大致可行的。第一，在行业内存在许多种可使产品或服务出现差异的方式或方法，同时顾客又认为这些差异具有价值。第二，顾客对产品的需求与使用经常出现变化。第三，只有极少数竞争者会采取与该企业类似的差异化行动。此外，当企业能够较迅速地实施这一战略或竞争者进行追随模仿须付出高昂代价时，差异化战略将会获取更好的效果。成功运用差异化战略，离不开核心能力基础，海尔的差异化战略就建立在此基础上。

俄罗斯伏特加酒市场有一品牌为 smirnoff，产地在美国，品名及广告形象按俄罗斯方式处理，定位于上层人士，是中高档价格的差异化产品。后来出现了以 Stolichnaya 品牌名的伏特加酒，价格更高，明确专为俄罗斯人特别制作，更为差异化，这样就把 smirnoff 贬为普通、大众化伏特加酒。随着社会进步、技术和工艺的改进，今天的差异化产品，明天也许会成为大众化产品。

三、利基市场

利基市场（niche market）有的翻译成力基市场，指的是从大的细分市场中，有相同或相似兴趣、需要的群体所占有的高度专门化的需求市场或市场空间。利基市场一般都是小产品，市场需求大，但利润低。尽管是小产品，但专业化程度高，附加值也高，在封闭经济条件下很难成长，在全球化自由贸易市场中容易"异军突起"。

niche 来源于法语，信奉天主教的法国人建造房屋时，常在外墙上凿出一个不大的神龛，用来供放圣母玛利亚。神龛虽小，但边界清晰，后来转引为大市场中的缝隙市场。英语里指的是悬崖上的石缝，美国学者将这一词引入了市场营销领域。

利基市场的主要特征：①产品市场小，地域市场大。②具有持续发展的潜力。③市场过小、差异性较大,常被强大的竞争者忽视。④企业所具备的能力和资源与对这个市场提供优质的产品或服务相称。⑤企业已在客户中建立了良好的品牌声誉,能够以此抵挡强大竞争者的入侵。⑥行业里还没有形成"统治者"。这是理想利基市场的特征。

【案例 3-7】

利基企业是如何做大的

好孩子集团 1989 年以童车为利基业务,1992 年明确提出"做第一"的目标,1993 年成为中国市场冠军,1999 年成为美国市场冠军,并一直保持至今。

聚龙集团的梁伯强在决定进入指甲钳市场的同时,就确立了"全球指甲钳第一品牌"的目标,并且通过多种方式,将目标在全公司广为宣传,成为全体员工的共同目标。

中集集团是全球集装箱冠军,2002 年开始寻找新的利基业务,经过两年多的调查、分析和研究,最后决定进入半挂车业务,同时确立了 3~5 年成为全球半挂车老大的冠军目标。

分析:这些企业所选择的业务,基本符合利基业务的标准。

利基企业必须选择狭小的业务范围,避免与强大的竞争对手相遇。利基业务范围以不同地域市场冠军为阶段性目标。把地域市场的开拓作为规避市场风险和企业追求成长的主要战略行动。通常的地域市场拓展顺序是:本地市场、全国市场、周边国家市场、多国市场,最后是全球市场,其中海外市场的开拓是困难最大的战略行动。

利基业务在采取有效的战略行动时,必须专注、有所创新。利基战略的专注主要包括专注于利基业务和专注于冠军目标。

四、市场调查的主要工具

要对市场进行调查,一般可采取的调查方法主要有:实地观察法、问卷调查法、访谈调查法、文献调查法等,由此可采取相应的调查工具,主要有问卷调查、电子邮件调查、电话访谈、现场访谈等。

电话访谈或现场访谈可以使用录音笔。现在的录音笔可以录音,并能自动转换成文字,特别方便。

问卷调查可以采取网络问卷的方式,目前有许多免费的网络问卷可以使用,如问卷星(https://www.wjx.cn/)、问卷网(http://www.wenjuan.com)、问智道(https://www.askform.cn/)、腾讯问卷(https://wj.qq.com/)等。可先设计好问卷,然后再放到网上,可以是网页版、微信版,采取多渠道方式收集,可以得到更多的答卷。这些问卷调查网特别方便,可以根据需要选择使用,如腾讯问卷网,"功能全免费,无人数和数量限制;可直接登录,减少烦琐操作;界面简洁,操作简易,快速上手;模板多样专业,多种创建方式;实时的线上数据统计,人性化的统计报表。"

最好能学会运用一些市场调研分析工具,如 SPSS。如果不会使用分析工具,可以找专业人士帮忙,或者在问卷调查网上花费一些钱也可得到分析的结果。

【案例 3-8】

女大学生投 5000 元开网店

2012 年 4 月，大学三年级的小魏瞒着父母休学一学年，投入 5000 元开起了网店。"一开始也有些担心，毕竟那么多钱"，小魏说，网店的摄影、美工、售前售后等都需要技巧，她只能一步一步摸索，失败了再重来。当时，她和男友每天打理网店。"从早上 9 点一直坐到晚上 11 点，还会因为压力大而失眠。"她说，"那段时间，生活有点乱，我都长胖了好多。"提起前期的艰辛，小魏现在还有点叫苦不迭："从厂家进货，每次要进几百件，压力真的很大，害怕货卖不走。"

2012 年 5 月，小魏的网店终于有了起色。"算下来，第一个月我们就赚了 2000 元！"回忆起来，小魏难掩兴奋，"当时太高兴了，觉得网店比开格子铺更赚钱。"

一开始，小魏的网店主要卖手机壳，自己在手机壳上绘图，然后拍图摆上网，但生意并不好。后来，热爱艺术的男友给了她一个建议，让她注重独特性，做出有自己风格的网店。

此后，小魏开始瞄准学生包市场，为了追求独特性，她常常花钱淘一些风格奇异的进口手工包。一次，在英国的朋友说有一个牛皮包很好看。"我看了那个包的照片，感觉制作和风格很独特。"小魏要朋友花几千元钱买了回来，然后摆上自家铺子卖，"好多人抢着要买，我感觉找到了出路。"

随后，小魏开始经营风格独特的手工包，且 2012 年 6 月起，网店的生意越来越好。"有一天，我接了 300 个单子。"小魏说，面对这么大的生意，她和男友突然感觉不知所措。当时，店里就只有他俩，包装和发货只能自己动手，"从早忙到晚，感觉像搬砖一样，等到发完货，我和他都感觉自己的手没知觉了。"

小魏说，她店里的商品都出自广东那边的厂家，为此她还去考察过广东的厂家，看到有相关的生产资质后才同意授权。生产完后，货堆在自己家里，再由自己把货发出去。

"今年 4 月结算时，我发现竟挣了 30 万元。"虽然知道赚了钱，但面对这个数字，小魏还是感到惊讶。现在，她的网店每周有 200 件的成交量，"算下来一个月能卖出去六七万元的货，除去成本能挣 3 万元左右。"

在小魏的网店上，记者也注意到，她店里的商品最便宜的 7 元，最贵的 666 元。上半年该店的好评数是 2911，好评率达到 99.71%。记者采访了解到，好评数加起来等于卖出去商品的数额，也就是说，小魏一年内至少能卖出 4000 件商品，这其中还不包括打差评的数量。照她所说，一件商品利润在几十元到几百元不等，算下来，一年赚 30 万元完全有可能。

记者还了解到，该店信誉级别达到了 4.8%，且有 4 颗蓝钻。小魏告诉记者，一个蓝钻是 251 分，也就是要 251 个好评才能升级为 1 颗蓝钻，2001～5000 分才到 4 颗钻。她现在已经有了 4 颗蓝钻，如此表明，她现在至少有 2000 个好评。

6 月 8 日，小魏买了一辆价值 13 万元的哈雷摩托车和 16 万元的奔驰 smart 车，"男友开哈雷，我自己开 smart。"小魏说，"其实我的想法很简单，赚了钱就好好玩、好好享受。"记者问及是否全款付清时，小魏回答说："都是分期付款购买的，我们不可能一次性把流动资金用在买车上，还要用来补货和进货。"

接下来，小魏想成立工作室，继续做大网店。"打算再请两三个人，分别负责摄影、美工和客服,让一切都专业化地操作起来。"小魏说,成功没有秘诀,她也是从失败中一步步走过来的。

(资料来源:http://www.qncyw.com/media/page/42366.shtml)

分析:选择项目一定要谨慎,尤其是涉足自己不了解的行业,最好有行家指导,要多做调查研究。开始上货不应求全求多,货物再全也不可能满足所有人的需求,一定有"缺货"的东西。上太多的货就会占压资金,货太全还会形成杂乱的感觉。要找到具有独特卖点、差异性的利基业务。创业并不是容易的事,不是雇个人干就能赚钱,至少在先期要付出很多的精力和时间,因此,兼职创业要有足够的时间和自由度才能考虑。要审时度势,如果是自己无法控制的原因造成经营不好,应马上止损撤退,另谋高就还能避免更大的损失。

课堂活动与课后思考

了解宏观环境

一、活动目标

1. 让学生通过活动了解宏观环境。
2. 让学生通过活动学会分析宏观环境。

二、建议时间

课下时间自定,课上用时30分钟。

三、材料准备

黑笔、A4纸、大卡纸、便利贴。

四、活动步骤

1. 思考企业面临的宏观环境。
2. 对这些环境问题进行分析(填写表3-2)。

表3-2 企业面临的宏观环境分析表

	问题一	问题二	问题三	问题四
政治环境				
经济环境				
社会环境				
科技环境				

3. 全面思考这些大环境及宏观因素,不要拘泥于创业的狭小微观领域,要有开阔的大局观和犀利的预判能力。创业者应如何运用PEST进行分析?

了解微观环境

一、活动目标

1. 让学生通过活动了解微观环境内容。
2. 让学生通过活动学会对环境进行分析。

二、建议时间

课下时间自定,课上用时 30 分钟。

三、材料准备

黑笔、A4 纸、大卡纸、便利贴。

四、活动步骤

1. 将全班按照 6~8 人一组精选分组。
2. 每个同学将影响微观环境因素的问题展示给组员。
3. 思考企业面临的微观环境问题。
4. 对这些环境问题进行分析。
5. 全组同学讨论并对这些问题进行投票,按问题的重要性进行排列(填写表 3-3)。

表 3-3　企业面临的微观环境分析表

因素 问题	问题一	问题二	问题三	问题四
企业资源				
企业文化				
供应商				
营销中介				
……				

了解创业市场

一、活动目标

1. 让学生通过活动了解创业市场。
2. 让学生通过活动学会如何找创业市场。

二、建议时间

课下时间自定,课上用时 30 分钟。

三、材料准备

黑笔、A4 纸、大卡纸、便利贴。

四、活动步骤

1. 将全班按照 6~8 人一组精选分组。
2. 每个同学对创业环境进行分析,探讨利基企业的利基业务是否符合标准。

3. 全组同学讨论产品的独特卖点。

4. 分析产品的差异化特征，提出差异化策略（填写表3-4）。

表3-4　创业环境分析

创业市场环境	利基市场描述	独特卖点	差异化策略

课后思考

1. 每个人都有追求幸福生活的权利，在进入全民创业新时代之后，想要实现创富梦想改变生活现状，成为每一个大学生的梦想。如今国家大力倡导自主创业，除了是为了推动国内经济迅猛发展之外，也是为了有效缓解严峻的就业压力。我们在看到无限商机的同时，更要看到自身的不足。请结合你的在校经历谈谈如何实现你的创业梦。

2. 分析"农夫山泉"独特卖点的营销策略。

3. 什么是利基市场？用实际例子来说明如何找到和定位企业的利基市场。

模块四　简易产品设计与测试

知识目标：

1. 认识最简可行产品设计。
2. 掌握快速制作产品原型原则。
3. 掌握最简可行产品测试方法。

能力目标：

1. 运用所学知识，设计最简可行产品。
2. 运用所学知识，制作快速产品原型。
3. 运用所学知识，测试最简可行产品。

【导入案例】

摩托罗拉铱星计划破灭

铱星计划是一个让许多摩托罗拉人兴奋不已的想法。

革命性的想法从何而来？对于摩托罗拉的工程师巴里·伯蒂格来说，它来自于妻子在加勒比海度假时的抱怨，说她无法用手机联系到她的客户。回到家以后，巴里和摩托罗拉在亚利桑那州工作的卫星通信小组的另外两名工程师想到了一种铱星解决方案——由66颗近地卫星组成的星群，让用户从世界上任何地方都可以打电话。

自从20世纪60年代投入使用以来，通信卫星大都是在22000千米高度的轨道上运行的地球同步卫星。依靠这一高度的卫星意味着电话机要大，还伴有1/4秒的声音滞后。例如，美国通信卫星公司的planet 1电话机重4.5磅，和计算机差不多。铱星的创意就在于使用一批近地卫星（400～500千米高度），近地卫星因离地球更近，电话机的体型可大大缩小，声音的滞后也会近乎觉察不到。

这是个好的创意吗？尽管遭到伯蒂格顶头上司否决，这一计划却得到了摩托罗拉总裁罗伯特·高尔文的青睐并给予了支持。对于罗伯特，以及他的儿子克里斯·高尔文（后来成为他的继任人）来说，铱星计划是摩托罗拉技术高超的显示，具有巨大潜力，令人振奋，决不可放弃。对于摩托罗拉的工程师们来说，建立铱星群的挑战是一次经典的"技术拉锯战"——50多亿美元的代价终于让他们在1998年将铱星首次投入使用。

这一项目是在1991年正式启动的。当时，摩托罗拉投资4亿美元建立了铱星公司。这是一个单独的公司，摩托罗拉拥有25%的股份和董事会上28席中的6席。另外，摩托罗拉还做出了7.5亿美元的贷款承诺，并给予铱星要求再增加3.5亿美元的期权。就铱星来说，它最终与摩托罗拉签订了66亿美元的合约，其中34亿用于卫星的开发，29亿用于维持公司正常运行。铱星则要为摩托罗拉建立卫星通信系统提供技术。

在铱星即将发射其首批卫星之时,爱德华·斯坦阿诺加入了董事会并担任首席执行官。在加入铱星以前,斯坦阿诺已为摩托罗拉工作了23年,其精明与刻薄广为人知。对他来说,舍摩托罗拉而选择铱星意味着放弃与前者每年130万美元的合约,而选择每年50万美元底薪外加5年期7万5千股铱星的股份。一旦铱星赚钱,斯坦阿诺就会财源广进。

展开服务

1998年11月1日,在进行了耗资1.8亿美元的广告宣传之后铱星公司展开了它的通信卫星电话服务。开幕式上,副总统阿尔·戈尔用铱星打了第一通电话。电话机的价格是每部3000美元,每分钟话费3~8美元。结果却令人十分沮丧。到1999年4月,公司还只有1万个用户。面对着微乎其微的收入和每月4000万美元的贷款利息,公司陷入了巨大的压力之中。1998年4月,就在公司宣布其季度财务报告的前两天,首席执行官斯坦阿诺辞职,宣称他与董事会在战略问题上发生了分歧。公司内部一位资深人员约翰·理查德森迅速接替斯坦阿诺成为临时首席执行官,但倒闭的阴影却已经笼罩了上来。

1999年6月,铱星解雇了15%的员工,甚至包括几位参与了公司营销战略规划的经理。1999年8月,它的用户只上升到20000个,离贷款合同要求的52000个相去甚远。1999年8月13日(星期五)在拖欠了15亿美元贷款的两天之后,铱星提出了破产保护的申请。

有趣的是,1999年5月24日,铱星首席执行官约翰·理查德森还在《华盛顿邮报》上振振有词:"不用介绍一种产品就可以上市,我们为MBA案例教学提供了一个经典案例。首先我们创造了一项技术奇迹,然后我们就可以去想如何用它来赚钱了。"

破产后的剖析

对于铱星公司是否从一开始就注定要失败,至今还有不少争论。虽然许多内部人士在它破产之后仍对这一创新深信不疑,局外人却要谨慎得多,他们把铱星称作"摩托罗拉的美妙幻想"。

手机的发展大大削减了市场对铱星服务的需求。铱星知道它的电话相对于手机来说是太大了也太贵了,于是他们不得不在手机服务无法到达的领域内谋求发展。由于有了这一限制,铱星把它的市场目标锁定在跨国商务人士身上,因为他们经常会去手机服务无法到达的偏远地区。虽然这一市场计划的制订是在手机兴起之前,铱星也从未把服务目标从他们身上移开过。1998年,首席执行官斯坦阿诺就预言到1999年年底,铱星将会有50万用户。

铱星的主要问题之一就是手机的普及之快超过了他们的预想。最后,手机已经无处不在。按照铱星复杂的科技,从构想到推广的时间是11年。在这期间,手机已经覆盖了几乎整个欧洲,甚至还进入了发展中国家如中国和巴西。简言之,铱星的市场目标只是一小部分人——商务旅行者,可他们的要求却日益被服务优越得多的手机所满足。

铱星的技术限制和它的设计扼杀了它的前途。由于铱星的技术是基于看得见的天线和轨道上的卫星,因此用户在车里、室内和市区的许多地方都无法使用电话。甚至在野外的用户还得把电话对准卫星方向来获取信号。正如一位高级商业顾问所说:"你无法想象一个出差到曼谷的首席执行官走出大楼,走到街角,然后掏出一部3000美元的电话来打。"就连摩托罗拉的前首席执行官乔治•费希尔在一次采访中也承认:"无法做到小型、无法在室内使用绝非是我们的最初构想,无论是什么原因,它都大大损害了这一项目。"

此外,一些技术上的缺陷也无法弥补。铱星能够传输的数据量有限,而这对于商业人士来说恰恰越来越重要。更令人头痛的是,在偏远地区必须找到一些特殊的太阳能设备才能给电池充电。这些限制让铱星在它锁定的长期出行的商业人士的市场上销售得十分艰难。

铱星电话的外形设计也不利于它的推广。1997年11月,铱星的营销传播总监约翰•温多尔夫这样描绘他们的电话:"它可真大,大得吓人!以这样的产品加入竞争,我们一定会输。"然而直到一年以后,铱星推出的几乎还是当初的产品。这种手机虽然比美国卫星通信公司的1号卫星要小,但还是有砖头那么大。最终,它成了这个企业许多无法解决的问题中的一个。

(资料来源:李成钢.大学生创新创业经营模拟实践教程[M].北京:中国纺织出版社,2019.)

分析:这是一个经典的新产品开发失误而导致整个商业机会失败的案例,业界权威人士对"铱星"陨落的评价是"他们在错误的时间、错误的市场、投入了错误的产品"。失误的主要原因就是轻视市场、轻视消费者需求,而过于关注技术与高科技含量。铱星电话的外形设计也不利于它的推广,最终铱星的技术限制和它的设计扼杀了它的前途。

【课前思考】
1. 铱星计划为什么会失败?
2. 应该如何设计产品,才能让产品满足客户需求?
3. 从这个案例中,你得到了什么启发?

单元4.1 最简可行产品设计

在产品的设计开发过程中,我们时常遇到类似摩托罗拉铱星计划这样的失败经历。直到最后开发布会这一天,客户才第一次见到产品,而我们耗费几个月甚至几年时间开发的产品,产品功能根本不能满足客户的需要,甚至客户根本就不需要这样的产品。

因而,在投入大量人力、物力、财力、时间去开发新产品前,最好能够设计一个具备相对丰富功能且可以满足客户首要需求的简易产品原型,并加以评估。

一、什么是最简可行产品

(一)最简可行产品概念

最简可行产品(Minimum Viable Product,MVP)是一个具有刚好可以满足早期用户首要需求的新开发产品或网站,并为未来开发提供反馈的产品。其余的功能模块在收到初始用户的反馈后设计和完成,也就是通过迭代完善细节,达到敏捷速度。

这个概念的提出者是Eric Rics,一个专注于创业公司的咨询师和作家。

（二）最简可行产品的四个特点

一个产品可以成为最简可行产品要具备以下四个特点。

1．能够体现项目创意

即用最快、最简明的方式建立一个可用的产品原型，这个原型要表达出你的产品最终想要的效果，然后通过迭代来完善细节。

2．功能应用极简

原型通常从模拟产品的关键功能开始。随着一些必要功能的增加，原型也在多次更迭过程中变得更加的全面，且逐渐细化，直到原型完成并交付开发人员最终开发，整个设计过程才得以结束。

3．能够测试和演示

最简可行产品是可以向天使用户——用户测试对象展示，并让他们试用的产品。通过天使用户的试用、验证和反馈建议不断完善产品原型。

4．开发成本最低甚至为零

是指以最低成本尽可能展现核心概念的产品策略。

【案例 4-1】

杏　树　林

"杏树林"是专门服务于医生的创业公司，创业初期推出医学文献、医口袋和病历夹三款产品，帮助医生获取文献、查阅资料、积累病人和病历信息。杏树林的原始创业想法来自创始人张遇升在北京协和医学院学习期间对"协和三宝"（图书馆、病案室和老教授）的深刻印象。"协和三宝"能帮助医生在遇到疑难杂症时快速找到参考资料。在原始创业想法的基础上，张遇升和几位医生天使用户深度交流，形成了杏树林的产品原型。例如，"病历夹"可以让医生随时录入和调阅病人术前、术中、恢复、随访各阶段的信息，支持照片、录像和语音等形式。"病历夹"的点子就来自张遇升与原协和医院医生、"急诊科女超人"于莺的交流："在病案室里翻病历，要花费很多时间搜索，得找工作人员从架子上取下来。如果每看一个病人，从接诊开始，到化验单、病历记录、影像学片子，把这些资料统一存在手机上，那么自己就有了一个病案室。"

健身 APP "KEEP"

健身 APP "KEEP" 创始人王宁的创业就是一个典型的用户变身创业者的故事。王宁在北京信息科技大学读书的时候是一个体重 90 千克的小胖子，通过在学校的操场跑圈和网上收集的各类减肥方法，他 3 个月瘦到 75 千克，他把自己的减肥方式做了个 PDF 文档分享给身边的朋友。但 PDF 文档翻阅比较烦琐，而当时在 APP Store 里面并没有合适的 APP，于是他在 2014 年 10 月成立了 KEEP，自己成了天使用户。2015 年 2 月 KEEP 正式上线，王宁作为一个"非专业健身者"，对 KEEP 的定位是一款具有社交属性的移动健身工具类产品，用户可以利用自己碎片化的时间进行锻炼。用户定位只是 70% ~ 80% 的健身小白用户，做 0～60 分的事情。

Snapchat 的成长史

Snapchat 的成长史可以看成是一个最简可行产品的进化史。

最初的时候只有拍照分享、阅后即焚的功能，没有视频，没有滤镜，没有社交，没有评论，不能存储，但功能很简单、完整——阅后即焚。

事实证明，"阅后即焚"符合很多用户的心理期望——很简单，但很完善，所以 Snapchat 获得了成功。

后来，Snapchat 增加了很多功能——视频、滤镜、时间线，以及那款能拍摄 10 秒视频的太阳镜。产品变得越来越复杂，但这是没问题的，SLC 产品不排除增加复杂功能的可能性。

（三）如何构建最简可行产品

假设你有了一个很棒的想法，你需要开始构建一个产品了，更准确地说，是构建一系列产品功能，使其能以最小的成本和风险去实现你的产品目标。如何从一个"想法"走到一个"最小可行性产品"，需要以下四个维度来构建。

1. 确定"用户群"

观察市场上已有的应对相同痛点的产品，确认你的产品的用户群体类型，以及他们会如何跟产品产生交互。记录这些用户群体，他们的需求、遇到的问题、他们的期待以及他们可能会拥有的最好的体验。

2. 像用户一样思考

在明确"用户群"之后，就需要找到用户群使用产品的各种场景。给各个用户场景一个简单的标题，做分类整理，明确产品的功能。

一旦清楚了你的产品功能点，你需要评估它是否能成为一个"产品"。在用户场景里寻求延续性、同质性以及补足性。要像一个用户一样思考。使用同理心去明确互动方式、使用场景。

3. 确定核心功能

将高价值、低成本的功能排在前面，低价值、高成本的功能放在后面，但也要顾及有些产品功能之间天然的强相关性。

在许多情况下，因为技术原因，会要求首先实现某些功能，尽管它们的成本很高，预期的用户值也很低。这些制约关系需要被明确，也许还能在用户场景图中可视化地表达出来。

综上，我们可以将 MVP 定义为：拥有最少产品功能并可以提供"恰好程度"的产品体验，引起用户参与，并能为之后的产品开发奠定基础的产品。

你可以按照"制约性"给产品功能排序，然后按"用户价值"降序排列，再按照"复杂度"和"可行性"升序排列。

4. 事实检验

在理想的场景中，是需要通过原型、焦点小组、市场调研、竞品分析等方法获得真实用户对功能的反馈和验证的。获得真实用户的信息越多,你就越有信心该产品概念已经具备了"可行"的所有条件,也奠定了之后的制作与发布。

(三)最简可行产品的形态

表4-1列举了一些常见的最简可行产品的形态。

表4-1 常见的最简可行产品的形态

最简可行产品形态	具体描述
软件线框图	软件开发时常用纸质线框图,以及原型工具开发软件展示产品功能,模拟实际使用情况
实体模型	既可以是剪贴画,也可以是手绘的纸质框架,用来展示用户使用产品的体验
产品演示视频	用视频展示产品的预期功能,触发潜在消费者付费意愿
预售筹款	利用众筹网站发起产品众筹预售,判断人们对产品的态度,获得早期用户支持
投放广告	通过广告平台将广告投放给特定人群,判断什么功能最吸引他们
人工模拟	在产品开发出来之前,后台用人工进行模拟,让用户体验真实的服务
碎片化工具的拼凑	利用现成的工具和服务做产品功能演示,比如导航地图、云平台等
情景故事展现	透过情景故事及故事营造,展示一个关于使用者经验的故事,体现使用者的情绪、感受、反应等
登录页	只开发登录页面,例如显示可选的价格套餐,用户的点击不仅显示其对产品的兴趣,还展示了什么样的定价策略更能获得市场的认可
A/B版本测试	开发两版页面,将这两个页面以随机的方式同时推送给所有浏览用户,了解用户对于不同版本的反馈

(资料来源:吴隽.大学生职业生涯规划与创业教育[M].北京:高等教育出版社,2014.)

二、简易产品设计流程

在产品设计开发的过程中,尽量要保证良好的用户体验,但也不要过分纠结于细节,合理取舍,保证产品整体流畅性。产品设计的一般流程如下。

(一)市场规模预测

市场规模即市场容量,主要是预测产品的目标市场的整体规模。市场规模的预测可以帮助企业评估市场机会的大小,市场规模包括总有效市场、可服务市场、目标市场。

(二)产品特征列表

产品特征列表用于描述产品的主要功能和特点,一般少于10条。在思考产品特征的时候,需要考虑清楚产品应该满足目标市场、目标客户的哪些痛点和未被满足的需求。我们的产品以什么样的新方式可以以更快的速度、更低廉的成本、更好的服务、更好的体验解决这些问题。不仅要注重产品的物理性能,还要特别重视产品的外观设计。

（三）客户价值列表

客户价值列表是站在客户的立场上描述产品给客户带来的好处、利益，解释客户为何会购买和使用企业产品的原因。一般来说可以用典型"客户使用场景""客户故事"来描述企业的产品是如何解决客户痛点及满足客户尚未言明的需求的，并提供客户满意的利益。

（四）最简产品设计

在产品真正地被用户使用之前，再好的设计期望都只是假设，产品越晚被用户使用，失败的成本和风险就越高，而通过最简可行产品（MVP）设计快速实验，获取用户反馈，迭代演化产品，能有效地减少失败的成本和风险。

（五）产品价格制定

通过最简可行产品测试获取用户反馈，产品得以不断迭代完善，形成产品设计方案或者原型后，创业团队成员需要制定合理的产品定价策略。一般来说，有撇脂定价、渗透定价、满意定价三种定价方法。

撇脂定价是指企业在创新产品生命周期的最初阶段，把产品的价格定得很高，以攫取最大利润。

渗透定价是指企业把其创新产品的价格定得较低，短时间内吸引更多消费者购买，达到提高市场占有率的目的。

满意定价是一种介于撇脂定价策略和渗透定价策略之间的价格策略。这种方法可以使得企业和消费者都获得满意感。

【案例 4-2】

今夜酒店特价

今夜酒店特价的创始人任鑫，在准备上马这个项目的初期，更多地参考了国外同类产品的模式，重点面向商旅人士，在一个城市寻找几家深度合作的酒店，建立线上支付体系，采用预付费的模式。结果，一段时间下来，经营状况非常惨淡，每天的订单量掰着指头就能数过来。一开始他们觉得方向没错，应该是执行出了问题。直到半年后，他们终于清醒过来，其实是最初的假设都有问题。但是大半年的时间已经浪费了。

当任鑫后来反思这一段创业经历的时候，得出一个结论：创业公司尽全公司之力做了一款产品，最后却没人使用，这才是真正的浪费。

（资料来源：王晓芳，壹创新商学 APP）

分析：如果一开始他不着急投入大量人力物力，深入线下与大量的酒店谈合作，而是把艺龙、同城、淘宝等线上房源数据签过来，集中在一个页面上。哪怕自己掏腰包对每间房优惠 100 元，就可以做一个很好的实验，测试用户是否需要这样一个服务。如果需要，哪种模式更符合消费者的使用习惯。这样可能一两个月的时间就能掌握有效信息，而且成本极低。

单元 4.2　原型样板制作与展示

原型样板制作就是使用实体模型来进行产品设计思考，并成为思考的重要跳板。原型样板就是在想象与现实之间搭建起的一条重要的桥梁。

一、原型制作有什么好处

通过原型的制作，大家可以暂缓之前的工作节奏，创造新的讨论空间，帮助团队讨论更有活力，让抽象概念变成一个实体演示，辅助大家更有效地整合不同意见，共创新的设计。

（一）可以进行测试

再好的想法都不能止步于纸面上，只有把原型做出来才可以测试，才可以明确产品功能是否能解决用户的痛点，并满足用户的需求。

（二）论证方案的可行性

通过原型制作和测试，让用户使用产品功能和体验过程及服务，才能够证实用户解决方案的可行性。

（三）发现方案中存在的问题

进入原型制作环节，意味着产品开发从"思考阶段"升级到"动手阶段"，开始思考产品应用场景是什么、用什么方式表达、用户如何与该原型进行交互等问题。之前创意时很多没有考虑到的细节会接二连三地出现。这个时候，不仅要把概念做出来，同时还要应对制作过程中出现的新问题。

（四）在使用和体验中使方案不断迭代

在产品真正地被用户使用之前，再好的设计期望都只是假设，产品越晚被用户使用，失败的成本和风险就越高，而通过最简可行产品快速实验，获取用户反馈，迭代演化产品，能有效地减少失败的成本和风险。

【案例 4-3】

Facebook

Facebook 推出的所有 MVP，都是通过大学或班级把学生联系在一起，然后让他们把信息发布到其个人主页上。这个想法已经存在于 Friends Reunited 和其他社交平台上了，但 Facebook 方法更简单，以及它在大学毕业生这个群体中获得的吸引力，证明了它是不可阻挡的。Facebook 几乎所有后来的功能都建立在这种成功的基础上。

Airbnb

减去中间商和提供短期租赁是 Airbnb 的关键目标。布莱恩·切斯基（Brian Chesky）和乔·盖比亚（Joe Gebbia）住在旧金山的一个阁楼公寓里，付房租有困难。于是他们决定尝试一下，来实现自己创业的梦想。当时来到城里参加设计会议的人特别多，周边的酒店都爆满了。为了验证这个想法，他们为那些来到城里参加设计会议的人提供了住宿。布莱恩和乔拍了几张阁楼的照片，创建了一个简单的网页，很快就吸引了三个付费的客人，然后 Airbnb 开始了有针对性的扩张。

二、原型制作的原则

我们不需要制作精良、面面俱到的完美原型，我们需要的原型是可以让你发现方案中的问题，帮助你更进一步完善方案。不要害怕失败，原型不求精细，而是为了凸显你的想法。

如果太快确定一个点子，你可能会错过其他方法；如果太快把一个原型做得很完美，你可能会过于依赖这个原型，而不愿意根据用户的需求做出改变。制作一个精度不高的原型以及建立可以与用户交互的简单场景，会有助于发现更多的不同解决方案，而不是早早地就把注意力都放在一个创意上。

原型制作应遵循四个原则：越简越好，不需完美；越粗越好，不需精雕；越快越好，不需细琢；越省越好，不需花钱。

【案例 4-4】
Aha 创业利器之精益创业 MVP（来自歌路营的分享）

提到歌路营团队，人们首先想到的可能就是他们最知名的"新 1001 夜睡前故事"产品。创业伊始，他们走访了十多个省的上百所农村寄宿学校，发现学生们课余时间生活匮乏，与外界信息隔绝，视野局限；简陋的、类似军事化管理的宿舍缺乏归属感；一天到晚地学习让学生厌学；以及过早的住校带来的心理不适应……团队成员们越来越深刻地体会到，单调而匮乏的住校生活是农村寄宿留守儿童成长中最突出的困境。

第一款产品的目标应运而生：为每一个农村寄宿儿童的宿舍播放美好的儿童睡前故事。即从心智层面开阔视野，陪伴和抚慰心灵，又从生理层面帮助儿童睡眠，促进身体的健康成长。

而歌路营的愿景，也不仅仅局限在这一个产品上。

2015 年 2 月，歌路营团队将调研看到的普遍困境集结成《中国农村住校生调查报告》。同时，他们也希望通过进一步开发一系列新产品，为农村寄宿儿童打造真正符合儿童成长心理和喜好，又能提供多元信息（不仅仅是课本）、多元场景（不仅仅是睡前时光）和多元感受（听觉视觉心智等全方位）的校园新生活。

在新产品开发过程中，歌路营团队学习和实践了设计思维和精益创业等一系列新时代的产品开发和创业方法论体系。今天要介绍的，就是他们在开发新产品时，应用 MVP（最小可用产品）来测试自己想法的过程。

新产品开发之处，他们怀有很多疑问，比如：校方会对在线教育如何看？孩子们对这种课后教育形式有需求吗？内容会受到孩子们的欢迎吗？使用在线类设备如 PAD，老师们能接受吗？什么形式最能嵌入学校？可否实行学生对设备的自主管理？使用游戏会对学习效果产生什么样的影响……

歌路营让用户全程参与产品开发过程。用最简可行产品MVP理念和方法,快速做出了产品概念PPT和一个6分钟样片(可视化产品原型),带着它们去拜访了五六家农村寄宿学校。没想到当即就有四家学校(早期接纳者)愿意一起开展试验。第一个问题得到了解决:学校也认为农村学生存在信息匮乏问题,很想合作探索解决方法。在了解了校方的基本诉求后,他们快速开发出一套包括30多个微课、心理故事视频和最"简陋"播放体系的产品(MVP最简可行产品),在真实学校里开始进行多轮测试,一直到多项假设都被真实的使用情境和用户反馈验证以后,他们才最终确定了开发方向以及未来的产品形态(见图4-1~图4-4)。

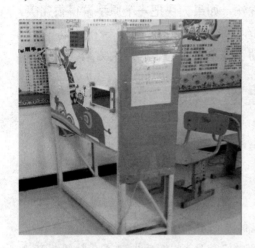

图4-1 简易的播放设备

图4-2 外观的儿童友好性

图4-3 开发人员观察用户真实使用情况

图4-4 邀请老师和校长使用

分析:歌路营根据用户真实使用情况,小规模高频次地开发最简可行产品,开放式迭代的过程,确保了产品和服务提供的是用户需要的价值,避免了过多的时间和资源的浪费,从而确保新产品和服务的开发成功。

模块四　简易产品设计与测试

三、原型制作的方法

常用的原型制作方法有：纸板原型法、角色扮演法、模拟手机 APP 法、故事画板法等。

（一）纸板原型法

纸板模型法的有关要点如表 4-2 所示，效果可参阅图 4-5 和图 4-6。

表 4-2　纸板原型法

何时使用	道　具	如何做
（1）需要帮助客户切身体验方案或产品时 （2）需要将抽象的想法具体化时	可根据现有的资源尽可能多地收集材料。在保证安全的前提下，任何物品都可以使用	按照小组的创新方案，将原型制作出来
	必备材料包括：水彩笔、记号笔、彩色卡纸、硬纸板、即时贴、棉绳、固体胶、透明胶、双面胶、剪刀、美工刀、手工彩泥等	
	可选材料包括：长尾夹、橡皮筋、铁丝、吸管、乐高积木、矿泉水瓶、旧海报、3D 打印机等	
	现场的桌椅、黑板，甚至你的书、书包等也可以	

图 4-5　纸板原型法 1

图 4-6　纸板原型法 2

（二）角色扮演法

角色扮演法的有关要点如表 4-3 所示，效果可参阅图 4-7 和图 4-8。

表 4-3　角色扮演法

何时使用	道　具	如何做
（1）已经将小组的想法限定在一个或几个人物的时候 （2）需要更深入了解某些角色的体验的时候 （3）将想法以拟人的情景表现出来的时候	可根据角色需要制作或借用演出服装	（1）将人物的经验表演出来，展现出这个历程 （2）可以借大家耳熟能详的神话传说、电影电视中的故事或人物（如《西游记》《金刚》等）来串联剧情 （3）表演不仅限于人物，如有必要，还可以扮演动物、装置、环境等（如可以由人扮演汽车、手机、树木等）
	充分利用已有的环境来搭建场景，如用桌椅建造舞台，在纸板上画画来营造故事背景	

图4-7 角色原型法1

图4-8 角色原型法2

(三)模拟手机APP法

模拟手机APP法的有关要点如表4-4所示。

表4-4 模拟手机APP法

何时使用	道具	如何做
当讨论出的方案是一个手机APP,需要测试其功能、交互设计时	硬纸板、白纸、彩色卡纸、即时贴、水彩笔、记号笔、剪刀、美工刀、固体胶、双面胶等	将创新方案进行总结,设计APP应用的场景、界面、功能按钮、美工等,将APP的每个界面绘制成至少一张草图,按顺序粘贴在硬纸板上

(四)故事画板法

故事面板法的有关要点如表4-5所示,效果可参阅图4-9和图4-10。

表4-5 模拟手机APP法

何时使用	道具	如何做
(1)已经将小组的想法浓缩成一个或几个故事情节时 (2)需要帮助客户充分理解或者投资在一个可能实现的"概念"想法的时候,采用直观的、可以看到故事情节的设计结果来说服客户或者投资者	水彩笔、记号笔、大白纸、彩色卡纸、即时贴、剪刀、固体胶、双面胶等	将想法叙述成一个故事线,用连环画的方式清晰地展示出来

图4-9 故事画板法1

图4-10 故事画板法2

单元 4.3 最简可行产品测试

完成了简易可行产品的设计和快速制作后,最后必须要做的步骤就是最简可行产品的测试。不管创意有多新颖,也无论前期投入了多少人力、物力和财力来启动创业项目。最终项目能否落地还是要看产品能否被消费者认可和接受,要看消费者是否愿意购买和使用。

一、产品测试内涵

(一)产品测试概念

产品测试是以用户为中心的设计流程中的一种设计验证方法。通过观察和询问用户(被测试者),记录产品的真实使用情况,界定出可用性问题。

产品测试主要是测试用户体验,即用户使用产品时的感受,好的用户体验除了包括功能正常、性能满足需求这一基本要求外,还要求易操作、易查找、设置方便快捷、帮助明了、提示友好、指示准确、界面美观等。

(二)用户测试的对象

用户测试对象肯定不是所有客户。产品测试用户对象是指天使用户。

天使用户就是种子用户里边的一个更为小众特定的人群,他们对你所从事的产品或者工作更加欣赏和认可,并且愿意积极地提供帮助,是产品最早的那批使用者中,最认同产品并希望更多人认同这个产品的人。天使用户首先是用户,也是企业发展整个生命周期中最早使用和认可企业产品的人。

(三)如何寻找天使用户

并不是所有创业项目在开始的时候就能找到和确认自己的天使用户。更何况很多项目的产品在初期连创始人也不知道自己产品的定位。

有人曾整理出 Facebook 最早的 20 个用户。从 Facebook 最早的 20 个用户名单中可以看出,他们和 Facebook 创始人马克·扎克伯格都是哈佛大学的同学,而且大多数都有室友、学习同一门课程或者参加同一个学生组织等密切关系。因此,天使用户往往是创始人身边最密切的朋友和亲人。

创业者可以首先从表 4-6 所列人群中挑选自己的测试用户。

表 4-6 天使用户招募范围

天使用户招募范围和方式	答谢天使用户方式
(1) 亲朋好友 / 业务伙伴 (2) 在社交网络发布招募消息 (3) 邀请类似产品的活跃用户 (4) 邀请关键意见领袖	(1) 答谢宴会 (2) 红包、小礼物 (3) 优惠券、代金券 (4) 免费使用特权

【案例 4-5】

寻找天使用户

去银行存取款的人都有过长时间排队等候的不爽经历。现在假设你打算开发一款软件产品，可以帮助银行把储户的平均等待时间从一个小时缩短到十分钟。你打算把它推销给银行，于是你找到银行行长并告诉他："我的产品可以解决顾客排长队的问题。"如果对方反问道："什么问题？"这说明他根本没有意识到存在的问题。这位总经理短时间内不太可能成为你的客户，从他那里收集的需求也多半派不上用场。

如果对方回答："确实有这方面的问题，不过我们通常会为等待的客户递上一杯水，表示道歉。"这说明对方已经发现了问题。但是除了为客户递上一杯水，还不想用其他途径解决问题。这位行长可以向你提供有用的反馈信息，但不太可能成为你的首批客户。由于他已经发现了问题，等产品占领主流市场后，他很可能会成为你的客户。

如果对方回答："这个问题确实头痛，每年至少损失 5000 万元存款。我们一直在寻找能把存取款的时间缩短七成的软件产品，但它最好能与目前的 Oracle 数据库兼容，价格在 200 万元以内。"这说明你找对了用户群体，这位行长已经开始主动寻找解决问题的产品。

如果对方回答："我一直没找到合适的软件产品，所以我打了份报告，申请技术部门自行开发。但是他们设计出来的产品不够理想，频繁出错，很难维护。"这说明你已经找到种子用户，他迫不及待想解决这个问题，甚至已经自己动手制定解决方案。

如果对方回答："我们早就申请 50 万元的预算，只要你的产品能解决问题，现在就可以签订合同。如果有必要，我可以与你们分享设计的代码和原型以及运营过程存在的问题。"对做企业级产品的公司来说，再找不到比这更理想的天使用户。虽然大众产品的消费者不像企业客户那样出手阔绰，但是一样可以按类似模式寻找天使用户。

（资料来源：唐兴通，种子用户和天使用户的区别）

分析：在还不能确定自己产品定位和天使用户的实际情况时，创业团队可以通过与用户互动洞察其需求、参与积极性和动机，以确定是否是我们的天使用户。

二、用户测试的基本步骤

用户体验是用户访问一个网站或者使用一个产品时的全部体验。他们的印象和感觉，需求是否满足，使用过程是否享受，是否还想再次使用，以及他们能够忍受延迟、Bug 等软件运行问题的程度。可以说，用户体验是一种心理感受，带有主观性和一定的不确定性。

用户测试一般包括以下几个步骤。

（一）准备阶段

准备记录工具：如纸笔、摄像机或手机、测试表格。为测试者（设计师）在准备阶段填写的表格如表 4-7 和表 4-8 所示。

表 4-7　测试前准备清单

类别	编号	具体事项	是否完成
记录设备	1	笔	
	2	录音笔/手机/录像机	
	3	手机支架（录屏）	
记录表	4	测试结果记录表	
	5	白纸	
测试	6	测试任务表/评分表	
产品测试准备	7		
	8		

表 4-8　测试用户配额表

维度	类别	人数
性别	男	
	女	
用户	重度客户	
	不常用客户	
	合计	

（二）用户招募

一般情况招募 5 个用户即可。如果产品定义的目标用户包括不同类型的用户（例如为儿童和家长设计的产品，或是用来连接采购员与销售员的工作系统），则不同类型各招募 3～4 名用户。填写用户的基本信息（见表 4-9），并向用户介绍测试目的、流程、问题严重性评分标准。

表 4-9　用户基本信息表

	年龄	性别	职业
测试对象 A			
测试对象 B			
测试对象 C			
测试对象 D			
测试对象 E			

（三）测试阶段

向用户提供符合真实使用场景的任务，一般情况下 3 个任务即可。用户分别执行这些任务，测试者观察并记录用户对问题的描述、问题评分。必要时可以向用户回放视频记录，激发用户提供更多有趣的过程反思。

团队成员这个阶段应该有所分工，包括负责沟通的成员、负责录音的成员、负责拍照的成员、负责观察记录的成员。

这个过程如果出现用户错误使用原型的情况，不要纠正用户，不要试图说服用户，更不要争辩。我们依旧要保持旁观者的角色安静观察，观察用户是否反复出错、使用问题的难易度以及使用问题出现频率等。

（四）整理阶段

由于测试反馈的模式都不是专业的评审员，因此，需要用"语音转文字"的软件把测试用户的录音记录转为逐字稿。将所有用户的数据整理，合并被不同用户提到的同一问题。

将所有用户问题整理到"测试分类表"中（见表 4-10）。

表 4-10　测试分类表

E：用户非常满意我们的设计，给他们带来了惊喜	S：用户对产品或服务的某些部分提出了新的构想或者建议	N：用户对展示的产品或服务原型不清楚，不懂得使用，需要进一步了解	S：用户非常不满意我们的设计，担心这个项目很可能失败
1	1	1	1
2	2	2	2
3	3	3	3
4	4	4	4
5	5	5	5
6	6	6	6
7	7	7	7
8	8	8	8

用户测试是一种能够了解真实用户思维方式和操作行为的方法。同时，其最主要的目的是发现设计中存在的可用性问题，并通过优化迭代，不断提升产品的用户体验。

【案例 4-6】

豆瓣网测试

豆瓣（douban）是一个社区网站，由杨勃（网名"阿北"）创立于 2005 年 3 月 6 日。该网站以书影音起家，提供关于书籍、电影、音乐等作品的信息，无论描述还是评论都由用户提供（User-generated content，UGC），是 Web 2.0 网站中具有特色的一个网站。网站还提供书影音推荐、线下同城活动、小组话题交流等多种服务功能，它更像一个集品味系统（读书、电影、音乐）、表达系统（我读、我看、我听）和交流系统（同城、小组、友邻）于一体的创新网络服务，一直致力于帮助都市人群发现生活中有用的事物。

豆瓣网用户体验要素之战略层构成如下。

1. 产品目标

商业目标：打造国内口碑书籍电影评价排行系统，通过书籍的销售，有自己的豆瓣豆品，也和其他购物平台合作，且与各平台（电影制作、书商等）、活动举办方合作宣传赚钱。

品牌识别：集品味系统（读书、电影、音乐）、表达系统（我读、我看、我听）和交流系统（同城、小组、友邻）于一体的创新网络服务，一直致力于帮助都市人群发现生活中有用的事物。是文艺青年的聚集地，吸引大批爱好者。

成功标准：老用户与新用户的数量比值，网友对电影/书籍的评分系统权威性的认可度。转换率：看到书评以及影评后用户购买或观看的比例等。

2. 用户需求

用户细分：电影爱好者、书籍爱好者、线下交友参与活动者、表达者、学习爱好者（分别按性别、年龄、教育程度等区分；并了解消费心态及用户认知程度，分清是新人还是重点用户。针对不同的需求提供对应的解决方案，例如，年龄大的人可能更喜欢时事新闻类书籍,年龄小的更喜欢新鲜有趣的娱乐书籍)。

用户研究:市场调研、任务分析、现场调查、创建人物角色(什么样的用户会经常来豆瓣网)等。

3. 豆瓣网可用性测试

选择 8 人进行测试,4 男 4 女,年龄为 20~22 岁,测试时间为 2019.6.5—2019.6.10,全程录音。

4. 受访者信息以及使用豆瓣网的频率

通过 8 人完成任务的成功率,以及参与这些任务过程中所遇到的困难,基于数据与困难,反馈豆瓣网存在的一些问题,以及提供改进的建议。

(资料来源:51Testing 软件测试网)

三、KANO模型分析法

(一) KANO 模型分析法内涵

1. 什么是 KANO 模型分析法

KANO 模型分析法也叫"卡诺模型分析法"。它是东京理工大学教授狩野纪昭(Noriaki Kano)发明的对用户需求分类和优先排序的有用工具,以分析用户需求对用户满意的影响为基础,体现了产品性能和用户满意之间的非线性关系。

2. KANO 的"满意度"级别划分

提到 KANO,首先要了解的是 KANO 的"满意度"级别划分(见图 4-11)。"满意度"是用来衡量用户完成某个需求后,用户的满意程度,具体可以分为以下几个级别:喜悦、满意、没感觉、不满、失望。可以把它理解成 Y 轴。

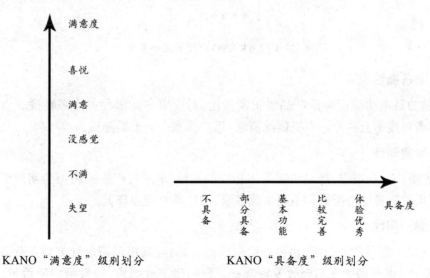

图 4-11 KANO 的"满意度"级别划分

3. KANO 的需求具备程度

KANO 的"满意度"级别划分是 Y 轴，那么相对的 X 轴的内容就是"需求具备程度"。"具备程度"是用来度量某需求在产品中被实现的程度，可以具体分为以下几个级别：体验优秀、比较完善、基本功能、部分具备、不具备。

（二）KANO 模型的五种类型

基于以上两个维度，可以组成一个象限（见图 4-12），通过这个象限可以理解用户是如何感受产品功能需求的。

在完整的卡诺模型中，它将产品的需求特性分为了五种属性：必备属性（M）、期望属性（O）、魅力属性（A）、无差异属性（I）、反向属性（R）。

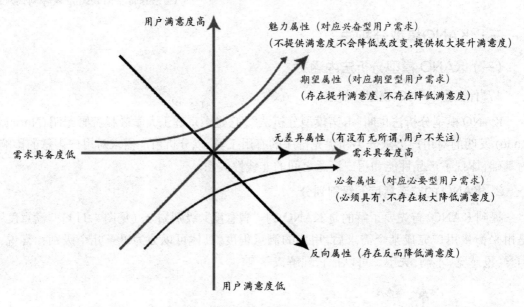

图 4-12 KANO 模型的五种类型

1. 必备属性

产品的基本功能应保证产品能正常使用，对应用户需求种类为必要型。当优化此需求，用户满意度不会提升；不提供此需求，用户满意度会大幅降低。

2. 期望属性

为了解决用户需求，产品需要提供相应的功能，对应用户需求种类为期望型。当提供此需求，用户满意度会提升；不提供此需求，用户满意度会降低。

3. 魅力属性

提供用户想不到的功能，相当于给用户惊喜，对应到用户需求种类为兴奋型。如果不提供此需求，用户满意度不会改变或降低；但提供了此需求，一旦用户使用了，满意度会有大幅度提升。

4. 无差异属性

这是指有没有都无所谓的需求。无论提供或不提供此需求，用户满意度都不会有改变,用户根本不在意有没有该功能。

5. 反向属性

反向属性会干扰用户的需求。用户根本没有此需求,提供后用户满意度反而会下降。

将 KANO 模型的五种属性,运用到产品设计、制作、测试工作上,就很容易将对接到的各种需求进行优先级别划分了。努力把符合用户需求的必备型需求、期望型需求、魅力型需求优先完成并做好,坚决不做反向属性的设计需求,最后做无差异属性的设计需求。

【案例 4-7】

大众点评网

大众点评的创始人张涛花了 3 天时间做出来的大众点评网最早的一个网页,以前他羞于给别人看这张图,因为太丑陋了。但是后来,他觉得这张最简陋的网页就是 MVP。当时他没有跟饭馆签任何协议,而是将旅游手册里的一千多家饭店录入网站系统。他就想验证一件事,网民在一家饭馆吃完饭,是否愿意进行点评?这个认知的获得是大众点评网商业模式最重要的起点。

当然,那时候他们还是无意识地做 MVP,现在他们已经主动选择这样的产品策略。举个例子,大众点评现在想切入餐馆订位服务,市场上有很多解决方案,比如电话预订。在经过一番研究之后,他们想到一种声讯电话模式。简单地说,就是用户在手机上提交预订请求,然后用技术把文本转为语音,之后通过声讯电话服务商把用户的要求发送给相应的餐馆,餐馆可以简单地通过按 1 或者 2 来选择是否接受预订,最后大众点评网把预订结果短信通知用户。

这个解决方案听起来很漂亮,但是,开发这套系统至少需要 3 个月时间,而且他们不确定用户是否愿意通过这种方式来预订餐位。MVP 的概念再次帮了张涛的忙,他做了一个极为有用的试验:一开始根本不用语音转化技术和声讯电话业务,而是后台有两位客服人员人工地接收信息,换句话说,只是"假装"成声讯电话的样子。最后验证这个需求和解决方案是可行的,他们才投入大量资源来开发系统。目前这个服务已经成功在上海铺开,下一步会进入北京。

(资料来源:U 016511601 博客,https://blog.csdn.net,2014 年 6 月 16 日)

分析:创业要解决两件事。第一,你要知道用户的需求是什么;第二,你能为这样的需求提供什么样的解决方案。本质上这些问题都是未知的。假如在一切未知的情况下贸然确定方向,举全公司之力扑上去,很可能就会出现耗费了大量人力、物力、财力却没有效果的情况,甚至导致创业失败。

高职高专创新创业实用教程

课堂活动与课后思考

鲜果驿站产品设计

鲜果驿站是一个利用微信平台在线上销售水果等产品的学生创业团队。目前主要经营某职业技术学院及周边地区的水果,在线销售并免费送货上门。商品种类涵盖优质平价水果、精品高档水果、实惠水果拼盘和精品拼盘等,满足不同人群对水果消费的需求。此外,为丰富客户水果体验,提升品牌形象,经常举办水果健康美容论坛、户外水果采摘、情人水果节等活动。并根据消费者反馈及市场信息,及时对商品的品类和价格实时调整。鲜果驿站的愿景是:依托线上微信平台,打造O2O模式的校园版"百果园"。

一、活动目标

让学生通过活动学会设计简易产品。

二、建议时间

课下时间自定,课上用时30分钟。

三、材料准备

黑笔、A4纸、大卡纸、便利贴。

四、活动步骤

1．对鲜果驿站的市场规模预测。
2．对鲜果驿站的产品特征列表。
3．对鲜果驿站的客户价值列表。
4．对微信公众号各级菜单列表。
5．制定鲜果驿站产品定价策略。

APP原型制作

APP原型制作只是训练载体之一,各团队可从项目和专业实际出发,与老师沟通过后,选择原型制作的载体和形式。

一、活动目标

让学生通过活动学会制作简易可行产品。

二、建议时间

课上用时30分钟。

三、材料准备

黑笔、A4纸、大卡纸、便利贴。

四、活动步骤

1．将全班按照6～8人一组精选分组。
2．根据小组选择的创业项目,按照用户使用流程,选择最重要、最具代表性的视图界面。

小组讨论后把需要的界面模块全面列举出来,并写在便利贴上面,这些界面模块通常包括:启动页、登录页、导航页、二级详情页、个人中心页等,如图4-13所示。这时不用画图,也不要过于关注细节。

| 启动页 | 登录页 | 导航页 | 二级详情页 | 个人中心页 |

图4-13　界面模块

3．在每个页面便利贴旁边再贴一张便利贴,上面用文字列出每页需要用到的视觉元素,先不用画图。视觉元素主要包括以下方面。

输入元素:按钮、文本框、选取框、单选按钮、下拉列表、列表框等。

导航元素:导航、滑块、搜索栏、分页、标签、图标等。

信息元素:文本提示框、图标、进度条、状态提示、模式窗口等。

可以从包含最多内容结构和功能的、用户浏览和操作多的界面开始设计。

4．将视觉元素分组并进行优先级排序,并按照优先级从高到低的顺序排列,写在相应页面便利贴旁边的大白纸上,这一步也不用画图。

5．设计视觉元素,并布局规划组合到一起,开始绘制线框图。

6．将画好的线框图原型按照先后顺序和逻辑关系粘贴到大白纸上展示。

7．各团队相互之间模拟用户体验,并进行点评,为进一步迭代做准备(见图4-14和图4-15)。

图4-14　模拟手机APP法1

图4-15　模拟手机APP法2

用KANO模型判断用户是否在意你设计的功能

一、活动目标

让学生通过活动学会如何实施最简可行产品用户测评。

二、建议时间

课下时间自定,课上用时30分钟。

三、材料准备

黑笔、A4 纸、大卡纸、便利贴。

四、操作步骤

1. 找到 10 个用户测试对象,选择产品的一个功能对用户进行提问,要求用户分开产品具备和不具备这个功能两种情景说出自己的感受,在两种情景的 5 个选项中选择 1 个最符合自己想法的答案(见图 4-16)。

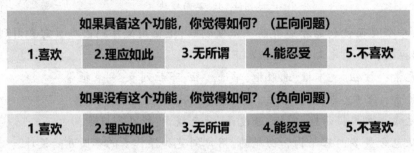

图 4-16 产品功能创意图

2. 填好每个测试对象的选项,每个测试用户依据对正向问题和负向问题的选项的交叉点,就可以在"KANO 评价结果分类对照表"(见表 4-11)找到代表需求类型的英文代号,并填写到"KANO 测试用户需求类型表"(见表 4-12)进行分析。

表 4-11 KANO 评价结果分类对照表

产品/服务需求		负向问题(如果没有 ×× 功能)				
	量表	喜欢	理应如此	无所谓	能忍受	不喜欢
正向问题 (有 ×× 功能)	喜欢	Q	A	A	A	O
	理应如此	R	I	I	I	M
	无所谓	R	I	I	I	M
	能忍受	R	I	I	I	M
	不喜欢	R	R	R	R	无效结果

表 4-12 KANO 测试用户需求类型表

测试用户	Y 正向问题	N 负向问题	需求类型
A	1	3	A
B	3	2	I
C			
D			

3. 整理评价结果并填写表 4-13,统计英文代号数量,并换算成百分比。比如 10 个测试用户中有 2 个人需求类型代号是 M,那么 M 的百分比就是 20%。

表 4-13　KANO 测试用户需求结果表

评价结果	魅力型 A	必备型 M	无差异 I	反向型 R	分析结果
百分比	%	%	%	%	

表 4-13 中,百分比最高的类型,就是该功能的测试结果。例如,M 百分比最高,那么该功能就是必备型需求,这是产品基础功能,必须要有。如果该功能测试百分比最高是 O,那么该功能是期望型需求,提供得越多用户越满意;如果 A 占比最多,那么该功能是魅力型需求,该功能可以让用户产生惊喜,提高用户忠诚度;假如 I 占比最多,那么该功能是无差异需求,有没有这个功能用户都会觉得无所谓;如果百分比最高的是 R,那么这个功能是用户不需要的,有了反而会引起用户的反感。

4. 根据表 4-13 的各个类型的百分比数据,套用下面的公式,计算 SI 满意影响力及 DSI 不满意影响力的数值。

- 满意影响力:$SI = (A+O) \div (A+O+M+I)$
- 不满意影响力:$DSI = (-1) \times (O+M) \div (A+O+M+I)$

5. 计算每个测试功能的满意度影响力和不满意度影响力,用满意影响力做横坐标,不满意影响力做纵坐标,把每个测试功能的 KANO 分析结果标注到满意影响程度坐标图上(见图 4-17)。

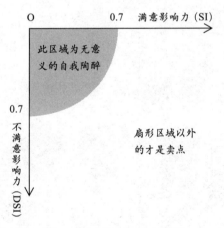

图 4-17　满意影响程度坐标图

落在扇形区域内的产品功能就表示用户对此敏感性不大,可以暂时不予考虑该功能。而离原点越远的因素,敏感性越大,开发此功能的优先级别越高。

根据分析结果进行改进时,创业团队首先应该关注的是顾客的基本型需求,重视顾客认为企业有义务做到的事情,保证顾客提出的问题得到认真的解决,尽量为顾客提供方便,以满足顾客最基本的需求。在此基础上企业尽力去满足顾客的期望型需求,这是质量的竞争性因素。提供顾客喜爱的额外服务或产品功能,使其产品或服务优于竞争对手并有所不同,引导顾客加强对本企业的良好印象,使顾客达到满意。最后争取实现顾客的魅力型需求,为企业建立最忠实的顾客群。

  总之,在完成用户测试后,创业团队需要根据测试反馈意见及分析结果,对产品原型进行迭代,制作新的MVP,再测试,不断完善,直到最后设计、制作出用户满意的优质产品和服务。

课后思考

1. 用原型软件制作交互性APP原型。推荐使用Mockplus原型软件免费版,也可以选用应用公园、Axure、Sketch、Fireworks、UXPin等软件。
2. 你如何解决目标客户的烦恼和痛点?
3. 如何设计与制作最简可行产品?
4. 验证最简可行产品MVP的方法有哪些?

模块五　商业模式设计

知识目标：

1. 认识商业模式概念。
2. 了解互联网盈利模式。
3. 理解商业模式画布。

能力目标：

1. 熟悉商业模式应用。
2. 掌握商业模式的设计方法。
3. 学会设计商业模式画布。

【导入案例】

拼多多的商业模式和营销套路

拼多多完成了新一轮（C轮）融资，融资金额达到30亿美元，公司估值近150亿美元。腾讯爸爸领投，红杉资本跟投……在很多人的印象里，劣质、廉价、假货，都是拼多多的代名词，但是，被若干用户否定的拼多多，不仅没"死"，还向所有人证明了自己活得相当精彩……拼多多成立于2015年，也就通过三年不到的时间，做到了月流水400亿元的惊人规模。

拼多多的商业模式并不复杂，就是一种网上团购的模式，以团购价来购买某件商品。比如一件衣服正价58元，通过拼团只要39元就可以购买。用户可以将拼团的商品链接发给好友，如果拼团不成功，那么就会退货。我们看到许多人会在朋友圈、各个微信群发带有拼多多团购的链接，通过社交网络实现了一次裂变。撇开拼多多平台上的产品质量这一点，单看它的商业模式和营销套路，可能就已经在同行业有很大优势了。

短短两年时间，拼多多剑走偏锋，瞄准了被某宝、某东"轻视"的三、四、五线城市人群，以低价大量拉取用户。在拼多多很容易看到这样的商品：1元的纸巾，7.7元10条的内裤，8.8元的加绒打底裤，44元的冬季羽绒服……这样的超低价使得很多对拼团敏感的人参与进来。除了无牌、山寨产品，其实拼多多也在卖一些我们耳熟能详的正牌货。比如安慕希酸奶，不管便宜多少，拼多多就是比天猫便宜！

也可能正是这5元钱的差价，给拼多多不知道挣了多少用户。一样的东西，拼多多"亏死"都要比其他平台便宜，毕竟在商人的眼里，从来都是"有钱人的钱更好赚"，所以阿里巴巴开始专注天猫，京东搞起了"会员Plus"（向核心客户提供更优质的购物体验），三四线城市的人总是最后一波受到重视的。这时候拼多多横空出世，照顾了从来得不到足够满足的那部分人，试问他们会不心动？

抛开商品、监管，单从运营的角度评价，拼多多是成功的，它也很明显是走的"先发展，再整治"的套路。但关于拼多多的各种投诉问题依然存在,要想长远发展、壮大,光靠卖山寨、假货肯定是不行的。用户又不傻……希望融资30亿美元的拼多多,可以钱尽其用。

(资料来源:小李飞刀网络科技,http://baijiahao.baidu.com,2018年4月17日)

分析: 一个产品成功的前提是商业模式是否合理,是否有足够的成长空间。拼多多以低价优惠为核心的商业模式解决了三个问题:如何让商家端愿意以极低价进行销售;如何找到买家端的目标用户群体;如何做到人与货的联结。拼多多基本的导购方式大致为:品类导航+商品推荐,通过品类导航做简单的用户需求筛选,再通过低价的推荐商品促销用户的购买欲望。

【课前思考】

1. 什么是商业模式?
2. 商业模式的创新对企业有何意义?
3. 从这个案例中你得到了什么启发?

单元5.1 洞悉商业模式

有一个好的商业模式,成功就有了一半的保证。商业模式就是公司通过什么途径或方式来赚钱。简言之,饮料公司通过卖饮料来赚钱;快递公司通过送快递来赚钱;网络公司通过点击率来赚钱;通信公司通过收话费赚钱;超市通过平台和仓储来赚钱等。只要有赚钱的地方,就有商业模式存在。

一、商业模式及要素

(一)什么是商业模式

商业模式是指为实现各方价值最大化,把能使企业运行的内外各要素整合起来,形成一个完整的、高效率的、具有独特核心竞争力的运行系统,并通过最好的实现形式来满足客户需求、实现各方价值(各方包括客户、员工、合作伙伴、股东等利益相关者),同时使系统达成持续赢利目标的整体解决方案。

商业模式,就是一个企业创造价值、传递价值以及获取价值的核心逻辑和运行机制。

(二)商业模式的七要素

创业公司在商业模式上常见的失误有:做出来的解决方案没有市场需求,产品缺乏特定的市场,产品总是免费赠送。一个好的商业模式至少要包含以下七个基本元素。

1. 价值定位

创业公司所要填补的需求是什么或者说要解决什么样的问题,价值定位必须清楚地定义目标客户、客户的问题和痛点、独特的解决方案以及从客户的角度来看,这种解决方案的净效益。

2．目标市场

目标市场是创业公司打算通过营销来吸引的客户群，并向他们出售产品或服务。这个细分市场应该有具体的人数统计以及购买产品的方式。

3．销售和营销

如何接触到客户？口头演讲和病毒式营销是目前最流行的方式，但是用来启动一项新业务还是远远不够的。创业公司在销售渠道和营销提案上要做具体一些。

4．生产

创业公司是如何做产品或服务的？这里的关键问题是进入市场的时间和成本。

5．分销

创业公司如何销售产品或服务？有些产品和服务可以在网上销售，有些产品需要多层次的分销商、合作伙伴或增值零售商。创业公司要规划好自己的产品是只在当地销售还是在全球范围内销售。

6．收入模式

你如何赚钱的？关键是不仅你自己心里清楚，也要向投资人解释清楚你如何定价，收入现金流是否会满足所有的花费，包括日常开支和售后支持费用，然后还有很好的回报。

7．成本结构

创业公司的成本有哪些？新手创业者只关注直接成本，低估了营销和销售成本、日常开支和售后成本。在计算成本时，可以把预估的成本与同类公司发布出来的报告对比一下。

一个可行、有投资价值的商业模式是创业者需要在商业计划书中强调的首要内容之一。事实上，没有商业模式，创业就只是一个梦想。

二、商业模式的特征

商业模式必须具有以下两个特征。

首先，商业模式是一个整体的、系统的概念，而不仅仅是一个单一的组成因素。如收入模式（广告收入、注册费、服务费），向客户提供的价值（在价格上竞争、在质量上竞争），组织架构（自成体系的业务单元、整合的网络能力）等，这些都是商业模式的重要组成部分，但并非全部。

其次，商业模式的组成部分之间必须有内在联系，这个内在联系把各组成部分有机地关联起来，使它们互相支持，共同作用，形成一个良性的循环。

三、商业模式的类型

根据上述理解，可以把商业模式分为两大类。

（一）运营性商业模式

重点解决企业与环境的互动关系，包括与产业价值链环节的互动关系。运营性商业模式创造企业的核心优势、能力、关系和知识，主要包含以下几个方面。

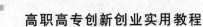

1. 产业价值链定位

企业处于什么样的产业链条中，在这个链条中处于何种地位，企业结合自身的资源条件和发展战略应如何定位。

2. 赢利模式设计（收入来源、收入分配）

企业从哪里获得收入，获得收入的形式有哪几种，这些收入以何种形式和比例在产业链中分配，企业是否对这种分配有话语权。

（二）策略性商业模式

策略性商业模式对运营性商业模式加以扩展和利用。应该说策略性商业模式主要涉及企业生产经营的几个方面。

（1）业务模式：企业向客户提供什么样的价值和利益，包括品牌、产品等。

（2）渠道模式：企业如何向客户传递业务和价值，包括渠道倍增、渠道集中等。

（3）组织模式：企业如何建立先进的管理控制模型，比如建立面向客户的组织结构，通过企业信息系统构建数字化组织等。

【案例 5-1】

为什么 Snapchat 模式会这么成功？

Snapchat 是当下最火的社交网络之一。它现在拥有日活跃用户 1.87 亿，并且日活跃用户每天在 Snapchat 上花费的时间高达 30 分钟以上。Facebook、Instagram 和 Twitter 社交网络三大巨头在以不同的方式统治社交网络的时候，Snapchat 以"阅后即焚"全新模式成功地获取了大量的年轻用户（16～35 岁），实现了所谓的蓝海战略。

Snapchat 的成功在于其对年轻人兴趣的准确把握，靠着不走寻常路的新玩法，吸引了自己独特的用户群体，特别是更年轻化的社交群体。

数据显示，在美国 18～34 岁的成年人当中，41% 的人每天都在使用 Snapchat。这个年龄层次的用户消费潜力巨大、消费需求最高。再放大到所有 Snapchat 用户，他们的消费能力也在平均水平之上。

Snapchat 的商业模式创新，总的来说是从年轻人感兴趣的事情出发，进一步满足他们的喜好，去开发新的收入来源，其中最直接的两个领域，就是电商和游戏。

如今，Snapchat 在战略上做了一个转型，它正在慢慢地把自己转变成一个电商平台。想尽办法为用户提供"一站式"的购物服务。除了电商平台外，Snapchat 还利用虚拟现实和增强现实技术来搭建自己的游戏平台。

（资料来源：天天快报，http://kuaibao.qq.com，2019 年 6 月 15 日）

单元 5.2　互联网时代的盈利模式

随着移动互联的发展，搬家、做菜、洗车、家政等各种线下服务都可以到店、到家、到人，传统服务业也将大规模去中介化。我们也可以清晰地看到"互联网＋"进化到移动端之后,对传统企业的影响在进一步增加,呈现了在线化、碎片化、个性化、去中介化等特点。因此,认识和研究互联网+时代的商业模式就有了其内在的必要性。互联网时代呈现了以下六大主流的盈利模式。

一、广告模式

卖广告是早期中国互联网最原始的盈利模式,一直延续到了现在。在门户时代,四大门户网站就开始卖各种广告位、焦点图、通栏、弹窗等,经过20年的进化,广告形式越来越多样化,大数据让目标用户的定向也越来越精准。

企业代表:百度。

二、电商卖货(包括实物产品和虚拟商品)

世界上最早的电子商务公司,是在1995年创办的亚马逊。

电商类型:B2B、B2C、C2C、F2C、O2O。

产品代表:慧聪网(B2B)、网易严选(B2C)、淘宝(C2C)、直卖网(F2C)、美团网(O2O)

提示:严格来说,淘宝、天猫的盈利模式不是卖货,他们只是给商家提供了一个卖货的平台,他们真正盈利的是商家交易抽成和直通车、钻展等广告业务。

三、佣金模式

平台促成交易后,向商家收取佣金,平台不直接生产创造价值,而是去整合资源。这种方式就像房地产中介里的链家,一头对接房东,另一头对接买房者,当交易达成时抽取2%的费用作为佣金。以虎牙直播为代表的直播平台最主要的盈利模式便是抽取平台上主播的粉丝打赏或者礼物。

抽成对象:商家、司机、威客、主播。

产品代表:天猫(商家)、美团(商家)、滴滴(司机)、八戒网(威客)、虎牙直播(主播)。

【案例 5-2】

关于美团网

所谓团购(Group Purchase),就是认识的或者不认识的消费者联合起来,来加大与商家的谈判能力以求得最优价格的一种购物方式。根据薄利多销、量大优价的原理,商家可以给出低于零售价格的团购折扣和单独购买得不到的优质服务。

2010年3月4日,饭否创始人王兴重出江湖创建团购网站"美团网"。王兴在第一时间觉察到了"Groupon模式"的商机,在国内建立了美团网。在他看来,网购网站聚集了大量有针对性的用户去撬动商户,这形成了一种新的C2B模式。目前王兴对该网站的定位为:新型团购网站,最大的特点是每天只卖一件商品,折扣很大,例如,原价100元的红酒品尝套餐只卖50元,但是有24小时的时间限制以及最低人数限制。

美团的宗旨是:为消费者找到最值得信赖的商家,同时让消费者享受到超低折扣的优质服务。后来美团网结合中国实际，推出了由原来每天一次团购一单的团购方式改变成每天一堆团购，增强了美团的竞争力。并且由于团购没有达到人数，就不会成交，所以消费者不需要支付任何费用和承担风险。

分析：美团的盈利模式包含以下四种方式。

(1) 佣金模式

佣金模式应当是现在大多数团购网站的主要盈利模式，同时也是现美团网最主要的盈利模式，主要是通过出售团购商品，直接赚取中间的差价，或者是通过出售商品进行高百分比的抽成，或者通过协议帮商家做折扣促销，按照协议金额形成收入。

美团网与国外的团购网站又有不同之处，国外的团购网站一般是自己向商家进货，然后负责把商品卖出去，赚取其中的差价，也就是直销。而美团网不同，它充当的应当是团购代理商，主要负责的是组织团购，而真正的产品供应是团购产品的商家做的。美团网需要做的相对比较简单。

美团网现在每天帮你推荐一种优质的本地生活服务，所提供的产品更贴近当地的生活，而且对产品的质量要求也高，以保证商品能够为消费者所认可。这是美团网学习Groupon的一个经营理念，那就是本地化加精品模式的运营，并加以推广。

(2) 广告模式

不可避免的，广告收入将是美团网未来收入的一部分。基于美团网的高流量多会员的情况，美团网的广告功能也得到了极大的凸显。对于商家来说是一个非常好的广告平台。甚至商家更愿意将美团网作为自己的一家店来看，在美团网上做广告相当于把客人直接请到店里来，直接与产品面对面。这对于商家来说无疑是最好的效果。

而且有些商品可能并不适合以团购的方式进行交易，但很可能与团购的商品有一定的相关性，把这些商品放在美团网上能起到非常好的促销作用。而且可以针对不同地区的人群放置不同的广告，这样也提高了用户的便利性。

(3) 转介费模式

转介费模式可能是美团网未来将发展起来的一种新的收入模式。对于美团网而言应当是直接将页面链接到产品所属公司，让产品所属公司获得更多被知晓的机会，甚至开发出更多的潜在客户。对此，美团网可以通过向该公司收取转介费用。这种收入的模式是基于高流量、多会员的基础上的。

此项收入是基于之前投入铺渠道等一系列成本的补偿，而且其转介的长期性，将更多地去抵消之前付出的成本，同时实现低投入高产出。

(4) 服务费模式

接受服务本身也是一种消费。美团网所提供的应该是大量的优惠信息服务，以及合适的产品推荐。目前美团网的会员是免费的，但是不排除未来可能采取对会员的收费。通过差异化的服务来收取用户的费用。当申请的会员级别越高，所能得到的信息就越多，甚至信息可能实现个性化的订制，而且给予更多的优惠。收取会员费本身就是一笔非常庞大的收入，可能会是美团网的一股强大的资金动力。

但由于考虑到从免费到收费转型的难题，服务费模式可能会经历比较长的一段时间的策划才可能实现。

【案例 5-3】

美团网 SWOT 分析

目前市场上,美团网的主要竞争对手主要也是同类的团购网站。虽然其收入模式方面都比较相似,但是在实际操作、推广过程中各自的效果也各不相同。目前美团网的主要竞争对手有糯米网、拉手网和58团购网。目前美团网虽然是团购网站的老大,但是这些公司也不是省油的灯,团购市场中还是充满挑战的。

1. 优势

(1) 品牌知名度高。美团网作为中国首家团购网站,现在其注册用户数百万并保持着高速增长。再加上老总王兴曾经创建过人人网、饭否网等热门网站。故其在业界享有很高的美誉度。目前已占团购市场份额的20%左右,在团购网站商业大战中,可谓独霸一方,能够取得客户信任。

(2) 技术力量强。美团网的技术团队是在经历过多个热门网站打造之后形成的。能够有效地驱动着前台业务系统和后台管理系统稳定、高效地运行,为用户营造流畅、舒适、快乐的团购体验。实时的团购行业数据监测系统,为用户提供详细的行业数据,助力用户制定正确的市场战略决策。

(3) 运维经验丰富,成功抓住用户心理立足本地经营。美团网有着强大的商务洽谈团队,经过长时间的积累,有着丰富的商业合作谈判经验,助力用户本地运营;美团网现已在全国众多城市设立分站,且在各地保持领先地位,对本地消费者有着深入的了解,不同城市的本地团队积累了大量的本土经验和优秀做法。另外,通过一天一团的形式,培养用户的团购习惯,以期拥有更多顾客。

(4) 100%物流掌控。这是团购网站的一个大亮点,它可以说颠覆了之前电子商务的物流规则。一般我们购买商品都是由卖家来负责物流,当然大多数情况下我们也要承担一定的物流费用。而美团网的物流方式却是,客户付款后将收到一个唯一的美团网序列号码和密码,然后带着序列号码和密码到相应的地方消费,可以大大节省快递的时间与费用,而且令人感觉心里更踏实、更容易接受。

(5) 以服务类产品为主。在美团网上团购的最多的是温泉、足疗、瑜伽的服务券,实物商品为少数。因为服务类产品在一定的数量销售之后,新增的数量几乎是无成本的,更容易形成低价团购。在业务上满足客户的需要,同时也可以在其中获得较大的利润,是佣金收入非常可观的一个方面。

2. 劣势

(1) 宣传的渠道相对狭窄。在美团网上,其所做的广告大部分都集中在搜索引擎优化,其余渠道的铺设相对较少。与糯米网相比,其在社交网络渠道上可能就明显不及了。糯米网本身是千橡集团的一个电子商务运营项目,通过整合千橡集团旗下的人人网、猫扑等资源,对于推广糯米网是非常具有优势的。

(2) 融资的渠道相对较窄。美团网虽然创立一二年就覆盖了300多个城市,但是大部分仍是在投入中。资金来源则大都来自风投,现今投资公司对中国的团购网站信息并不足,甚至出现撤资。这对于主要资金来源是风投的美团网来说便存在比较大的危险。

而糯米网有千橡集团无预算地投入资金,58团购也一样有58同城作为靠山,相对而言资金安全比较有保障。

(3) 经验大多师从Groupon。Groupon当属世界团购网站做得最大的。Groupon也以联合的形式开始进入中国市场。与拉手网联合,在团购运营上面,美团网必须在"老师"的经验下,走出自己的一条特色之路,否则其发展可能就会因为新的团购方式的出现而失去先机,最终被拉手网取代。

(4) 客户资金的管理并不完善,退货处理程序较麻烦。与拉手网相比,美团网的退货手续相当麻烦。必须通过申请,使得七天无条件退货的执行受到较大的阻碍,让消费者较难接受。

3. 机会

(1) 目前,团购在中国是一股热潮,有非常大的市场。自从团购模式在中国运营之后,中国网民对其热爱程度接近疯狂。团购以其低价实惠的优势仅仅抓住顾客的心理,不断地吸引顾客消费,从而团购的市场份额爆炸式增长。再加上13亿人口中网民不断增多,更加年轻化,其总的市场份额也在不断攀升。对于美团网这样的团购网站而言,其未来的市场份额仍有望实现较快的攀升。

(2) 口口相传,更好地招徕客流,壮大网站。流量对于一个网站而言是至关重要的一部分,流量来源于客流。团购以其低价使得消费者在现实生活中或者社交网络上进行分享,提高新顾客对网站的可信任度,使得网站注册用户也可实现快速增长。美团网目前注册用户数过百万,而且仍在不断地增长,这对于美团网而言是一个盈利模式拓宽非常好的渠道。

(3) Web网络的不断发展,最终将团购带进网民的生活。目前尚处于Web 2.0时代,Web 2.0可谓是团购的强大助力。在社交网络上面的分享,很大程度地去鼓动社交网络中的成员去进行消费。根据六度分割理论,几乎所有的网民都可了解团购。

据调查目前网民的团购参与度和团购喜好度均超过50%,并且呈上升趋势。Web 3.0的到来,将会为团购提供更大的活力。这对于美团网而言,其目前团购第一站的地位可能吸引更多的网民走进美团。

(4) 投资机构对于中国团购大蛋糕充满兴趣。目前团购风行,客户资金对于团购网站的基本维持是足够的。在拓宽市场方面,很多投资银行愿意给予团购网站投资,打造更强大的团购体系。作为信誉好、品质好、地位高的美团网来说,获得投行的资金支持是比较容易的。

4. 威胁

(1) 团购市场产品混乱。今年所曝光的团购的乱象开始引起网民的警惕,产品以次充好、货物缺失,甚至以团购名义集资,携款逃逸,导致消费者的权益受到极大的损害。使得中国的团购蒙上了阴影,引发消费者对团购的不信任感。

(2) 政策真空,管理不当。越来越多的团购网站进入运营,出现百团大战的疯狂局面,千万市场秩序的混乱。市场在不断地被分割细化,对原有的团购网站的份额也会出现较大的冲击。

(3) 盈利模式普遍单一，对资金吸引力较小。目前中国团购网站盈利大多靠佣金，拓展性不够强，导致一部分的外国投资公司开始撤资。

（资料来源：https://wenku.baidu.com/view/1bcdc6e881c758f5f61f671e.html）

四、增值服务模式

基础功能免费，高级功能收费。先用免费的产品和服务去吸引用户，去抢占市场份额和用户规模，然后再通过增值服务或其他产品收费。2018年4月，雷军在小米的发布会上说小米硬件的净利润率不超过5%，他可能没有撒谎，因为在小米的生态链条里，硬件免费而内容（服务）收费，这是一个完整的生态闭环模型。

服务类型：更高级的功能/内容/服务、会员特权、虚拟道具等。

产品代表：360杀毒软件（企业服务）、QQ会员（会员特权）、王者荣耀（虚拟道具）、WPS办公软件（会员特权）、百度网盘（会员特权）。

【案例5-4】

360杀毒是怎么赚钱的

360公司花了非常大的代价开发的杀毒软件为什么不要钱？正常的投资逻辑、正常的盈利思维下是无法理解的。其实360杀毒软件本身不是用来赚钱的，而是用来占领3亿台PC端的。

那么它怎么赚钱？当所有的计算机都装上了360杀毒软件或是360安全卫士，它开始帮助你清理计算机、杀毒、杀木马，解决计算机中的一些问题，有一天会发现你的计算机跳出来一个弹窗广告："特步飞一般的感觉！"只要你看了这个广告，360就有钱赚了。总有人会点击进去，如果一亿人上网，假如有100万人点击了，360就按每人一毛钱收特步的广告费，那么它就会收到10万元广告费。

你正在上网，突然弹出一个游戏，你发现这个游戏挺好玩，还免费，于是你开始玩，但是你玩着玩着，会发现要打好这个游戏就必须升级装备，同样有一小部分人付钱，假如有100万人，360就会获得游戏分成收入，每个人的付款中的1元钱给360公司，它又挣到100万元。后来360公司自己开发小游戏，收入都是自己的。

后来你通过360杀毒软件进入了凡客诚品的网站，看到上面有许多你喜欢的衣服、鞋子，只要你买，360公司又获得分成收入……这些都是电子商务的分成收入。360公司到底是一家什么样的公司？我们都以为它是杀毒软件公司，其实它只是做出一个杀毒软件产品拿来与人建立关系，真正目的是为了获得后端盈利，靠收广告费、游戏分成和店商导流挣钱。

（资料来源：创业者李孟，http://baijiahao.baidu.com，2018年4月21日）

分析：所有互联网公司认为能够让自己挣钱的不是商品，而是用户，所以有些把主营业务免费，甚至倒贴，然后用副业来挣钱。这个时代是用户为王的时代，只要有用户，就会源源不断地产生后端的盈利。

五、收费服务模式

收费服务早已有之,例如家政服务、家教、导游、律师咨询等,但在互联网时代服务的类型变得更加多元化。想起来前段时间刷屏的陶渊明后人,一个"90后"在喜马拉雅做主播,靠讲故事月入百万元,实现财富自由,这在10年前根本是不可能发生的事,但现在发达的网络以及方便的在线支付技术,让这样的事情每天都在发生。

服务类型:产品、信息、功能、技术、API接口、知识、内容、经验、咨询。

产品代表:阿里云服务器(功能)、友盟(技术/数据)、高德地图(接口)、网易云课堂(知识)、樊登读书会(内容)、分答(经验)、在行(咨询)。

六、金融运作模式

"肉从冰箱里拿出来,再放回去。问:手里剩下啥?当然是油水啊!"这就是腾讯公司和阿里公司为什么一直要抢夺用户的支付入口的原因。2018年3月份,沃尔玛站队腾讯公司,开始停用支付宝,仅支持微信支付。

运作方式:金融借贷、账期、沉淀资金、资金池、旁氏大法。

产品代表:花呗(借贷)、简书等平台打赏提现规则(满100元才能提现)、摩拜(沉淀资金)。

【案例5-5】

关于"得到APP"

2015年5月,"得到APP"上线,主打省时高效的碎片化学习阅读,服务内容包括但不限于电子书、音频、订阅专栏等。罗振宇秉承着"得到"平台绝对不会接受第二名的理念,在挑选知识付费服务提供者时,使得APP上的主讲人都是该行业领域内的高手。在2016年6月,"得到APP"推出第一个名人付费订阅专栏"李翔商业内参",当天的订阅数就破1万人,订阅额超200万元。在知识付费的实验中,"得到APP"率先验证了在信息过载时代,有效知识的匮乏以及其平台知识的商业价值。2017年9月,"得到APP"推出年度会员服务"每天听本书",真正实现"解放双手"碎片化学习。2018年推出"得到大学",通过线上学习、线下交流的方式进一步实现终身学习的愿望。"得到APP"培养了用户对付费模式的认同和对优质内容的追求,通过付费的方式及时获取精准有效的信息,满足用户的知识需求,是当前应对碎片化时代信息泛滥的应有之策,有一定的市场活跃空间。在知识付费的浪潮中,"得到APP"成为罗辑思维新型知识变现平台。

(资料来源:刘慧琳,刘莉琼.知识付费盈利模式问题及对策——以"得到APP"为例[J].科技创业,2019(08):37-40.)

分析:"得到APP"的盈利模式分析如下。

1. 订阅专栏、付费语音图书分享的盈利模式

目前,市场上的主流支付平台都致力于将知识进行产品化的包装,并通过移动端变

现,如表 5-1 所示。

表 5-1 主流知识付费平台对比

	得到	喜马拉雅	知乎	在行一点（分答）
平台定位	碎片化终身学习平台	有声化平台	分享知识经验平台	多场景的知识付费体系
内容来源	PGC+版权合作	PGC+UGC+版权合作	知乎大V+UGC	PGC+UGC+社区问答
付费产品形式	（全部）订阅专栏、电子书、商城产品	（部分）订阅专栏、有声书籍	Live小讲、私家课	小讲、课程、问答

各平台都有其各具特色的盈利模式,以罗辑思维的"得到APP"为例,199元/年、199元/9个月的订阅专栏是得到APP的主盈利模式。其中还有99元/50讲、30讲的大师课,19.9元的精品课,用以满足不同需求和消费层次的人群。专栏订阅是一种用户预付课程费用、主讲人以年为单位提供内容的服务类型,用户一次性全额付清所有费用,但需要一定时间等待作者更新完毕。目前为止,"得到APP"中的订阅专栏里上线了有115门付费课程,覆盖了商业、科学、人文、社科等6大版块,每个订阅课程平均订阅数高达7.8万人。"得到APP"作为目前知识付费中门槛最高的平台,展现出了其强大的营收能力。同时"得到APP"推出的"每天听本书""电子书"作为付费语音图书干货分享的盈利模式。

2. 周边物品销售、承接广告的盈利模式

"得到APP"在不断拓展盈利范围,在知识内容变现盈利的同时还开设了周边物品销售的商城。商城内产品种类繁多,不仅有线上课程纸质版图书,还有周边商品以及办公、数码和生活用品等。在付费获取知识的同时,销售周边物品既可有效地吸引用户、增加黏性,又能提高盈利收支。同时"得到APP"作为商业化的产物,像众多平台一样承接广告得到一定的盈利点。而广告又包括两种模式：一种是直接广告,即平台通过广告商购买广告位或者进行赞助内容获利,如2018年7月得到携手江苏卫视出品的知识型脱口秀"知识就是力量";另一种则是间接广告,以知识产品内容吸引用户,再针对目标用户提供产品或服务,根据用户的年龄、消费习惯、浏览历史记录等进行数据分析,从而向潜在用户推送广告,吸引用户进而产生消费。

单元5.3 商业模式画布与设计

《商业模式新生代》的作者,亚历山大·奥斯特瓦德认为,一个完整的商业模式应该包括4个视角、9个模块。他提出了著名的商业模式画布（Business Model Canvas, BMC）。

一、商业模式画布定义

商业模式画布是指一种能够帮助创业者催生创意、降低猜测、确保他们找对了目标用户、合理解决问题的工具。商业模式画布指的是把商业模式设计到的9个关键的模块整合到一张画布中,可以灵活地描绘或者设计商业模式。

奥斯特瓦德认为,很多看起来靠谱的商业计划会在第一次见客户的时候"流产",让人感觉所有的时间和精力统统白费。而商业模式画布不仅能够提供更多灵活多变的计划,而且十分容易满足用户的需求。更重要的是,它可以将商业模式中的元素标准化,并强调元素间的相互作用。

商业模式画布图(见图5-1)由9个方格组成,每一个方格都代表着成千上万种可能性和替代方案,你要做的就是找到最佳的那一个。

客户细分 Customer Segments	客户关系 Customer Relationships	价值主张 Value Propositions	关键活动 Key Activities	重要伙伴 Key Partnerships
	渠道通路 Channels		核心资源 Key Resources	
	收入来源 Revenue Streams			成本结构 Cost Structure

图 5-1 商业模式画布

商业模式画布覆盖了商业的4个主要方面:客户、提供物(产品/服务)、基础设施和财务生存能力。细分下来,可以分为9个模块。

模块1:客户细分

目标用户群体是谁?

模块2:客户关系

通过什么方式或机制可以保证产品服务和用户拥有长期的利益关系?

模块3:渠道通路

通过什么方式和途径将产品和服务发给用户,并使得用户能够为之买单?

模块4:价值主张

为用户和客户提供什么产品和服务以及价值,帮助用户解决什么根本性问题?

模块5:关键活动

需要做哪些关键性的事情才能使得产品和服务正常运行?

模块6:核心资源

拥有什么核心资源可以保证所有商业行为的执行和落实?

模块7：重要伙伴

需要和哪些上下游重要企业进行重度合作？

模块8：收入来源

我们的主要收入来源是什么？

模块9：成本结构

在所有的商业运作过程中都包含哪些成本消耗？

商业模式画布的价值就在于：它准确地告诉你，只要思考完这9个方面的问题，你的商业模式就一定是理性的、思考全面的。

二、商业模式画布各模块要点

请注意在画布的9个模块中，价值主张是核心，当然设计价值主张的前提是明确客户细分，目的是找到细分客户的需求。

价值主张左端是成本结构，右端是收入来源。无论做什么产品，只有把产品的价值创造出来，你才能考虑收入来源的问题。

下面把图5-1中各模块的说明再做一个梳理，方便结合自身业务进行整理。

（一）客户细分

这代表了两个意思，一是你选择哪种类型的客户；二是你能不能把所瞄准的客户再细分一下，找出他们的共性。

找共性是很多项目会忽视的，但共性一旦被真实地描述出来，你的产品和服务就可以有的放矢，提高需求满足的精准度。

找不出客户细分意味着不够了解客户。市场上充斥着各种伪需求项目，产品经理在"想象"客户需求，毫无疑问这类项目的成功难以持续。

（二）客户关系

客户关系要考虑的重点是如何与客户建立联系，并努力产生黏度，形成一定程度的依赖性。

客户关系是一个不断加强与客户交流，不断了解顾客需求，并不断对产品及服务进行改进以满足顾客需求的过程。

你要保持和推进与客户的关系，就要不遗余力地想很多办法，这些办法就是客户关系里要考虑的内容。

（三）渠道通路

瞄准了目标用户就需要想怎样去接触他们。同时还需要评估哪些渠道最有效，投入产出比比较高，就是我们经常所说的ROI（投资回报率）。

现在一般都有线上线下的玩法，重点是如何更高效地接触并让用户留存在你的渠道里，这里的"高效"可以用以下方法来印证：是否能提升客户对产品和服务的认知？是否能帮助客户评估公司价值主张？是否能协助客户购买特定产品和服务？是否能向客户传递价值主张？是否能提供售后服务支持？

（四）价值主张

价值主张是对目标客户来说，你确实"有价值，最好超值"！

价值主张需要告诉消费者为什么选择你而不是选择你的竞争对手，解决的是"为什么？"的问题，在信息过剩且消费者普遍有选择焦虑的情况下，需要一开始就把你的产品服务清晰明了地传达给消费者。

为什么选你而不选其他？你要给消费者一个理由。

好的价值主张需要进入客户细分场景，思考客户在使用场景下的痛点是什么，并洞察其内心渴望或期盼。

卓越的价值主张是对客户需求理性满足前提下的感性表达。客户的痛点往往很多，识别其核心痛点进行针对性满足，就能吸引新客户及保有现有客户，同时项目营收增长，企业表现向好。

（五）关键活动

综合考虑重要伙伴和核心资源，然后考虑你要做什么。注意做什么最重要的是要显示你是不一样的！关键活动代表了你在用户那里能形成多大的影响力，以左右他们的购买决策。

价值主张必须有关键活动的支撑，否则主张会成为空谈。好的关键活动是综合可调动资源和可控成本下的最优设计或选择。

（六）核心资源

指企业自身所拥有的能力和资源。比如你拥有很强的现金流，也拥有一流的人才，同时具有品牌影响力，凡是能帮助你提高竞争力的东西都是资源。

关键资源与重要伙伴的区别是，后者往往是行业所共有的，是企业价值链的组成部分，而前者是自己"独有"或"特有"的竞争资源。

（七）重要伙伴

谁是你的重要伙伴？谁是你的重要供应商？你需要或正在从合作伙伴那里获取哪些核心资源？

简单地说，就是做这个业务，你都得与哪些人建立关系，你的重要客户是谁。

（八）收入来源

就是哪些方面可以收钱？是只收一次吗？还是可以收多次？占比有多高？是否可持续？

一项生意要避免成为"死生意"，收入就要大于成本。如果现在收入小于成本，你就要描绘好未来美好的发展蓝图，以便让投资人相信未来你的收入是可以大于成本的，否则他们不会向你投资。

以上是各模块的思考重点，纵向来看，重要伙伴、核心资源、关键活动共同构成你的成本结构；客户关系、客户细分、渠道通路则是你收入来源应考虑的因素。

（九）成本结构

请记住，需要你花钱的地方都是成本，包括场地成本、人力成本、营销成本、仓储成本、物流成本、进货成本等。

或者你可以看一下自己所处行业的财务报表，对成本费用都有专门的分类，你可以找到同业的上市公司，财务报表都是公开的。同时有不同的机构会对其进行分析，从中你可以观察到成功企业的钱都花在了什么地方，以及主流的行业趋势。

【案例 5-6】

绘制一个快餐店的商业模式

下面以大家身边最常见的快餐店为例说明。

快餐店的用户群体比较广，但是在不同的地段还是会有不同的用户细分。写字楼附近主要是面向白领群体，学校附近主要是面向学生群体。这里拿写字楼附近的快餐店来绘制商业模式画布，如图 5-2 所示。

客户细分	客户关系	价值主张	关键活动	重要伙伴
写字楼白领	味道越来越好的菜品，店面环境搞好，优惠券、会员制、回头客消费、店铺纪念日、周优惠等活动	快捷方便的菜品	菜品质量，摆盘优化，门店推广，门店环境优化等	周边门店合作外卖平台
	渠道通路 访问相关平台 宣传单 熟人推荐 路过		**核心资源** 厨师 推广人员	
收入来源 菜品销售额			**成本结构** 门店租赁，人员配置，店面的设备，平台推广宣传合作费用	

图 5-2 快餐店商业模式画布

一、客户细分

写字楼附近白领居多，那么写字楼附近的快餐店给目标用户提供的就是快捷方便的饮食。

二、客户关系

一家快餐店应该如何维系与目标用户群体之间的关系来增强用户的黏性呢？自然是提供味道越来越好的菜品，店面环境搞好，另外还包括优惠券、会员制、回头客消费、店铺纪念日、周优惠等活动，只有这样才能不断增强用户的黏性。

三、渠道通路

写字楼的白领可以访问门店在 APP 外卖平台上（美团、大众点评等）发布的信息，也可以接收门店发的宣传单，或者熟人推荐、路过门店等。

四、价值主张

好的菜品自然需要水平过硬的厨师。要保证自身的特色菜品，又要不断研发新的菜品，这对厨师的专业素质要求很高。还需要好的业务推广人员，通过各种渠道推广门店信息，如第三方平台、微信营销等。老板需要对店铺各种活动的方法进行把控。

价值主张就是快捷方便、美味营养的菜品。

五、关键活动

有了好的厨师和推广营销人员，要让他们不断地对菜品质量、摆盘进行优化，对门店进行更好地推广，设置更多吸引用户的元素。门店环境体验等都需老板考虑好。

尽量不要单打独斗，可以与周边门店合作，比如制作"门店一券通"并相互推荐，或与 APP 外卖平台合作对搜索进行优化。

六、核心资源

核心资源是厨师，推广人员。

七、重要伙伴

重要伙伴包括周边门店、APP 外卖平台等。

八、收入来源

作为一家快餐店，菜品销售额的多少决定了它的主要收入来源。

九、成本结构

成本主要包括门店租赁费用、人员配置费用、店面的设备费用、平台推广宣传的费用等。

三、勾勒商业模式画布

商业模式画布的 9 个模块完整地描述了商业模式的所有关键问题，那么，接下来应从以下方面设计自己的商业模式。

（一）客户洞察

采用客户视角是整个商业模式设计过程的指导性原则。应该从客户视角来指引我们关于价值主张、客户关系和收入来源的选择。也就是说，设计商业模式一定要深入研究客户真正的需求是什么。

（二）创意构思

绘制一个已经存在的商业模式是一回事，而设计一个新的创新商业模式则是另一回事。所以一定要谨记，忽略现状，忘记过去，别死盯着竞争对手，要敢于挑战我们的习惯性思维。

(三)可视化思考

耳听为虚,眼见为实,要随时把所想、所说用文字、便利贴、草图或以图片的形式展现出来,不管是有用的还是没用的。

(四)原型制作

在制作商业模式原型时,不必拘泥于是否真的去实施。对不同的商业模式原型交叉思考,会让你充分发挥发散性思维,或许会更快地找到真正属于自己的商业模式。

(五)故事讲述

本质上讲,一个新的商业模式大多是晦涩难懂的,因此就需要用讲故事的方式让人产生联想,这样才会具象化。

(六)情景推测

除了讲故事外,还需要伴随真实场景的模拟,让商业模式更加具体、真实化。

商业模式画布一般是从左往右去分析,边分析边画,来构建我们的商业模式。勾勒商业模式画布的具体步骤可以按照以下顺序绘制:首先要了解目标用户群(客户细分),再确定他们的需求(价值主张),想好如何接触到他们(渠道通路),以及如何维护好客户群体(客户关系),做到这些后就可以确定收入种类及如何获取收入(收入来源),企业凭借什么筹码实现盈利(核心资源)。为了满足客户需求,实现价值主张,企业应该如何运营(关键活动),以及拥有什么样的伙伴合作(重要伙伴)可以助企业一臂之力。再计算出运营这样一个企业需要的综合成本(成本结构)。

最终我们就获得了所需要的商业模式画布。

四、小米公司商业模式画布分析

我们通常看小米公司(以下简称小米),应仔细考虑其令人眼花缭乱的行为背后的商业模式和运营策略。下面通过商业模式画布的 9 个模块来审视小米的商业模式。

具体而言,从以下五个问题来一步一步分析小米的商业模式(见图 5-3)。

图 5-3 小米公司商业模式画布

1. 为用户提供什么价值

下面介绍画布中的价值主张。

小米的标志语是为发烧而生，提供的价值主张主要是产品差异化、服务差异化、形象差异化，既要做顶级品质，又只卖一半价钱。

2. 为谁提供

下面介绍画布中的客户细分、客户关系、渠道通路。

小米的客户细分团队主要针对需要高配置、低价格数码产品的年轻客户，进入移动、联通、电信等定制需求的利基市场，满足不同客户的需求。为移动周边产品开拓多元化市场。

在互联网时代，技术变化太快，用户的需求更容易收集和更新，各种同质产品层出不穷。因此，与大多数互联网公司一样，小米的客户关系主要提供友好的服务，提高客户的黏性。主要策略包括：提供个人助理（基本互动）和自助服务；使用移动服务（客户服务机器人）、个人助理（高价值客户）以及使用客户社区和MIUI系统与潜在客户群建立联系，使用CBMCE模式使用户能够参与小米生态系统的开发；让客户感受到谷子生态系统的发展有其自身的作用。该模型在MIUI系统中得到了生动的体现。

互联网公司主要通过电子商务销售产品，同时新的零售理念也非常流行，因此，小米渠道包括自有渠道（在线小米商城、线下小米之家）和合作伙伴渠道（合作电子商务、批发商、运营商），小米在这些渠道上的营销经验丰富。通过一系列的活动分几个阶段来展示公司的产品和服务，以及线上或线下对公司产品的宣传，并引导采购，通过产品和服务来体现消费者的价值观念，进而完善售后服务。

3. 如何提供

下面介绍画布中的关键活动、核心资源、重要伙伴。

小米的核心业务是经典的"铁人三项"——硬件、软件、服务，包括手机及其周边产品的硬件（如平板电脑、移动电源、电视、机顶盒、路由器等）；软件包括MIUI系统和一些小米应用；提供的服务主要是与互联网相关的服务。例如，小米云服务、MIUI社区、娱乐等。

与传统的手机零售商不同，小米是一家用互联网思维创立的公司，其核心资源包括实物资产、金融资产、人力资源和知识产权；实物资产包括房地产、生产线、电子商务平台；金融资产包括现金、期货和其他投资股权；人力资源是小米公司强有力的管理和运营团队；知识产权包括品牌、商标、专利等。

小米的重要伙伴有英华达和富士康这两家小米手机代工厂，负责小米商城物流的物流商，以及帮助小米开发软件的金山软件等。

4. 成本为多少

下面介绍画布中的成本结构。

作为具有互联网基因的手机制造商，小米的成本结构主要包括购买手机硬件、维护电子商务平台、广告和营销成本、MIUI等软件服务开发成本以及公司的其他人力成本。

5. 收入如何

下面介绍画布中的收入来源。

小米的业务看起来非常广泛，但其收入来源主要是手机及周边产品的硬件收益，其次还有网络广告、软件服务、知识产权等。

中国传统的商业模式效率低下，流程烦琐，营销和渠道成本过高，因此，许多制造商不得不降低材料和研发成本，以使产品价格更便宜。当这些成本降到最低时，它们就变成山寨。小米利用网络最大限度地压缩所有的流程，自己做营销，自己做渠道，压缩后用节省的成本做产品开发和产品本身，这也是小米既要做硬件研发还要做零售的原因。

现在硬件市场同质化越来越严重，好的商业模式是可以复制的，但好的服务却要经历沉淀，为了公司的可持续发展，在降低毛利率的硬件产品基础上，通过互联网服务提升竞争力。

【案例5-7】

e袋洗——力图用一袋衣服撬动一个生态

e袋洗是由20余年洗衣历程的荣昌转型而来的O2O品牌，采取众包业务模式，以社区为单位进行线下物流团队建设，即在每个社区招聘本社区中40～60个人员作为物流取送人员。

e袋洗是第一个以洗衣为切入点进入整个家政领域的平台。e袋洗的顾客主要是"80后"，洗衣按袋计费：99元按袋洗，装多少洗多少。e袋洗致力于将幸福感作为商业模式的核心和主导，推出了新品小e管家，通过邻里互助去解决用户需求，提升居民的幸福感。小e管家在小e管洗、小e管饭的基础上，计划推出小e管接送小孩，小e管养老等服务，以单品带动平台，从垂直生活服务平台转向社区生活共享服务平台，以保证C2C两端供给充足。

（资料来源：http://www.360doc.com）

分析：e袋洗在搭建成熟的共享经济平台后，不断延伸出更多的家庭服务生态链，打造一种邻里互动服务的共享经济生态圈。集合社会上已有的线下资源，通过移动互联网实现标准化、品质化转变，帮助人们在生活中获得更便利、个性的服务。

一个好的商业模式必须清楚描述企业如何创造价值、传递价值和获取价值的基本原理。而商业模式画布则是一种用来描述商业模式、可视化商业模式、评估商业模式以及改变商业模式的通用工具。

课堂活动与课后思考

用商业模式画布分析海底捞的商业模式

一、活动目标

学会运用商业模式画布（见图5-1）来分析和构建商业模式。

二、建议时间

课下时间自定,课上用时 30 分钟。

三、材料准备:黑笔、A4 纸、大卡纸、便利贴。

分析大学门口早餐店的商业模式要素

在各高校门口都有很多早餐店专门为学生提供早餐,比如煎饼店、肠粉店、红烧牛肉面店等。各团队可以根据自己高校的具体情况,和老师沟通后选择一个早餐店进行该店的商业模式要素分析。

一、活动目标

让学生通过活动学会分析商业模式要素。

二、建议时间

课下时间自定,课上用时 30 分钟。

三、材料准备

黑笔、A4 纸、大卡纸、便利贴。

四、活动步骤

1. 选择校门口的一个早餐店。
2. 分析该早餐店商业模式要素。
3. 讨论该早餐店的优劣势。
4. 讨论该早餐店应该如何创新商业模式。

讨论互联网企业免费和付费的原因

一、活动目标

让学生通过活动学会分析互联网企业盈利方式。

二、建议时间

课下时间自定,课上用时 20 分钟。

三、材料准备

黑笔、A4 纸、大卡纸、便利贴。

四、活动步骤

1. 为什么 1991 年发布的 Windows 是收费的,而 2008 年发布的安卓是免费的?
2. 为什么"罗辑思维"在开始是免费的,而"樊登读书会"从一开始就收费?
3. 为什么滴滴和趣头条不仅免费,还给补贴?
4. "从付费到免费"和"从免费到补贴"两次变迁的逻辑是一样的吗?

设计商业模式画布

一、活动目标

1. 让学生通过活动了解商业模式画布绘制步骤。
2. 让学生通过活动学会设计商业模式画布。

二、建议时间

课下时间自定,课上用时60分钟。

三、材料准备

黑笔、A4纸、大卡纸、便利贴。

四、活动步骤

1. 各小组根据上次活动确认的创业项目设计一张商业模式画布。
2. 团队商业模式分小组展示。
3. 小组间投票,选出最具投资价值的商业模式。

课后思考

1. 什么是商业模式画布?
2. 互联网商业模式的核心是什么?
3. 商业模式各模块要点及各模块之间的关系如何?
4. 前面的商业模式创新案例,给你的创业项目带来了什么启示?

模块六　创业团队组建

知识目标：
1. 认识创业团队的内涵。
2. 掌握创业团队的内容。
3. 掌握组建创业团队的方法。

能力目标：
1. 能够洞悉创业团队。
2. 学会分析创业团队。
3. 学会创业团队股权设计。

【导入案例】

阿里巴巴"十八罗汉"：马云、彭蕾、张瑛等

1999年2月21日,杭州湖畔花园马云家。摄像机在进行全程录像。马云妻子、同事、学生、朋友,18个人或坐或站,围绕着马云。

马云将手一挥,"从现在起,我们要做一件伟大的事情。我们的B2B将为互联网服务模式带来一次革命!因为失败可能性极大。我们必须准备好接受'最倒霉的事情'。但是,即使是泰森把我打倒,只要我不死,我就会跳起来继续战斗!至于将来具体要做什么,我自己还不知道,我只知道我要做一个全世界最大的商人网站。"

后来被称为"十八罗汉"的创业者们凑了50万元本金。办公室设在马云家里,最多挤过35个人。工资大家都一样,每月500元,10个月内没假期。马云要求员工每天工作16~18小时,困了就席地而卧。阿里巴巴"十八罗汉"为今日的"阿里帝国"立下了汗马功劳。如今的阿里巴巴集团致力于为全球创造便捷的网上交易渠道。

(资料来源:https://wenku.baidu.com/)

案例分析： 俗话说一个好汉三个帮,如今的时代,单打独斗的创业已经不行了。像李嘉诚、王健林这样的孤胆英雄的时代已经过去。现在诞生了无数著名的团队,比如阿里巴巴"十八罗汉"就是其中最有名的一个。现代社会的创业活动,如果想要创业成功,就必须组成一个核心团队。

【课前思考】
1. 如何认识创业团队?
2. 创业机会有哪些特征?
3. 如何分类创业团队?

单元 6.1 认识创业团队

现代创业活动更多表现为团队合作的形式,因为没有个人能够独自拥有创立并运营企业所需的全部技能、经验、关系或者声誉。如果想要创业成功,就必须组成一个核心团队。团队成员对创业者来说将发挥不同作用:他们或是合伙人,或是重要员工。他们不可或缺,有了他们,可以解决创业过程中可能出现的一些问题。许多世界著名的企业之所以成功,经验之一就是拥有一支优秀的团队,团队管理已经成为新世纪管理领域的重要组成部分。

一、创业团队及类型

(一)什么是创业团队

路易斯(Lewis)认为[①],团队是由一群认同并致力于去达成一个共同目标的人所组成,这一群人相处愉快并乐于工作在一起,共同为达成高品质的结果而努力。在这个定义中,路易斯强调了三个重点:共同目标、工作相处愉快和高品质的结果。

团队可以定义为是由少数具有技能互补的人组成,他们认同于一个共同目标和一个能使他们彼此担负责任的程序,并相处愉快,乐于一起工作,共同为达成高品质的结果而努力。团队就是合理利用每一个成员的知识和技能协同工作,解决问题,达到共同的目标的共同体。

而创业团队,就是由少数具有技能互补的创业者组成,他们为了实现共同的创业目标和一个能使他们彼此担负责任的程序,共同为达成高品质的结果而努力的共同体。

(二)创业团队的组成要素

创业团队需具备五个重要的团队组成要素,称为 5P(见图 6-1)。

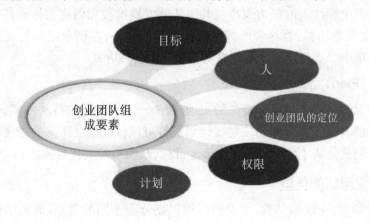

图 6-1 创业团队组成要素

---

① 卢翠翠.高绩效团队特质及其组建模型[EB/OL].中国人力资源网,2005-02-25.

1. 目标（Purpose）

创业团队应该有一个既定的共同目标，为团队成员导航，知道要向何处去。没有目标，这个团队就没有存在的价值。目标在创业企业的管理中以创业企业的远景、战略的形式体现。

2. 人（People）

人是构成创业团队最核心的力量。三个及三个以上的人就形成一个群体，当群体有共同奋斗的目标就形成了团队。在一个创业团队中，人力资源是所有创业资源中最活跃、最重要的资源。应充分调动创业者的各种资源和能力，将人力资源进一步转化为人力资本。

目标是通过人员来实现的，所以人员的选择是创业团队中非常重要的一个部分。在一个团队中可能需要有人出主意，有人制订计划，有人实施，有人协调不同的人一起去工作，还有人去监督创业团队工作的进展，评价创业团队最终的贡献，不同的人通过分工来共同完成创业团队的目标。

3. 创业团队的定位（Place）

创业团队的定位包含两层意思。

（1）创业团队的定位。创业团队在企业中处于什么位置，由谁选择和决定团队的成员，创业团队最终应对谁负责，创业团队采取什么方式激励下属。

（2）个体（创业者）的定位。作为成员在创业团队中扮演什么角色，是制订计划还是具体实施或评估。是大家共同出资，委派某个人参与管理；还是大家共同出资，共同参与管理；或是共同出资，聘请第三方（职业经理人）管理。这体现在创业实体的组织形式上，是合伙企业或是公司制企业。

4. 权限（Power）

创业团队当中领导人的权力大小与其团队的发展阶段和创业实体所在行业相关。一般来说，创业团队越成熟，领导者所拥有的权力相应越小，在创业团队发展的初期阶段领导权相对比较集中。高科技实体多数是实行民主的管理方式。

5. 计划（Plan）

计划的两层含义：一是目标最终的实现，需要一系列具体的行动方案，可以把计划理解成达到目标的具体工作程序。二是按计划进行可以保证创业团队的进度顺利。只有在计划的操作下创业团队才会一步一步地接近目标，从而最终实现目标。

（三）创业团队的类型

从不同的角度、层次和结构，创业团队可以划分为不同的类型，而依据创业团队的组成者来划分，创业团队有星状创业团队（Star Team）、网状创业团队（Net Team）和从网状创业团队中演化而来的虚拟星状创业团队（Virtual Star Team）。各种创业团队类型和特点如图6-2所示。

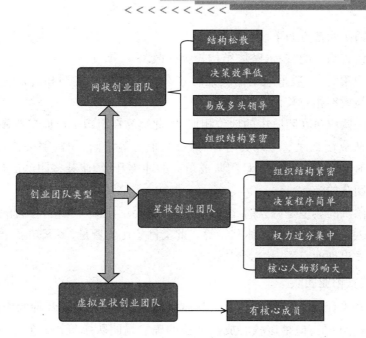

图 6-2　创业团队类型和特点

1．星状创业团队

一般在团队中有一个核心人物（Core Leader），充当了领队的角色。这种团队在形成之前，一般是核心人物有了创业的想法，然后根据自己的设想进行创业团队的组织。因此，在团队形成之前，核心人物已经就团队组成进行过仔细思考，根据自己的想法选择相应人员加入团队，这些加入创业团队的成员也许是核心人物以前熟悉的人，也有可能是不熟悉的人，但这些团队成员在企业中更多的时候是支持者角色。

这种创业团队有以下几个明显的特点。

（1）组织结构紧密，向心力强，主导人物在组织中的行为对其他个体影响巨大。

（2）决策程序相对简单，组织效率较高。

（3）容易形成权力过分集中的局面，从而使决策失误的风险加大。

（4）当其他团队成员和主导人物发生冲突时，因为核心主导人物的特殊权威，使其他团队成员在冲突发生时往往处于被动地位，在冲突较严重时，一般都会选择离开团队，因而对组织的影响较大。

这种组织的典型例子，如 Sun 公司创业之初就是由维诺德·科尔斯勒确立了多用途开放工作站的概念，接着他找了乔和本其托斯民两位软件和硬件方面的专家，和一位具有实际制造经验及人际技巧的麦克尼里，共同组成了 Sun 创业团队。

2．网状创业团队

网状创业团队的成员一般在创业之前都有密切的关系，比如同学、亲友、同事、朋友等。一般都是在交往过程中，共同认可某一创业想法，并就创业达成了共识以后，开始共同创业。在创业团队组成时没有明确的核心人物，大家根据各自的特点进行自发的组织角色定位。因此，在企业初创时期，各位成员基本上扮演的是协作者或者伙伴角色。

这种创业团队的特点如下。

（1）团队没有明显的核心，整体结构较为松散。

（2）组织决策时，一般采取集体决策的方式，通过大量的沟通和讨论达成一致意见，因此组织的决策效率相对较低。

（3）由于团队成员在团队中的地位相似，因此容易在组织中形成多头领导的局面。

（4）当团队成员之间发生冲突时，一般都采取平等协商、积极解决的态度消除冲突，团队成员不会轻易离开。但是一旦团队成员间的冲突升级，使某些团队成员撤出团队，就容易导致整个团队的涣散。

这种创业团队的典型是微软的比尔·盖茨和童年玩伴保罗艾伦，惠普的戴维·帕卡德和他在斯坦福大学的同学比尔·休利特等。此类例子比比皆是，多家知名企业的创建是通过一些互动激发出创业点子，然后合伙创业。

3. 虚拟星状创业团队

虚拟星状创业团队是由网状创业团队演化而来，基本上是前两种的中间形态。在团队中，有一个核心成员，但是该核心成员地位的确立是团队成员协商的结果，因此核心人物从某种意义上说是整个团队的代言人，而不是主导型人物，其在团队中的行为必须充分考虑其他团队成员的意见，不如星状创业团队中的核心主导人物那样有权威。

二、创业团队的互补

创业团队的互补是指由于创业者知识、能力、心理等特征和教育、家庭环境方面的差异，对创业活动产生的不利影响，通过组建创业团队来发挥各个创业者的优势，弥补彼此的不足，从而形成一个知识、能力、性格、人际关系资源等方面全面具备的优秀创业团队。

（一）创业团队互补的意义

创业团队和创业产业选择是新企业创立前的主要决策要素[①]，根据调查发现合伙形式创业的比率为60.5%，独自创业的比率为39.5%，表明企业家更倾向于合伙创业。这主要因为合伙创业有利于分散创业失败风险；通过团队成员之间的技能互补能提高企业家驾驭环境不确定性的能力，从而降低新企业的经营失败风险。更为重要的是，调查还发现合伙创业具有更强的资源整合能力，能同时从多个融资渠道获取创业资金，保证创业资金的获取。

另据统计数据报道，创业的成功率只有20%，新成立的企业只有20%能生存5年或更长的时间。而35%的新企业在开业当年就失败了，活过5年的只有30%，生存10年的仅为10%。尽管这些数字的准确程度值得商榷，但是不可否认，创业企业因为资金、技术相对弱小，不够成熟，管理方面经验缺乏，要想获得成功必须付出更大的努力。而其中重要的一点，就是必须高度重视创业团队的组织设计。如何组建一个高效、优势互补的团队

---

① 张玉利，杨俊．企业家创业行为调查[J]．经济理论与经济管理，2003（9）：61-66.

非常重要,它是创业取得成功的基础。

(二)创业团队互补的途径

从人力资源管理的角度来看,建立优势互补的创业团队是保持创业团队稳定的关键。创业者需要什么样的创业团队,依赖于创业机会的性质和核心创业者的创业理念。形成一个团队的关键一步是核心创业者评价其创业战略。他首先要考虑是否想把创业企业发展为一个有潜力的百年企业;其次是评价需要什么样的才能、技能、技巧、关系和资源,弄清楚创业者已经具备什么和还需要补充什么。创业团队是人力资源的核心,"主内"与"主外"的不同人才,耐心的"总管"和具有战略眼光的"领袖",技术与市场两方面的人才都是不可偏废的。

创业团队的组织还要注意个人的性格与看问题的角度,如果一个团队里有总能提出建设性的、可行性建议的和一个能不断地发现问题的批判性的成员,对于创业过程将大有裨益。

研究表明,大多数创业团队组成时,并不是考虑到成员专业能力的多样性,大多是因为有相同的技术能力或兴趣,至于管理、营销、财务等能力则较为缺乏。因此,要使创业团队能够发挥其最大的能量,在创建一个团队的时候,不仅仅要考虑相互之间的关系,最重要的是考虑成员之间的能力或技术上的互补性,包括功能性专长、管理风格、决策风格、经验、性格、个性、能力、技术以及未来的价值分配模式等特点的互补,以此来达到团队的平衡。Sun 公司就是一个非常值得借鉴的例子。创业初期维诺德·科尔斯勒找来的三个人分别是软件专家、硬件专家和管理专家,Sun 公司的创业团队非常稳定,稳定的团队为其带来了稳定的发展。

创业团队是由很多成员组成的,那么这些成员在团队里究竟扮演什么角色,对团队完成既定的任务起什么作用,团队缺少什么样的角色,候选人擅长什么,欠缺什么,什么样的人与团队现有成员的个人能力和经验是互补的,这些都是必须要首先界定清楚的。这样,我们就可以利用角色理论挑选和配置成员,所挑选出的成员,才能做到优势互补,用人之长。因为创业的成功不仅是自身资源的合理配置,更是各种资源调动、聚集、整合的过程。

1. 不同角色对团队的贡献

不同角色在团队中发挥着不同作用,因此,团队中不能缺少任何角色(见表6-1)。一个创业团队要想紧密团结在一起,共同奋斗,努力实现团队的远景和目标,各种角色的人才都不能缺。

表 6-1 不同角色对团队的贡献

角色	团队贡献	缺少角色反应
创新者	提出观点	思维会受到局限、点子就会匮乏
实干者	运筹计划	团队会显得比较乱
凝聚者	润滑调节各种关系	团队的人际关系会比较紧张
信息者	提供支持的武器	团队会比较封闭
协调者	协调各方利益和关系	团队领导力会削弱

续表

角色	团队贡献	缺少角色反应
推进者	促进决策的实施	效率不高
监督者	监督决策实施的过程	团队会大起大落
完美者	注重细节、强调高标准	线条会显得比较粗
专家	为团队提供一些指导	企业的发展受到限制

（1）创新者提出观点。没有创新者，思维就会受到局限，点子就会匮乏。创新是创业团队生产、发展的源泉。企业不仅开发要创新，管理也需要创新。

（2）实干者运筹计划。没有实干者的团队会显得比较乱，因为实干者的计划性很强。"千里之行，始于足下"，有了好的创意还需要靠实际行动去实践。而且实干者在企业人力资源中应该占较大的比例，他们是企业发展的基石。没有执行就没有竞争力。只有通过实干者踏实努力的工作，美好的远景才会变成现实，团队的目标才能实现。

（3）凝聚者润滑调节各种关系。没有凝聚者的团队，人际关系会比较紧张，冲突的情形会更多一些，团队目标完成将受到很大的冲击，团队的寿命也将缩短。

（4）信息者提供支持的武器。没有信息者的团队会比较封闭，因为不知道外界发生了什么事。当今社会，信息是企业发展必备的重要资源之一。世界是开放的系统，创业团队要在社会中生存和发展，没有外界的信息交流，企业就成了一个自给自足的封闭小团体。而且，当代创业团队的成功更需要正确的、及时的信息。

（5）协调者协调各方利益和关系。没有协调者的团队领导力会削弱，因为协调者除了要有权力性的领导力以外，更要有一种个性的引召力来帮助领导树立个人影响力。从某个角度说管理就是协调。各种背景的创业者凝聚在一起，经常会出现各种分歧和争执，这就需要协调者来调节。

（6）推进者促进决策的实施，没有推进者效率就不高。推进者是创业团队进一步发展的"助推器"。

（7）监督者监督决策实施的过程。没有监督者的团队会大起大落，做得好就大起，做得不好也没有人去挑刺，这样就会大落。监督者是创业团队健康成长的鞭策者。

（8）完美者注重细节，强调高标准。没有完美者的团队，线条会显得比较粗，因为完美者更注重的是品质、标准。但在创业初期，不能过于追求完美；在企业的逐渐成长过程中，完美者要迅速地发挥作用，完善企业中的缺陷，为做大做强企业打下坚实的基础。现代管理界提出的"细节决定成功"观点，进一步说明完美者在企业管理和发展中的重要作用。

（9）专家则为团队提供一些指导。没有专家，企业的业务就无法向纵深方向发展，企业的发展也将受到限制。

2．团队角色搭配

团队当中有不同的角色，角色和角色间配合的时候，也会存在着若干问题，在角色搭配的时候需要加以注意。团队角色搭配如表6-2所示。

表 6-2 团队角色的搭配

角色 \ 合作情况 \ 职位	上司		同事		下属	
	赏识	不赏识	配合	冲突	满意	不满
推进者（SH）	CO/ME	IM	RI/PL	—	I TW/F	E CO/M
创新者（PL）	CO/TW	SH/IM	CO/RI/TW	ME/PL/IM	IM/ME	I SH/R
专家（SP）	IM/TW/CO	SH/RI	IM/TW	PL	W IM/T	PL
监督者（ME）	CO	SH/ME	CO/IM	ME/FI	IM	ME
完美者（FI）	RI/PL/SH	FI	IM	RI	IM	RI
实干者（IM）	SH/PL/FI	IM	CO/ME/RI/PL/FI	IM/PL	TW	L RI/P
信息者（SP）	SH	SP/FI	IM/TW	FI/SP	FI	SH
协调者（CO）	PL/SH	TW	TW	SH	PL	SH
凝聚者（TW）	SH	TW	TW/PL	SH	SP	SH

（1）创新者碰到协调者的上司，这时他们间的关系应该没有问题，因为协调者善于整合各种不同的人一起去达成目标；但如果创新者碰到实干者的上司往往就会不太理想，因为实干者喜欢按计划做事，不喜欢变化。

（2）作为同事，创新者和凝聚者之间不会有问题，因为凝聚者擅长协调人际关系；但如果一个创新者碰到另一个创新者同事，这时两人会围绕着各自的立场和观点展开争议，内耗也就可能出现。

（3）创新者的领导，如果遇到一个实干者的下属会很高兴，因为有人在把他具体的工作细节往前推，正好是一种互补；但要遇到一个推进者的下属，他们间的矛盾可能就会激化。

（4）两个完美者在一起，可能作为上司的完美者并不欣赏作为下属的完美者，因为完美者永远觉得自己的标准是最高的，很难接受别人的标准；但完美者如果碰到实干者同事，往往彼此间很欣赏；如果遇到一个信息者的上司，下属与他就会有一些冲突，因为信息者对于外界的新鲜事物接受很快，而完美者主张只有 120% 的把握才去做，他们围绕着要不要采取新的方式和方法存在一些疑问。

类似地，不同团队成员之间还会有很多配合关系，也都需要一一了解。

在了解不同的角色对于团队的贡献以及各种角色的配合关系后，就可以有针对性地选择合适的人才，通过不同角色的组合来达到团队的完整。并且由于团队中的每个角色都是优点和缺点相伴相生，领导者要学会用人之长、容人之短，充分尊重角色差异，发挥成员的个性特征，找到与角色特征相契合的工作，使整个团队和谐，达到优势互补。优势互补是团队搭建的根基。团队竞争是创业企业赖以战胜大企业的主要法宝。大企业可以聘用非常好的职业经理人，而在创业之初创业企业则只能通过团队精神在人力资源上超过大企业。所以，寻找到好的优势互补的合作伙伴，是创业成功一半的保证。当代社会，社会分工越来越细，最专业的事就要交给最专业的人去做，胜算才会更大；也只有优势互补的团队才能充分发挥其组合潜能，也肯定优于个人创业的单打独斗。

在一个创业团队中,成员的知识结构越合理,创业的成功性越大。纯粹的技术人员组成的公司容易形成技术为主、产品为导向的情况,从而使产品的研发与市场脱节;全部是由市场和销售人员组成的创业团队缺乏对技术的领悟力和敏感性,也容易迷失方向。因此,在创业团队的成员选择上,必须充分注意人员的知识结构——技术、管理、市场、销售等,充分发挥个人的知识和经验优势。

【案例 6-1】

天堂和地狱

一位行善的基督徒,临终后想见天堂与地狱究竟有何差异。

于是天使就先带他到地狱去参观,到了地狱,在他们面前出现一张很大的餐桌,桌上摆满了丰盛的佳肴。地狱的生活看起来还不错嘛!不用急,你再继续看下去。

过了一会儿,用餐的时间到了,只见一群骨瘦如柴的饿鬼鱼贯地入座。每个人手上拿着一双长十几尺的筷子。可是由于筷子实在是太长了,最后每个人都夹得到但吃不到,你不觉得很悲惨吗?

我再带你到天堂看看。

到了天堂,同样的情景,同样的满桌佳肴,每个人同样用一双长十几尺的长筷子。围着餐桌吃饭的可爱的人们,他们也用同样的筷子夹菜。不同的是,他们喂对面的人吃菜,而对方也喂他吃,因此每个人都吃得很愉快。

一个人只是单翼天使,只有两个人抱在一起才能飞翔

——史蒂夫·鲍尔默(微软公司首席执行官)

单元 6.2 组建创业团队

一、组建创业团队的基本条件

组建一个健康、有战斗力的创业团队应具备以下条件。

(一)树立正确的团队理念

1. 凝聚力

拥有正确团队理念的成员相信他们处在一个命运共同体中,共享收益,共担风险。团队工作,即作为一个团队而不是靠个别的"英雄"工作,每个人的工作相互依赖和支持,依靠事业成功来激励每个人。

2. 诚实正直

诚实正直是有利于顾客、公司和价值创造的行为准则。它排斥纯粹的实用主义或利己主义,拒绝狭隘的个人利益和部门利益。

3. 为长远着想

拥有正确团队理念的成员相信他们正在为企业的长远利益工作,正在成就一番事业,而不是把企业当作一个快速致富的工具。没有人打算现在加入进来,而在困境出现之前或出现时退出而获利,他们追求的是最终的资本回报及带来的成就感,而不是当前的收入水平、地位和待遇。

4. 承诺价值创造

即拥有正确团队理念的成员承诺为了每个人而使"蛋糕"更大,包括为顾客增加价值,使供应商随着团队成功而获益,为团队的所有支持者和各种利益相关者谋利。

(二)确立明确的团队发展目标

目标在团队组建过程中具有特殊的价值。首先,目标是一种有效的激励因素。如果一个人看清了团队的未来发展目标,并认为随着团队目标的实现,自己可以从中分享到很多的利益,那么他就会把这个目标当成是自己的目标,并为实现这个目标而奋斗。从这个意义上讲,共同的未来目标是创业团队克服困难、取得胜利的动力。其次,目标是一种有效的协调因素。团队中各种角色的个性、能力有所不同,但是"步调一致才能得胜利"。孙子曰:"上下同欲者,胜。"只有真正目标一致、齐心协力的创业团队才会得到最终的胜利与成功。

(三)建立责、权、利统一的团队管理机制

1. 创业团队内部需要妥善处理各种权力和利益关系

(1)妥善处理创业团队内部的权力关系。在创业团队运行过程中,团队要确定谁适合于从事何种关键任务和谁对关键任务承担什么责任,以使能力和责任的重复最小化。

(2)妥善处理创业团队内部的利益关系。这与新创企业的报酬体系有关。一个新创企业的报酬体系不仅包括诸如股权、工资、奖金等金钱报酬,而且包括个人成长机会和提高相关技能等方面的因素。每个团队成员所看重的并不一致,这取决于其个人的价值观、奋斗目标和抱负。有些人追求的是长远的资本收益,而另一些人不想考虑那么远,只关心短期收入和职业安全。

由于新创企业的报酬体系十分重要,而且在创业早期阶段财力有限,因此要认真研究和设计整个企业生命周期的报酬体系,以使之具有吸引力,并且使报酬水平不受贡献水平的变化和人员增加的限制,即能够保证按贡献付酬和不因人员增加而降低报酬水平。

2. 制定创业团队的管理规则

要处理好团队成员之间的权力和利益关系,创业团队必须制定相关的管理规则。团队创业管理规则的制定,要有前瞻性和可操作性,要遵循先粗后细、由近及远、逐步细化、逐次到位的原则。这样有利于维持管理规则的相对稳定,而规则的稳定有利于团队的稳定。

企业的管理规则大致可以分为三个方面。

(1)治理层面的规则,主要解决剩余索取权和剩余控制权问题。治理层面的规则大致可以分为合伙关系与雇佣关系。在合伙关系下大家都是老板,大家说了算;而在雇佣

关系下只有一个老板,一个人说了算。除了利益分配机制和争端解决机制,还必须建立进入机制和退出机制。没有出入口的游戏规则是不完整的,因此要约定以后创业者退出的条件和约束,以及股权的转让、增股等问题。

(2) 文化层面的管理规则,主要解决企业的价值认同问题。企业章程和用工合同解决的是经济契约问题,但作为管理规则它们还是很不完备的。经济契约不完备的地方要由文化契约来弥补。它包括很多内容,但也可以用"公理"和"天条"这两个词简要地概括。所谓"公理",就是团队内部不证自明的东西,它构成团队成员共同的终极行为依据。所谓"天条",就是团队内部任何人都碰不得的东西,它对所有团队成员都构成一种约束。

(3) 管理层面的规则,主要解决指挥管理权问题。管理层面的规则最基本的有三条:①平等原则,制度面前人人平等,不能有例外现象;②服从原则,下级服从上级,行动要听指挥;③等级原则,不能随意越级指挥,也不能随意越级请示。这三条原则是秩序的源泉,而秩序是效率的源泉。当然,仅有这三条原则是不够的,但它们是最基本的,是建立其他管理制度的基础。

二、组建创业团队的模式

创业团队投资是一种创业性投资活动。创业团队投资由于投资时机、投资对象选择,以及资本额的大小、对投资收益的期望值等原因而具有较高的风险,因而对于这类投资活动采取何种组织形式,对于投资本身及其成效具有重要影响。一般而言,创业团队在创业投资时可采用的组织形式主要有公司制、合伙制两种,两种形式各有其特点。

(一) 公司制

创业投资采用公司制形式,即设立有限责任公司或股份有限公司,运用公司的运作机制及形式进行创业投资。采用公司制的优势主要体现在以下几个方面: 一是能有效集中资金进行投资活动;二是公司以自有资本进行投资有利于控制风险;三是对于投资收益公司可以根据自身发展,作必要扣除和提留后再进行分配;四是随着公司的快速发展,可以申请对公司进行改制上市,使投资者的股份可以公开转让而以套现资金用于循环投资。有限责任公司是由两个以上的创业投资者共同出资,每个投资者以其认缴的出资额对公司承担有限责任,公司以其全部资产对其债务承担责任的企业法人。股份有限公司是指全部资本由等额股份构成并通过发行股票筹集资本,股东以其认购的股份对公司承担责任,公司以其全部资产对公司债务承担责任的企业法人。一般非家族成员的创业者采用公司制比较多。

(二) 合伙制

合伙制是指依法在中国境内设立的由各合伙人订立合伙协议,共同出资、合伙经营、共享收益、共担风险,并对合伙企业债务承担无限连带责任的营利性的经营组织。创业团队投资采取合伙制,有利于将创业投资中的激励机制与约束机制有机结合起来。

合伙人执行合伙企业事务,有全体合伙人共同执行合伙企业事务、委托一名或数名合伙人执行合伙企业事务两种形式。全体合伙人共同执行合伙企业事务是指按照合伙协议的约定,各个合伙人都直接参与经营,处理合伙企业的事务,对外代表合伙企业。委托一名或数名合伙人执行合伙企业事务是指由合伙协议约定或全体合伙人决定一名或数名合伙人执行合伙企业事务,对外代表合伙企业。在我国现阶段,主要有四种合伙形式:亲戚内合伙、家族内合伙、朋友间合伙、同事间合伙。咨询类、律师事务所和会计师事务所多数采用合伙制形式。在我国农村农民们办的很多企业都采用了合伙制形式。在全世界90%以上的小企业中有80%的是家族企业,甚至在《财富》杂志排名前500家的大企业中,就有1/3由某个家族控制。不同类型的合伙形式都有自身的优势和不足。就家族合伙制来说,创业时期,凭借创业者在血缘关系、类似血缘关系,能够以较低的成本迅速网络人才,团结奋斗,甚至不计较报酬,从而使企业能在短时间内获得竞争优势;而且内部信息沟通顺畅,对外部市场信息反馈及时,总代理成本比其他类型的企业低。但这种类型的企业的缺点是难以得到优秀的人才,在某种程度上制约其迅速发展。

三、组建创业团队的程序和方法

创业者在有了创业点子后,可以采用以下方法组建创业团队(见图6-3)。

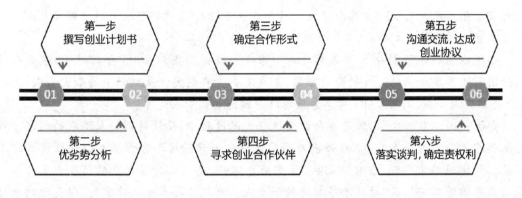

图6-3 组建创业团队程序

1.撰写创业计划书

通过撰写创业计划书,进一步使自己的思路清晰,也为后来的寻找合作伙伴奠定基础。

2.优劣势分析

认真分析自我,发掘自己的特长,确定自己的不足。创业者首先要对自己正在或即将从事的创业活动有足够清醒的认识。并使用SWOT(优劣势)法分析自己的优点、缺点,自己的性格特征、能力特征,拥有的知识、人际关系以及资金等方面的情况。

3.确定合作形式

通过第二步的分析,创业者可以根据自己的情况,选择有利于实现创业计划的合作方式,通常是寻找那些能与自己形成优势互补的创业合作者。

4.寻求创业合作伙伴

创业者可以通过媒体广告、亲戚朋友介绍、各种招商洽谈会、互联网等形式寻找自己的创业合作伙伴。

5．沟通交流，达成创业协议

通过第四步，找到有创业意愿的创业者后，双方还需要就创业计划、股权分配等具体合作事宜进行深层次、多方位的全面沟通。只有前期的充分沟通和交流，才不会导致正式创业后，迅速出现创业团队因沟通不够引起的解体。

6．落实谈判，确定责权利

在双方充分交流达成一致意见后，创业团队还需对合伙条款进行谈判。

【案例 6-2】

腾讯"五虎"团队

1998年的那个秋天，马化腾与他的同学张志东"合资"注册了深圳腾讯计算机系统有限公司。之后又吸纳了三位股东：曾李青、许晨晔、陈一丹。为避免彼此争夺权力，马化腾在创立腾讯之初就和四个伙伴约定清楚：各展所长，各管一摊。马化腾是CEO（首席执行官），张志东是CTO（首席技术官），曾李青是COO（首席运营官），许晨晔是CIO（首席信息官），陈一丹是CAO（首席行政官）。

之所以将腾讯的创业5兄弟称之为"难得"，是因为直到2005年的时候，这五人的创始团队还基本是保持这样的合作阵形，不离不弃。直到腾讯做到如今的帝国局面，其中4个还在公司一线，只有COO曾李青挂着终身顾问的虚职而退休。

都说一山不容二虎，尤其是在企业迅速壮大的过程中，要保持创始人团队的稳定合作尤其不容易。在这个背后，工程师出身的马化腾从一开始对于合作框架的理性设计功不可没。马化腾非常聪明，但非常固执，注重用户体验，愿意从普通用户的角度去看产品。张志东是脑袋非常活跃，对技术很沉迷的一个人。马化腾技术上也非常好，但是他的长处是能够把很多事情简单化，而张志东更多的是把一个事情做得完美化。"

许晨晔和马化腾、张志东同为深圳大学计算机系的同学，他是一个非常随和而有自己的观点，但不轻易表达的人，是有名的"好好先生"。而陈一丹是马化腾在深圳中学时的同学，后来也就读深圳大学，他十分严谨，同时又是一个非常张扬的人，他能在不同的状态下激起大家的激情。如果说，其他几位合作者都只是"搭档级人物"，只有曾李青是腾讯5个创始人中最好玩、最开放、最具激情和感召力的一个，与温和的马化腾、爱好技术的张志东相比，是另一个类型。其大开大合的性格，也比马化腾更具备攻击性，更像拿主意的人。

可以说，在中国的民营业中，能够像马化腾这样，既包容又拉拢，选择性格不同、各有特长的人组成一个创业团队，并在成功开拓局面后还能依旧保持着长期默契合作，是很少见的。

（资料来源："我的终生大学"微信公众号）

分析：马化腾成功之处，就在于其从一开始就很好地设计了创业团队的责、权、利。能力越大，责任越大，权力越大，收益也就越大。

单元 6.3　设计创业团队股权

一个人的力量是有限的,要做大事业,必须要有一个具有战斗力的团队,作为企业的创始人,最重要的就是要给自己确立必要的合作原则。这个原则并不是针对某个人或某个阶段而设立,而是必须要有公司经营的原则、与人合作的原则。不仅要考虑眼下与合伙人的合作,还应该考虑事业做大后与更多的人之间的合作。如果自己能坚守设立的原则底线,相信很多事情做起来就不那么复杂了。而且一定能长久下去。

一、股份的几种形态

（一）股东

从一般意义上说,股东是指向公司出资并对公司享有权利和承担义务的人。但由于公司的类型不同以及取得股权的方式不同,对股东的含义可作不同的表述。按《中华人民共和国公司法》的规定,在我国境内设立的公司可分为有限责任公司和股份有限公司。

有限责任公司的股东是指在公司成立时向公司投入资金或在公司存续期间依法取得股权而享有权利和承担义务的人（一般创业者注册的都是有限责任公司）；股份有限公司的股东就是在公司成立时或在公司成立后合法取得公司股份并对公司享有权利和承担义务的人。

自然人投资以后,通过公司所在地的工商局注册,进行公司股权登记,这样才能成为真正意义上的股东。这种出资并在工商进行了股权登记的股东,对公司经营的赢利和亏损都会按所占有股份的多少承担相应的义务。

（二）干股

还有一种是"干股"的形式。干股是指未出资而获得的股份,但其实干股并不是指真正的股份,而是指按照相应比例分取红利。

干股的概念往往存在于民间,特别是私营企业,很多私企的老板们为了笼络一些有能力的人（通常是公司业务骨干）,希望给予这些人一定的红利,但是又不想给这些人实际控制权或者只是给予部分控制权,所以就假设这些人占有一定比例的股份,并且按照这种比例进行年终分红,以达到进可攻退可守的目的,于是就有了干股。

老板给予干股的时候,有的会签署一些协议,有的没有,但是基本上无论哪种,持有干股的人都不具有对公司的实际控制权。所以这种干股协议叫作分红协议更加贴切。干股一般不会承担公司亏损的义务,只是享受作为奖励的一种分红。

（三）股份期权

股份期权是企业的所有者给予高级管理人员以约定的价格,购买未来一定时期内公司股份（或股票）的权利。实施股份期权的最终目的是激励经营管理者与员工共同努力,以实现企业的长期发展目标。使职业经理人能够稳定地在企业中长期工作,眼光更着眼于企业和自己的长期效益。"期权"不是免费的,它是以约定的价格,购买未来一定时期内公司的股份（股票）。

期权额度没有固定的规定，是公司内部的管理行为。但期权一般不超过公司总股份的 10%，但也不是绝对的。另外一条规定是，如果高级管理人员本身是股东，而且持有的股份已经超过 10% 了，就不应当再享受期权制。因为期权主要是给予一些没有股权的高级管理人员的。对于上市公司，期权股票应该是能够自由流通的社会公众股，其来源是公司回购的库藏股票。对于非上市公司，采用的是"虚拟"期权形式。期权获授者的业绩考核是实现期权的一个重要条件。

二、创业初期公司股权结构的设计

股权分配是公司稳定的基石。一般而言，创业初期股权分配比较明确，结构比较单一，几个投资人按照出资多少分得相应的股权。但是，随着企业的发展，必然有进有出，必然在分配上会产生种种利益冲突。同时，实际中，存在许多隐名股东干股等特殊股权，这些不确定因素更加剧了公司运作的风险。当公司运作后，各种内部矛盾凸现，在矛盾中股东维护自身利益的依据就是股权比例和股东权利。所以，实践中许多中小投资者忽视股权比例和股东权利的调整，最后在公司内部矛盾中陷于进退两难的境地。而这种局面也把公司推向风险损失的边缘。因此，合理的股权结构是公司稳定的基石。

（一）股权结构不是简单的股权比例

许多投资者都知道，股权比例是取得公司管理权的主要因素。如果把股权结构设计理解为简单的股权比例或投资比例，下面的探讨就没有实际意义了。股权结构设计是以股东股权比例为基础，通过对股东权利、股东会及董事会职权与表决程序等进行一系列调整后的股东权利结构体系。

（二）股权比例与公司管理公司决策

股权是一种基于投资而产生的所有权。公司管理权来源于股权或基于股权的授权。公司决策来源于股权同时又影响公司管理的方向与规模。有些投资者仅仅是投资而不参与公司管理，有些投资者同时参与公司管理。而股东只要有投资，就会产生一定的决策权利，差别在于决策参与的程度和影响力。所以，股东的意见能否形成影响公司管理运作的决策意见是非常重要的，而取得决策权的首要基础是股权比例。取得决策权的股东就是法律上的控股股东。

公司法关于控股股东的含义，是指其出资额占有限责任公司资本总额百分之五十以上或者其持有的股份占股份有限公司股本总额百分之五十以上的股东；出资额或者持有股份的比例虽然不足百分之五十，但依其出资额或者持有的股份所享有的表决权已足以对股东会、股东大会的决议产生重大影响的股东。

（三）取得控股股东的简单方式

第一种，直接实际出资达百分之五十以上是最有效的方式。

第二种，直接实际出资没有达到百分之五十，但股权比例最大，再通过吸收关联公司股东、密切朋友股东、近亲属股东等形式，以联盟形式在公司形成控股局势。

以上两种方式，均是在同股同表决权基础上进行的简单设计。

（四）表决权设计变更的控股股东

股东之间没有利害关系，实际出资也未达到百分之五十以上，不能形成股东之间的联盟，这种情况下，如何对公司进行控股呢？这就需要在公司成立之初，在公司章程的起草方面下功夫。通过公司章程，来扩大己方的表决权数，这样的设计就突破了同股同表决权的常例。

要实现这个股权设计的目的，一般情况下是己方有一定的市场优势或技术优势或管理优势，通过这些优势弥补投资资金上的不足。通过这些优势换取表决权。现实操作中，很多技术型、市场型、管理型投资者忽略这点，而使自己在公司的后续运作中难以施展手脚，从而使应有的技术、市场和管理优势未在公司运作中实现利益最大化。

这种股权结构设计需要突破公司法的常规要求，在实际中需要做细致的操作设计方可达到有效的后果。

（五）股东权利的弱化或强化

1. 股东权利

股东权利有自益权和共益权两方面，前者如盈余分配权、剩余财产分配权、新股优先认购等，后者如表决权、股东大会召集权、质询权、提起派生诉讼权。常规的股权设计遵循的是同等出资同等权利。但遇有隐名股东、干股等情况时，如果不对股东权利进行弱化或强化，一旦显明股东、干股持有人依公司法诉求其完整股东权利时，损害的不仅仅是实际投资人的利益，同时也将公司推向危险的境地。实际中，有这种案例。如有些干股持有人要求解散公司并要求分配剩余资产，有些股东以公司侵犯其股东权利要求法院撤销工商部门做出的公司变更登记，有些股东要求分配公司红利，等等。所以在实践中需要运用章程、股东合同等形式予以约束、明确相关股东之间的权利取舍。只有在公司成立之初做相应的股东权利设计，才可以有效地避免今后产生纠纷。

2. 股东权利的弱化和强化

股东权利的弱化或强化同样适用于公司吸收优秀的技术型、市场型、管理型人才进入公司。通过给予一定的股东权利，留住优秀人才，这已经是国外一些公司常用的手法。不管出于何种目的，在设计股东权利的弱化或强化时，首先要做到符合法律的要求；其次必须以合法的形式予以明确，可以采用章程，或采用合同；同时要把握好各项股东权利的精确设计，该弱化的权利必须彻底弱化。

3. 股东会及董事会职权和表权事项的设计

公司法里只是概略式地规定了股东会及董事会的职权及表决方式。而每个公司的实际情况千差万别，公司在设计股权结构时，应该通盘考虑一些重大事项决策所归表决部门以及表决程序。有些封闭式的公司就规定股东对外转让股权时，要求全体股东中有三分之二表决通过，以维护公司的人合性。有些公司甚至还规定了对股东死亡后其继承人进入公司决策层、管理层的表决比例或时限等。有限责任公司体现了资合性和人合性，在公司成立之初，投资者应充分考虑自己的投资目的、投资额、投资所占公司比例，结合自己的各项优势对股权结构进行深入的分析考虑，这样不仅仅为股东个人利益，也为公司今后稳健发展奠定坚实的基础。

股权结构的科学设计充分体现了股东的意志自治与法律的灵活运用，建议创业者在投资合作与新项目启动时，一定要征求专业人士的意见，打造公司长期发展的基石。

（六）创业公司该如何分配股权实例

创业者在注册成立公司之前必须要做的一件事就是确定公司的权益、分配股权。

常规的股权分配（也可以说是原始的方法）是按出资比例来确定，就是谁出钱多谁是大股东。这种传统公平的分配法，站在投资银行的角度以风险投资的眼光来看却是不合理的。

从投行的角度看，创业公司的价值不是看投进多少钱，而是创业者的努力使得公司的价值不断放大，因此不管创业者投没投钱、投多投少，也值得让他们拿公司股权的多数。这样可以让他们看到自己的价值，会有足够的动力去拼命为创业公司的业绩增长而苦战。这就是风投投进创业公司里一大笔钱，通常只占公司的一小部分股份的道理。

完全以出资比例来确定股权的公司全是货币票面的价值，比如一个创业者出20万元占20%公司股权，而投资人投入的80万元占了公司80%的股权，那么这家公司的总价值是100万元，"人"在这里面体现不出任何"价值"。如果还是这个创业者，风投出了1000万元拿了20%的股份，而这个创业者没有投入实际的资金，他投入的是发明、创意、技术，全部的时间和精力，在这个例子里，这位创业者的身价已经达到了4000万元，和上面一个例子比较一下，就不难看出哪一个情形中的创业者会更为公司"卖命"。

当然风投出了1000万元只拿了20%公司股份是有一定计算和认价方法的（估值）。但这里更重要的是风投对创业者的"信念"，创业是一种信念，风投也是一种信念。

三、股份分配注意事项

股份分配没有固定标准，能占多少股份，要看有多少能力。

（一）股份分配是个性问题

1. 股权分配的依据

没有哪一本书上能告诉你，你的企业股份要依照什么样的标准来划分，因为这是一个很个性的问题，要解决这个问题，除了要掌握一定的共性知识外，股份比例的划分关键在于企业目前的实际情况。

具体分配到人头的股份量一定要与该股东对公司拥有的价值量对等，即股东可以以投入的资金、拥有知识产权、拥有的行业经验、拥有的社会资源、目前在公司的角色分配与承担的责任义务等方面来衡量他目前对于公司的价值是多少，这个值就是他应该得到的公司股份。

2. 股权分配的要约与协商

在划分股份以前，首先要衡量目前该公司的总体价值是多少，即目前的实物资产与无形资产的总和，前者比较好估算，而后者须通过专门的评估或双方以要约的形式来确定。

对于新成立的公司来说,除有形资产外的就是无形资产,这时的评价是最为麻烦的。但可以通过双方要约与协商来确定一个大家都能接受的数字。

(二) 股份制不要一步到位

在股份分配的方式上,可以不必一次就将股份划分到位,而是先以利润分成(干股)、期权等形式处理股权问题。

让员工入股是做大企业必须要做的工作,但是具体怎么操作要根据实际情况制定详细的方案,制定方案要尽量考虑周全长远,先做实验然后再根据实践的发展慢慢调整,不要一步到位,给自己多留一些余地。

当员工提出入股的时候,证明你的事业发展让员工都看到了希望。其实在员工不提出入股的时候,很多企业需要留住人才时都会自动提出让员工入股的福利措施。

员工入股前应该制定好公司的各项规章制度及岗位职责,制定股东权益和职责。这样让员工既可成为股东又可以按照原来分配的工作岗位做好本职工作。

员工入股,分为分红干股(也叫空股)和实际股份两种。员工年终分红股,是企业主为了激励员工留住员工时给员工或是高层主管的一种承诺,比如答应每年拿出年终盈利的多少作为股份分红。如果是实际增资入股,就应该对公司资产进行评估预算,作为企业主再衡量要拿出多少股份让新员工增资入股,双方谈妥后,到工商局进行注册股东成员变更。这样员工就成为公司真正的股东。

总之,企业在分配股份时,需要根据实际情况灵活掌握,不一定一步到位,可以由提成方式的绩效工资过渡到干股分红,再到拥有真正的股份并成为真正的股东。

【案例 6-3】

腾讯的股权分配

迄今为止,在中国互联网企业中,腾讯的创业团队可以说保留得是最完整的——包括首席技术官张志东、首席信息官许晨烨、首席行政官陈一丹等依然是公司高层。

马化腾还是认为,腾讯之所以成功,除了最初的几个创业者都是同学外,最重要的是,公司的股本结构比较合理。这也是马化腾最得意之笔。

有这样一段往事:马化腾当年相邀四位伙伴共同创业,他出主要的启动资金。有人曾经想加钱占更大的股份,马化腾一口回绝:根据我对你的能力的判断,你不适合拿更多的股份。他解释说,个人未来的潜力要和应有的股份匹配,不匹配就要出问题。拿大股的不干事,干事的股份又少,矛盾就会发生。

相比早期传统行业的企业家对股权的懵懂,马化腾等人的股权治理意识已经明显苏醒。他说,如果另外一个人更重要,就算他没钱,先欠着后面补都行,股份要跟你未来做的贡献和能力以及在公司起的重要性尽量匹配。

不仅如此,马化腾还自愿把所占的股份降到 47.5%。要其他股东的总和比他多一点点,不要形成一种垄断、独裁的局面。但同时,他又要求自己出主要的资金,占大股,因为如果没有一个主心骨,股份大家平分,到时候肯定出问题。

分析：股份的分配不但要结合自己企业的具体情况，还要考虑股份受益者的能力。给股份的目的就是要让强人一起来共建、共享这个企业。

【案例 6-4】
华为股权激励案例分析

1. 案例简介

华为如今已经成为中国民营企业的一面旗帜，其在通信设备行业的地位已令那些曾经不把它放在眼里的跨国公司们感到巨大的压力。其实，华为成立至今也不过三十几年，成立之初与当时同类的其他公司类似，仅是代理香港的电话交换机。然而与众多代理公司不同的是，它没有满足于代理差价，而是将赚得的钱投入奠定华为行业地位的 C&C08 机的开发。最后它成功了，然而其成功之路却充满艰辛，蕴含着巨大的风险。一个没有任何背景的民营企业，仅靠自己前几年的积累要承担巨大的开发投入，还要为吸引和留住开发人才而支付高薪，在很多人看来，几乎是不可能的，但华为成功了。华为的成功不是偶然的，是太多的因素综合作用的结果，早期实施的员工持股计划被公认为是华为的成功因素之一。

2. 华为技术有限公司员工持股激励

第一阶段：（1990—1996）以解决资金困难为主要目的，实行内部集资

1990 年华为开始尝试员工持股制度。由贸易公司转型为自主研发企业的华为为解决研发投入大、资金紧张、融资困难问题，开始实行员工持股制。在当时的股权管理过程中，华为将这种方式明确为员工集资行为。参股的价格为每股 10 元，以税后利润的 15% 作为股份分红，向技术、管理骨干配股。这种方式为企业赢得了宝贵的发展资金。

第二阶段：（1997—2001）以激励为主要目的

1997 年深圳市颁布了《深圳市国有企业内部员工持股试点暂行规定》，华为参照这个规定进行员工持股制度改制，完成第一次增资。华为当时在册的 2432 名员工的股份全部转到华为公司工会的名下，占总股份的 61.8%。此时随着公司效益的提升和从资金困境中逐步解脱出来，员工持股制度在担负内部融资任务的同时，也演变成了一种重要的激励制度，与工资、年终奖金、安全退休金等一起共同构成了华为的薪酬体系。这次改革后华为员工股的股价改为 1 元/股。

这段时期华为已进入高速增长时期，为提高对人才的吸引力，华为在提高薪酬的同时也加大了员工配股力度。随着每年销售额的增长，员工股的回报率常常能达到 70% 以上。华为的员工还可以通过向公司设立的内部员工银行贷款来购买股票，以解决新员工没有足够的购股资金的问题。这段时期华为的高薪及员工持股激励政策形成了强大的人才磁场，使华为聚集了大批行业优秀青年人才。

第三阶段：（2001 年至今）以员工持股激励规范化为目标

2001 年，华为聘请国际著名咨询公司，开始对其股权制度进行调整变革。将内部员工更名为"虚拟受限股"改制后，员工不再配发 1 元 1 股的原始股票，而是以公司年末净资产折算价值的期权。老员工的股票按 2001 年年末公司净资产折算，每股价格增值到 2.64 元/股。员工离开公司时必须按上年股价将股权转让给公司。此外随着公司规模的增大，

华为在新期权的配发上放慢了脚步,股权倾斜向少数核心员工及优秀新员工。对于大多数普通员工的中长期激励,采取以原有股票的分红权为主,减少新增配股的方式。这种转变标志着华为随着企业规模的增大和员工人数的增多,已经从普惠激励转变为激励原则。

华为的技术有限公司的员工持股计划经历了自由产生到逐步规范化的演进过程。

3. 华为员工持股计划成功原因

首先,是任正非的诚信。这一激励手段确实能够起到激励和保留员工的作用,但同时它也有着很高的不确定性,他通过对离职员工信守承诺,赢得员工的信任。

其次,持续的高分红高配股。为减少支付现金红利造成的财务压力,华为在每年高额分红的同时向员工高额配股,这样做的好处可谓一举多得,一是坚定员工持有和购买股票的信心,二是避免了因分红给公司带来现金压力。

最后,华为独特的企业文化。虽然绝大多数员工都选择用分得的红利购买配股,仍有少部分员工选择领取现金红利,对于这部分员工,华为绝不拖欠。但到了第二年,这部分员工看到其他员工又能分得可观的红利,他们一定会后悔当初的选择。结果还远非如此,华为的企业文化绝对是奖励认同公司价值观的员工,对于那些对公司抱有怀疑态度的不坚定分子是不会重用的,他们在公司的发展前景会很暗淡,这样的文化氛围进一步支持了华为的员工持股计划。

4. 华为员工持股计划局限性思考

员工持股操作过程不规范为其带来了法律和财务风险。在华为实行员工持股的初期,由于国家曾经叫停过国有企业的内部持股,同时由于没有相关的制度法规支持,华为在进行员工持股计划时,采用了不留有任何把柄的隐蔽的手法,这在当时的历史环境中,对于一家民营企业而言的确是一种权宜之策,但是随之也带来了一些负面舆论和财务与法律上的风险。

员工持股"极不透明":①股权结构错综复杂;②"君子协议"带来股本增值引出的"公道";③第一股权纠纷案刘平案。

5. 案例启示

无论是华为的"员工持股计划"还是慧聪的"全员劳动股份制"。作为相关领域的领头羊,无疑二者在非上市公司股权激励方面是成功的。虽然二者实施方案有所差异,但是有几点相通之处。

决策者魅力和能力的重要性。无论是任正非带给员工的信任,还是郭凡生力排众议实行"全员劳动股份制",他们在充分注重人力资本的同时,显示着他们个人的魄力。激励企业不断创新,不断进步,成为两家企业制胜的法宝。

理念的统一性,即充分结合本企业特有的文化制定相应的非股权激励政策。

把企业利益与员工收益相挂钩,组成利益共同体,都起到了应有的激励效果,达到股东与员工的双赢。

都存在一定的法律和财务风险。华为模式多以"君子协定"作为凭据,容易引发道德危机而产生法律风险;而慧聪则在老板—股东—非股东三角较量中有违《中华人民共和国公司法》有关规定。

（资料来源：https://wenku.baidu.com/）

分析：企业在选用非上市公司股权激励的时候，首先要根据本企业状况和其理念文化，没有最好，只有最适合的；其次要关注广大员工的整体利益，关注人才，以知识时代的视角来审视企业长远发展；最后要合理规避相应法律与财务问题，免除后患。

课堂活动与课后思考

团队合作精神测试

一、活动目标

1. 让学生通过活动了解自己的团队合作精神。
2. 让学生通过活动学会识别团队成员。

二、建议时间

课下时间自定，课上用时 20 分钟。

三、材料准备

黑笔、A4 纸、大卡纸、便利贴。

四、活动步骤

1. 如果某位中学校长请你为即将毕业的学生，举办一次介绍公司情况的晚间讲座，而那天晚上恰好播放你最喜欢看的电视剧的大结局，你如何选择？

    A．立即接受邀请

    B．同意去，但要求改期

    C．以有约在先为由拒绝邀请

2. 如果某位重要客户在周末下午 5:30 打来电话，说他们购买的设备出了故障，要求紧急更换零部件，而主管人员与维修师已经下班，你该如何处理？

    A．亲自驾车去公司以外的地方送货

    B．打电话给维修师，要求他立即处理此事

    C．告诉客户下周才能解决

3. 如果某位与你竞争最激烈的同事向你借一本经营管理畅销书，你如何处理？

    A．立即借给他

    B．同意借给他，但声明此书的价值并没有那么好

    C．欺骗他书被别人借走了

4. 如果某位同事为方便自己出去旅游而要求和你调换休息时间，在你还未决定如何度假的情况下，你如何处理？

    A．马上应允

    B．告诉他你要回家请示妻子

    C．拒绝调换，推说自己已经参加旅游团了

5. 在你急匆匆地驾车去赴约途中看到一位同事的车出了故障,停在路边,你如何处理?

　　A. 毫不犹豫地下车帮忙修理

　　B. 告诉他你有急事,不能停下来帮他修车,但一定帮他找修理工

　　C. 假装没看见

6. 如果某位同事在你准备下班回家时,请求你留下来听他倾诉内心的苦闷,你如何处理?

　　A. 立即同意留下来

　　B. 劝他等第二天再说

　　C. 以妻子生病为由拒绝其请求

7. 如果某位同事因要去医院探望妻子,要求你替他去接一位乘夜班机来的重要人物,你如何处理?

　　A. 马上同意替他去接

　　B. 找借口劝他另找别人帮忙

　　C. 以汽车坏了为由拒绝

8. 如果某位同事的儿子想选择与你同样的专业,请你为他做些求职指导,你如何处理?

　　A. 马上同意

　　B. 答应他的请求,但同时声明你的意见可能已经过时,他最好再找些最新资料做参考

　　C. 只答应谈几分钟

9. 你在某次会议上发表的演讲很精彩,会后几位同事都向你索取讲话提纲,你如何处理?

　　A. 同意,并立即复印

　　B. 同意,但并不重视

　　C. 不同意,或虽同意,但转眼就忘记

10. 如果你参加了一个新技术培训班,学到了一些对许多同事都有益的知识,你会怎么处理?

　　A. 返回后立即向大家宣布并分发参考资料

　　B. 只泛泛地介绍一下情况

　　C. 把这个课题贬得一钱不值,不泄露任何信息

五、活动分析

全部回答为 A,表示你是一位极善良、极有爱心的人,但你要当心,千万别被低效率的人拖后腿;

大部分回答为 A,表示你很善于合作,但并非失去个性。因为礼尚往来是一种美德,在商业生活中亦不可或缺;

大部分回答 B,表示以自我为中心,不愿意为自己找麻烦,不想让自己的生活规律、工作秩序受到任何干扰;

大部分回答C,表示是一个名副其实的孤家寡人,团队配合精神比较差。

创业团队组建

一、活动目标

1. 让学生通过活动了解创业团队。
2. 让学生通过活动学会创业团队组建。

二、建议时间

课下时间自定,课上用时40分钟。

三、材料准备

黑笔、A4纸、大卡纸、便利贴。

四、活动步骤

1. 将全班按照6～8人一组精选分组。
2. 全组成员讨论团队目标、团队队言、团队名称和团队Logo。
3. 全组同学讨论并投票选择出一个团队队长。
4. 列出每个队员的优势、岗位和职责（填写表6-3）。

表6-3 组建创业团队

团队人员	岗位	职责	团队目标、队言、名称

创业初期股权分配

一、活动目标

1. 让学生通过活动了解股权分配内容。
2. 让学生通过活动学会股权分配。

二、建议时间

课下时间自定,课上用时40分钟。

三、材料准备

黑笔、A4纸、大卡纸、便利贴。

四、活动步骤

1. 将全班按照6～8人一组精选分组。

2. 每个同学将直接代表在公司的职位。
3. 全组同学讨论每个职位的出资和股权分配。
4. 分析这个公司的职位和股权分配情况,预测发展前景,何时引进投资(填写表 6-4)。

表 6-4 创业初期股权分配

职位	出资	股权比例	发展前景和引进投资预测

课后思考

1. 影响企业创业股权分配的因素是什么?
2. 优秀的创业团队有什么特征?
3. 创业团队股权分配的注意事项有哪些?

模块七　营销方案策划

知识目标：

1. 认识具体化的目标市场。
2. 认识各种推广平台。
3. 掌握营销计划的要素组成。

能力目标：

1. 运用检测表找到目标市场。
2. 运用所学知识为自己的创业找到匹配推广手段。
3. 运用5大步骤制订属于自己的营销计划。

【导入案例】

饭店的杠杆借力

小明与小泉毕业后商量合伙创业，在多番讨论后决定在城西开一家小餐厅，刚开始的生意不温不火，他们留意到附近写字楼、小区林立，许多饭店都在做送餐服务，他们也想开展这个送餐的业务，但毕竟竞争激烈，而且很多饭店、小吃店已经开展送餐业务多年，如何是好？

传统的营销方法是饭店要制作名片然后到市场上去发，还可以发传单以及打推销电话。但这两位年轻人觉得传统的方法不再能吸引新市场，他们决定另辟蹊径，找一个新的突破口。

第一，两位合伙人在饭店的组合饭菜中选出了10个，给这些菜品设定送餐的价格，饭菜一定要可口好吃，有些饭菜甚至以成本价出售。

第二，这家饭店找到了一家印刷厂，印几千个鼠标垫，鼠标垫上印上饭菜的名称价格以及送餐的电话，免费送给方圆5千米的店铺、网吧及公司办公的年轻人。同时在中高档小区门口派送这些鼠标垫，最后来到店里消费的人群，消费完就送一个鼠标垫子，告诉客户可以送餐上门！

第三，他们送鼠标垫的时候，对客户说，如果你能在11点前通过打电话订餐，饭店给你8折优惠。

因为其他送餐的都是送到后挨家推销。而他们采用的订餐方式，先是把顾客抢过来。而且方圆5千米的客户都知道你，他们需要订餐，直接看鼠标垫，然后打电话给你，你的送餐生意就自动上门了！

第四，客户第一次订餐，饭店都会告诉客户，你下次电话订餐，我们饭店送一个特色菜，这是留住老顾客的绝招。按照这个办法，果然有效，送餐量越来越大。

两个月后，这家饭店发现一个问题，有很多小区其他的小吃店和饭店也在送餐，影响了他们送餐。为了能够垄断小区的生意，他们又想出来一招，每个月给小区保安一定报酬与优惠，让小区保安成为他们在小区的小小推广员。所以3个月的时间，这家饭店就垄断了方圆5千米的送餐市场！

分析：这是一个典型的青年人创业的案例，他们用全新的思维，综合地思考了他们所处环境的市场、受众、消费者行为、推销渠道等多样因素。可以看到，营销技巧的巧妙在很大程度上助推了初创企业的爆发。下面将从三个方面并辅以有趣的案例，帮助你找到适合自己创业环境的营销灵感。

【课前思考】

1. 上述案例的两位年轻人的具体目标市场是哪些？
2. 他们为何做出上述各种推广策略？
3. 从这个案例中，你认为应如何制订营销计划？

单元 7.1 明确目标市场

一、目标市场选择

顾客与场景越来越碎片化的今天，我们也许需要比以往任何一个时代更精准具体的目标市场定位。

在传统的市场营销概念中，大量的公司根据过去的经验与理论会将市场的产品或服务定位在1~49岁，认为这已经涵盖80%以上的有价值市场。但立足于今天，我们会发现客户市场完完全全地发生了革命性的变化，过去的经验都显得如此的笼统与宽泛，甚至很多被现实社会证明是错误的。

今天的公司可以以人的社会经济地位、性别、种族、生活方式或技术水平去划分市场，可以这样说，当今的划分方法几乎不存在终点，只要有足够的样本，我们可以无限地把市场细分下去。

而一些有趣的问题更是慢慢凸显出来，例如年龄似乎不再意味着什么，60岁的摇滚爱好者、80岁的电竞游戏玩家（见图7-1）、30岁还依旧与父母生活在一起的"年轻人"。人们的观念由于文化进步，而同时进化着。例如街上3个65岁的人，可能一个刚刚退休，一个刚刚登顶珠穆朗玛峰从尼泊尔回来，另一个则可能刚刚再婚。

图7-1 80岁的Shirley老奶奶是直播平台上的爆红游戏播主

早在20世纪80年代初,就有西方学者提出过名为"时代营销(Generational Marketing)"的前瞻性营销概念,认为商业体不能只以客户的年龄来定位,还应考虑目标对象的社会地位、经济状况、民族信仰及心理状态等因素,这样便能得出更为具体的目标客户。

故第一部分,我们希望引导大家学会创建属于自己的目标市场检测表(见表7-1),让你无论处于哪个行业的创业大潮中,都能清晰地检测出自己当前的目标群体。

表7-1 目标市场检测表

尝试通过调查,回答以下问题,看看是否能确定属于你的目标人群	
1. 请描述一下公司的目标	
2. 你所发现的潜在需求是什么	
3. 你的目标客户能分为几类	
3. 你所提供的产品(服务)是什么	
4. 你理想中的目标顾客为什么要买你的产品	
5. 我的客户平时都会出现在哪里(工作或生活场所)	
6. 我的客户会去哪里娱乐(休闲场所)	
7. 我的客户一般去一些什么地方购物(消费场所)	
8. 我的客户平时喜欢看什么(信息来源)	

在这样的指导思想下,我们要的是确定公司创业过程中的一切对象,并尽可能要具体:包括准备创办企业的地点,服务对象的类型(是终端消费者,还是公对公业务,还是专门服务于政府性采购,等等),你的目标顾客都有什么特点,收入如何,公司规模如何,以及诸如此类的问题。因为只有当你知道了自己要跟谁做生意,你的公司才知道该去联系谁,去哪里找到他们。同时作为创业者要理性且清楚地知道,一个企业并不可能满足市场上的每一个人,去满足每一消费者会让我们失去方向,更会让企业感到疲惫不堪,也会让原本公司的忠实顾客感到迷惑。

作为创业企业,在有限的资源面前,更应该趋向于比较窄的市场定位,才能让我们把能力发挥到极致,把事业做好。例如以十几岁的孩子为目标在当下已经是个不够具体的目标市场定位,我们可以尝试以"十几岁,家庭月收入2万元人民币以上的广东小男孩为目标";又如,假定我们想创办一个销售软件的公司,如果单纯以销售软件的公司作为公司目标,显然过于宽泛,可以把目标更详细地定为:以提供教育与游戏软件,且年销售额为200万元人民币以上的深圳北部开发区软件销售公司为目标。以上两个例子的阐述便是对"具体"的定义。在完成后面的公司目标时,应尝试把目标定得更"具体",更切实际。

【案例 7-1】

中国移动:目标市场重心转移,政企市场是重中之重

2019年11月15日下午,中国移动"2019年全球合作伙伴大会政企论坛"召开,中国移动董事长——杨杰出席论坛并做了主旨发言。他表示,中国移动的客户市场正由单纯的TOC转向C(移动市场)、H(家庭市场)、B(政企市场)、N(新兴市场),下一步,政企市场将成为四大市场中最重要的一块。当任鑫后来反思这一段创业经历的时候,得出一个结论:创业公司尽全公司之力做了一款产品,最后却没人使用,这才是真正的浪费。

随着我国经济从高速度增长向高质量发展的加速转变,信息通信技术从助力经济发展的基础动力转向引领经济发展的核心引擎,面对这些深刻变化,中国移动强化顶层设计,研究明确了构建企业高质量发展的"力量大厦",提出要做"网络强国、智慧社会、数字中国"的主力军。杨杰指出,随着"力量大厦"的提出,中国移动的发展定位也发生了很大变化。

一是由通信服务向通信和信息服务转变。通信信息的内涵非常丰富,通信面和信息面完全不同,中国移动今后将同时提供通信服务和信息服务。

二是客户服务的市场将由单纯ToC向C(移动市场)、H(家庭市场)、B(政企市场)、N(新兴市场)转变。"展望未来,加快数字化转型已经成为各行各业的共同诉求,政企市场将会迎来更加广阔的发展空间,所以下一步政企市场也将成为四大市场中最重要的一块,也是中国移动着力投入更多资源、以行业共同推进的一块重要市场。"杨杰强调。

随着个人用户市场的饱和,运营商纷纷将新增市场的重心转向政企市场,尤其是在5G商用大幕开启之后,业界普遍认为,5G赋能千行百业,促进行业高质量发展,而行业市场也是5G最大的舞台,是5G时代运营商发力的重点。

中国移动已经在5G+行业方面进行了积极探索,与医疗、制造、教育、工厂等进行了5G+的初步实践,在本次大会上,中国移动提出了5G融入千行百业,助力产业转型动能升级。

2019年以来,中国移动顺应产业发展趋势,推动政企市场发展迈上新台阶。一方面,适应5G时代生产力发展需要,深入推进中国移动政企领域组织机构调整和布局优化,进行政企体制改革,形成了T形结构和"1+3+3"的政企体系。其中,1是成立政企事业部,第一个3是云能力中心(苏州研发中心)、物联网公司、中国移动系统集成公司,第二个3是三个产业研究院;T形是集团、省地形成纵向一体化的政企体系。

当前,5G商用大幕已经开启。杨杰表示,5G时代高质量的协同创新和共同发展呼唤更高水平的开放合作,中国移动将深入实施"5G+"计划,加快实现"五个升级",推动政企市场5G合作生态策略落地落实,促进5G融入千行百业。

与个人市场不同的是,政企市场的发展更加需要合作伙伴的齐心协力。在发言最后,杨杰呼吁:"一花独放不是春,百花齐放春满园,让我们一起播撒合作的种子,共同收获发展的果实,携手开创5G更加美好的春天,为推动经济转型、社会进步、民生改善作出新的

更大贡献。"

（资料来源：舒文琼，通信世界全媒体）

分析：强大如中国移动，也需要顺应产业发展进行自我目标市场调整。所以，无论是面对终端个人消费者，还是政企市场，只有不断地调整自我，找准具体的核心目标对象，跟进社会新生产力，才能在瞬息万变的商场中不被淘汰。

单元7.2 策划推广手段

【案例7-2】

案例一："得到"APP的菜市场经济学

"得到"在2018年做了一次菜市场经济学主题展，是为了推广其APP中的一项经济学付费专利及其专栏作者的书。生活中的经济学在菜市场正好可以非常接地气地体现出来，主题和形式的契合度非常高，不会让人产生"只记住了展览却没记住品牌"的营销痛点（见图7-2）。

图7-2 "得到"APP推广中的市场

"得到"这一波操作让我们发现，我们生活周边还有许多的传统场景其实都可以挖掘，比如城中村、许愿树、景点、大型超市、工业区、步行街等，只需要对宣传主题与场景相匹配，都可以作为媒体渠道进行合作或者投放。

品牌推广并非一定要在抖音上面拍短视频，在线下包装个菜市场做主题展一样能起到很好的宣传效果，相信得到APP这次的菜市场经济学展，比各种在商场中庭举行的主题展的传播量级都要大不少（见图7-3）。

图 7-3 "得到" APP 推广中的市场剪影

案例二：支付宝——公交广告牌的自导自演

就在前不久，支付宝做了一波公交广告的投放，广告画面以聊天对话界面的形式，言简意赅地表现出了支付宝的各种便民用处，比如医院挂号、坐公交等功能（见图7-4）。

图 7-4 支付宝车站广告1

画面的内容和设计没太多可说的，毕竟这种对话框形式已经非常多见了，而且这次广告内容只能算是工整，没什么毛病也没有特别惊艳（见图7-5）。

图 7-5 支付宝车站广告2

但似乎是支付宝官方事先做好的策划，投放的公交站台被路人在对话框中写上了一些涂鸦文字，具体内容类似于"土味情话"，让事情变得有意思起来，也引起了不少人的围观和主动传播。

涂鸦的形式挺有新意，虽然这似乎不太文明，而且不是首创，如果真是支付宝官方策划，那么这种形式目前很少见到被大品牌使用（见图7-6）。

图7-6　支付宝车站广告3

通过路人涂鸦"段子"的形式，让这些公交站台的投放变得互动起来了，而且成本非常低，引发关注带来的品牌收益，要远远超过去上面涂写几个字。小小几个字，让传统媒体出现了新的魅力（见图7-7）。

图7-7　支付宝车站广告4

其实在公交站台、地铁站台等广告位上做出互动并不少见，有些是通过使用电子显示器、感应器的形式与路人进行互动，有些是在广告位中放置装置而不是平面海报，有些是在广告画面中加入镜面或哈哈镜的特殊材质进行互动……但这些手法的成本都远远超过支付宝这次的涂鸦留言。

支付宝通过媒介形式的创新，达到以小博大的品牌传播效果。而重点在于，在这类营销推广中，传统媒介不再是一成不变的，也不再是失效的，赋予更多拓展性的玩法，也许会让传统媒体比新媒体更有效。

案例三：天猫"618"微博抽奖活动

"618"期间天猫为了造势，在微博上发起了一个抽奖的活动。按理说微博抽奖送礼已经是各个品牌熟悉得不能再熟悉的日常操作了，但是这次天猫硬是把这种常规操作玩出了新高度（见图7-8）。

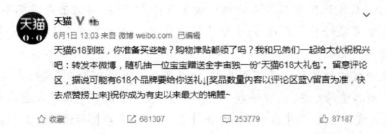

图 7-8 天猫 618 活动微博

这个微博抽奖活动其实是天猫和其他品牌方联合推出的,不同于以往,而是直接在微博内容上互相发信息。这次的合作商家曝光及礼品设置都在评论区,而且这么设置的好处是,一些没有合作的商家品牌也能通过留言评论的方式参与到这次的抽奖狂欢中(见图 7-9)。

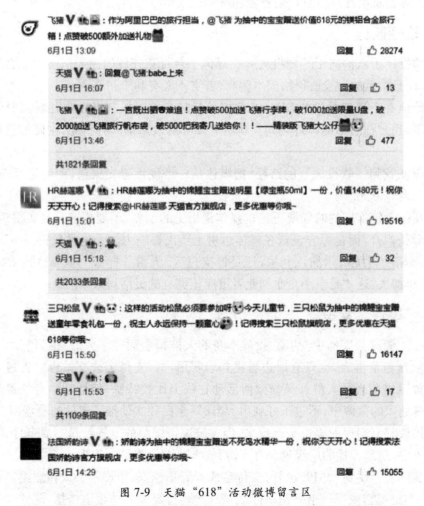

图 7-9 天猫"618"活动微博留言区

随着商家的不断增加,留言评论区所积累的"奖金池"越来越大,最终超过 10 万元。等于天猫用微博抽奖完成了一次众筹,而品牌方通过提供奖品的方式获得了曝光。

这个案例的难得之处不仅在于把微博抽奖的形式玩出了新花样,大量的品牌商家与用户进行互动；而且让商家参与活动的门槛变得非常低，品牌方若是愿意参与只需要在活动微博底下留言就好了；另外，所有这个活动所带来的流量都在天猫那一条微博下，把握住了总体的流量价值。

不知道这种微博抽奖形式是不是首创，但确实让人耳目一新，当我们认为微博抽奖已经搞不出什么新名堂的时候，天猫给我们上了一课，在几乎没有渠道投放成本的情况下，最终总体曝光量突破6亿元，而且在中奖名单出炉后，还有许多后续的媒体报道等公关操作。

分析：上面的几个案例，无一例外都通过使用崭新的形式在为自己的品牌博取消费者的眼球，从而达到品牌传播层面上的四两拨千斤，这正是创业者非常需要具备的创新精神。时代与消费者的变化促使创业者在方方面面都需要创新，产品要创新、服务要创新、推广手段也要创新。

下面给大家总结几点新时代创业者在推广过程中的心得。

一、软硬兼施

传统的推广手法偏向于"硬投放"，在媒体平台百花齐放的今天似乎没那么受到年轻人的关注，而且大量的硬投放价格成本偏高，着实不太有利于初创企业。

媒介价值在于覆盖量没错，但是光看覆盖量的"硬投放"已经在互联网时代掀不起什么波澜了，用户注意力的碎片化其实让所有媒介的效果都大打折扣，生硬的投放效果必然不会好。

我们应该找到"软投放"的路径，把媒体从一个硬性曝光渠道，变为可互动、可引起主动传播的内容形式。

因此在做营销推广的时候要更注重媒体运用上的创新，不要抱着只是买渠道、买流量的思路去看待媒介，而是想方设法在媒体运用上造出影响力。无论是像得到APP一样找到日常中忽略的传统场景加以利用，还是像支付宝、天猫一样做一些媒介内容的互动创新，都能以小博大，这才是中小企业创业者更应该拥有的灵活思维素质。

二、"事件"营销

其实在上面这些案例中，活动、投放本身的人群覆盖面并不大。"得到"APP的菜市场经济学展覆盖量再大，也只有周边居民和忠实用户；支付宝公交站台广告覆盖量再大也只是投放区域附近的人群；天猫微博活动在线上比较特殊，但活动本身的覆盖面也仅在各个品牌商家的微博中，不过正好利用"618"全民狂欢助推了事件的覆盖面。

这些投放都有明显的渠道平台壁垒，但突破渠道壁垒的方式就是形成事件，只有形成了影响力事件，信息传播的层级就会打开，形成大范围的跨平台传播。

所以实际上"得到"APP也好，支付宝或者天猫也好，也许不会太在意渠道覆盖量有多少，更多的是把它做成一个营销事件，引导媒体、自媒体主动报道传播，这才是这一轮推广想要达到的传播效果。

用户看到支付宝公交站台涂鸦的图片，觉得有趣便会想要转发并分享给自己的朋友，这才是最重要的，观看这个有趣"营销事件"的用户基本不会去管这个公交站台是在

CBD 还是在一个偏僻的小城;同样的,转发用户只看中"得到"APP 在菜市场里好玩的经济学普及,却不会太关心这个市场究竟在哪里,是个大菜市场还是个小菜市场,吸引目光的是"事件"。而我们要造的,也是有利于我们创业企业的"事件"。

三、选准渠道

渠道信息载体是渠道传递信息所用的内容表现形式,一般为文字、图片、视频、声音等,一般来说视频包含的信息量是我们所处时代最大的,图片和声音是最容易被人理解的,文字给人的想象空间和留白对人的感受来说是最自由的;渠道渗透能力指渠道有多大的能力把人带入渠道中,被带入的程度越深,广告的到达率就越高,消费者越不容易被外界的环境所干扰,越容易被夹杂在渠道中的广告信息感染和触动。

表 7-2 列出了一些常见渠道的维度分析。

表 7-2 常见渠道的维度分析

渠道	可承载信息	渠道渗透能力
短视频平台	视频	极强,新时代的宠儿
公众号	图文	极强
朋友圈广告	文字、图片、视频	过去强,逐渐变弱
社交平台广告	文字、图片、视频	强
互联网广告栏	文字、图片	弱
广播	声音	强,尤其以驾车人士
车身广告	文字、图片	弱
电梯广告	文字、图片、视频	固定空间渗透强
户外广告	文字、图片、视频	弱
电视	视频	过去强,网络时代被分流
杂志	文字、图片	对特定人群强
报纸	文字、图片	中老年强,年轻人弱

以现在年轻人都爱用的抖音平台为例,渠道信息载体为视频,这种展示效果比文字、图片、图文带来的视觉冲击力更强;如果只是视频展示,那么户外视频、楼宇视频广告都是此类,抖音(见图 7-10)则提供了另一种维度的属性,它的渠道渗透能力极强,网友们戏称:"抖音十分钟,人间两小时。"

图 7-10 近年大火的抖音 APP

很多渠道如户外广告,消费者心理已定义是广告位,所以大多数人选择忽视它甚至有意回避它,在渠道渗透能力上对比抖音就有天壤之别,所以在广告到达率上差别也非常大。

在渠道选择上,渠道信息载体没有好坏之分,主要根据我们要传播的目标物进行针对性的选择,如果想传播品牌的律动感、听觉效果,首选载体肯定是声音,如果想表现品牌的冲击力，首先载体肯定是视频。

所以，从渠道属性出发，什么样的行业或者产品适合短视频平台可以大致描画成：

（1）传播要有视频冲击力，这个视频效果可以是震撼、好玩、有趣、温馨等；

（2）传播的视频能融入平台视频调性和氛围，在传播中很好地利用用户的沉浸感，而不是用户看了感觉突兀、跳戏。

四、渠道与客户感知

一个产品的口碑越差，用户就会越少，随着替代品的出现，产品甚至会走向消亡。渠道在这点上和产品稍有不同，很多渠道即使口碑稍差，比如我们常见的"牛皮癣"广告，但依然屹立不倒，最重要的原因就是这种渠道确有实效。

效果之于渠道的重要性，有如用户之于产品，而口碑差仍有效果的主要原因，目前认可最多的是人类认知心理学的解释：单音接触效应。一个产品只要得到足够的曝光，让人记住，人们在选择的时候就会考虑它，出现的次数越多，人们就越偏爱，特别是决策度较低的产品（这也是为什么家喻户晓的品牌仍然要不停地做广告的一个原因）。

产品曝光在某些时候是大于美誉的，有些企业或者名人会用一些争论绯闻甚至是丑闻来增加曝光，比如著名的网络"牛皮癣"广告大户——贪玩蓝月游戏，便使用了"是兄弟就来砍我"等特别的广告语，一时间受到大量网友的吐槽，不过偏偏这样的吐槽日渐演变成为年轻网友中"有趣"的话题，最终化劣评为传播度，不过如此做法存在着高风险。究竟口碑倒向哪个阵营，最终无法预测（见图7-11）。

图7-11 "网络游戏"推广趣文截图

对于企业，特别是想建立品牌影响力的企业来说，渠道的用户感知度就非常重要，这点从奢侈品的品牌广告渠道就可以看出，奢侈品会严格控制品牌曝光的渠道，故我们在很大一部分用户感知档次较低的宣传渠道上是看不到奢侈品广告的。

对于大部分企业来说，需要追求品牌用户调性和渠道用户感知调性的一致。下表是简单的品牌定位与渠道匹配表（见表7-3），实际上品牌在渠道的用户感知这块会考虑更多的公众形象、情感、独特调性等因素。

表 7-3　品牌定位与渠道策略

品牌定位	核心用户群	策略
高端	高端人士	需匹配高端渠道,低端渠道会降低核心用户期望
中端	小资及中产	匹配中、高端渠道,高端渠道性价比相比较低
低端	大众	对渠道无要求,更追求曝光与转化率
潮流平台	年轻人,追新族	内容需新颖,还要注意时效性
传统平台	成年人,老年人	内容需稳健,过多的时代新词会导致顾客不懂
专业平台	特殊指向人群	对特定人群有强大吸引力

还是拿这几年火爆的抖音来举例。因为定位是音乐创意短视频,所以抖音会给人一种年轻新潮的调性定位,这时候品牌在进行宣传的时候,选择和品牌调性相差太多的,就会显得很突兀,比如在抖音上宣传老年保健品,再来一个老专家现身说法,明显跟渠道平台的调性相冲突。

在一些特殊情况下,如果创业公司要影响的用户只是品牌中一些目标明确的小部分用户,这个时候,可以直接考虑这部分用户最常接触的有效渠道。如很多顶级互联网企业也会选择用户感知度低的渠道,例如选择去农村刷墙,在此时这些顶级互联网公司想推广的对象变成了农民兄弟群体,而针对这个群体来说,此时此刻刷墙便是非常有效的渠道(见图7-12)。

图7-12　各大巨头的农村宣传广告

单元 7.3　制订营销计划

营销计划是商业计划的重要组成部分。通常以年度为基准，着眼于与营销组合变量（产品、价格、分销及促销）有关的决策，并考虑如何实施所拟订的具体内容与步骤。无论创建的企业属于何种类型，具有多大的规模，每一个创业者都需要编制市场营销计划，且需要每年加以制订。

这里我们为大家把营销计划书分解成五个步骤，如图 7-13 所示。

图 7-13　营销计划书分解

一、营销状况分析

首先可以对本创业领域的相关市场、产品、竞争对手、目标用户等背景因素进行分析（见表 7-4）。

表 7-4　营销状况分析表

分析要素	对象描述
市场环境	宏观环境
	微观环境（所创业的具体区域）
用户分析	目标对象
	潜在对象（选填）
产品分析	该产品市场现状
	该产品未来前景

续表

竞争对手分析	同质竞争对手 （直接的、提供相同产品或服务的） ……
	异质竞争对手 （间接的、提供类似产品或服务的） ……

二、营销目标

营销目标是销售计划的重要内容，它指导着企业的营销策略与行动方案的方向与力度（见表 7-5）。

表 7-5　营销目标制订表

项　目	目　标	时　间
销售额		
品牌知名度		
市场占有率		
市场扩张计划		
利润		

一般来说营销目标可包括销售额、市场占有率、利润、市场扩张计划和品牌知名度等（见图 7-14）。

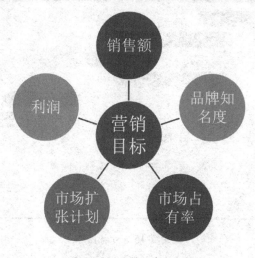

图 7-14　营销目标项目

三、营销策略

要分析自己的营销策略,可通过使用传统的 4P 理论进行分析,如表 7-6 所示。

表 7-6 传统 4P 策略分析表

4P 策略	策略描述
产品(Product)策略	产品定位
	产品延伸
价格(Price)策略	价格定位
	定价手段
渠道(Place)策略	平台选择
	分销网络
促销(Promotion)策略	促销方式
	推广形式

四、执行方案

执行方案是基于目标对营销策略的具体化实施方案,它通过对时间、人员、资源、经费等要素的安排,给创业主体以规范,尽力保证在创业路上行动的一致性,同时也是行动后进行反思与改进的必要存在。

这里推荐大家使用甘特图(见图 7-15)与"5W2H 法"相结合,去制订执行方案。

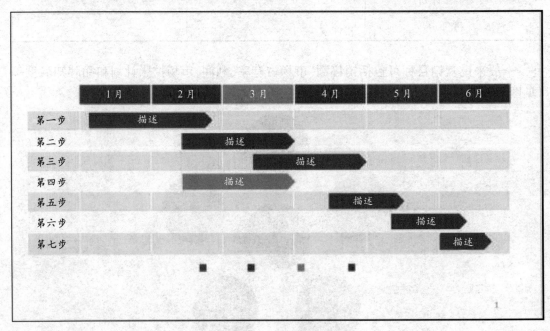

图 7-15 甘特图

（一）甘特图

甘特图（Gantt Chart）又称为横道图、条状图（Bar Chart）。它通过条状图来显示项目、进度，和其他时间相关的系统进展的内在关系随着时间进展的情况。甘特图以提出者亨利·劳伦斯·甘特（Henry Laurence Gantt）先生的名字命名。

甘特图以图示形式，通过活动列表和时间刻度表示出特定项目的顺序与持续时间。一条线条图，横轴表示时间，纵轴表示项目，线条表示期间计划和实际完成情况。直观表明计划何时进行，进展与要求的对比。便于管理者弄清项目的剩余任务，评估工作进度（见图7-16）。

步骤1：把我们准备要做的项目列出。
步骤2：按照工作过程把项目的先后进行排列。
步骤3：把各个项目预计所需时间列出。
步骤4：绘制属于自己的甘特图。

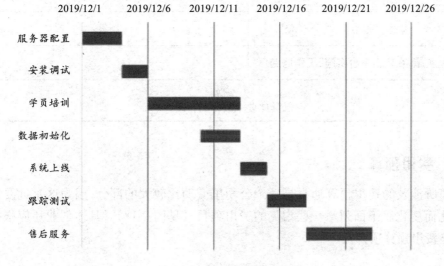

图7-16 某项目模拟甘特图

（二）"5W2H法"

这里我们借用"5W2H法"指引执行方案的实施（见图7-17）。

图7-17 "5W2H分析法"

甘特图指引我们把时间与任务运筹好,"5W2H分析法"则让我们对每个具体的行动进行明确的思考,当我们对某个具体工作感到迷茫时,不妨按照图7-17所列,通过询问自己,也许便能从中找到答案(可将结果填于表7-7)。

表7-7 "5W2H分析法"项目表

行动:(具体的行动项目)	
目的:	方案主题:
(为什么要做这个行动)	(这个行动想达到怎样的结果)
执行者:	执行时间:
(责任人,实施者,其他参与者)	(起点时间,结束时间,是否允许误差时间)
渠道(地点):	预算:
(在哪里实施,在什么平台实施,工作地点)	
怎么做:(具体要采取什么行动)	

五、费用预算

营销所涉及的费用预算通常是一个公司里变动比较大的部分,因为这永远要根据市场的变化而变化。下面列举一些常见的费用项目(见图7-18)(具体创业还应根据实际情况调整费用预算项目)。

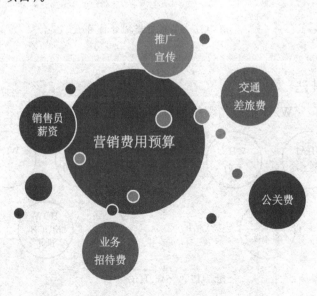

图7-18 营销费用预算项目

1. 销售员薪资

销售员薪资指一切支付销售任务所产生的人工成本,包括销售人员的基本工资,五险一金,商业保险,销售提成,各类福利补贴(通信费、网络费)及具体项目完成后的奖励奖金支出,等等。

2. 场地成本

场地成本包括销售场地租金,产品展位租金,打造营销事件所需的场地维护费用,等等。

3. 推广宣传

推广宣传费用包括广告制作费用,平台推广费用,促销费用,广告传单(卡片)印刷费,等等。

4. 业务招待费

业务招待费主要指为促进订单达成而宴请重要客户的费用,有时也包括为加深感情、强化合作关系所宴请的上下游供应商、销售渠道商等其他费用。

5. 公关费

在商业活动中,公关费一般指处理公共关系所付出的费用。如第三方帮助达成交易后的佣金,为搞好社会关系所付出的礼品费用,处理紧急公众事件所花费的媒体费用,等等。

6. 交通差旅费

交通差旅费指具体销售活动中销售人员的交通费报销、酒店宾馆费用、打车租车费用及其他因为营销活动产生的必要花销。

【案例 7-3】

"博客网"的乱局

方兴东这个名字在中国互联网界可以说是如雷贯耳,他有着"互联网旗手"和"中国博客之父"之称,对于中国互联网 Web 2.0 的发展普及有着不可磨灭的功绩。

2002 年,方兴东创建博客网的前身(博客中国),之后 3 年内网站始终保持每月超过 30% 的增长,全球排名一度飙升到 60 多位。并于 2004 年获得了盛大创始人陈天桥和软银赛富合伙人羊东的 50 万美元天使投资。2005 年 9 月,方兴东又从著名风险投资公司 Granite Global Ventures、Mobius VentureCapital、软银赛富和 Bessemer Venture Partner 那里融资 1000 万美元,并引发了中国 Web 2.0 的投资热潮。其后活跃在中国的风险投资(Venture Capital, VC)要是不知道 Blog、Podcast、RSS、P2P 等术语,不看博客、播客、视频、交友等项目,就是落伍的标志。

随后,"博客中国"更名为"博客网"(见图 7-19),并宣称要做博客式门户,号称"全球最大中文博客网站",还喊出了"一年超新浪,两年上市"的目标。于是在短短半年的时间内,博客网的员工就从 40 多人扩张至 400 多人,据称 60%~70% 的资金都用在人员工资上。同时还在视频、游戏、购物、社交等众多项目上大把花钱,千万美元很快就被挥霍殆尽。博客网至此拉开了持续3年的人事剧烈动荡,高层几乎整体流失,而方兴东本人的CEO职务也被一个决策小组取代。到2006年年底,博客网的员工已经缩减恢复到融资当初的40多个人。

图 7-19　博客网

博客网不仅面临资金链断裂、经营难以为继,同时业务上也不断萎缩,用户大量流失。为摆脱困境,2008年,博客网酝酿将旗下博客中国和bokee分拆为两个独立的公司,而分拆之后分别转向高端媒体和SNS。但同年10月博客网又卷入裁员关闭的危机之中,宣布所有员工可以自由离职,也可以留下,但均没有工资,此举被认为与博客网直接宣布解散没有任何区别。

其实,早在博客网融资后不久,新浪就高调推出其博客公测版(见图7-20),到2006年年末,以新浪为代表的门户网站的博客力量已完全超越了博客网等新兴垂直网站。随后,博客几乎成为任何一个门户网站标配的配置,门户网站轻而易举地复制了方兴东们辛辛苦苦摸索和开辟出来的道路。再后来,Facebook、校内、51等SNS社交网站开始大出风头,对博客形成了不可低估的冲击。网民的注意力和资本市场对于博客也开始冷落了。

图 7-20　新浪博客

分析:博客网本该有一个光明的未来,却因为项目想法太多,缺乏合理的计划,烧钱严重,千万元资金短时间内被挥霍殆尽。可以看出计划对于企业的重要性,而对于资金本来就紧张的创业型企业来说,又应该如何制订自己的营销计划呢?

课堂活动与课后思考

5G时代下,你的目标市场变化了吗?

第五代移动通信技术(5th generation mobile networks 或 5th generation wireless systems、5th-Generation,简称5G或5G技术)是最新一代蜂窝移动通信技术,也是即4G(LTE-A、WiMax)、3G(UMTS、LTE)和2G(GSM)系统之后的延伸。5G的性能目标是高数据速率、减少延迟、节省能源、降低成本、提高系统容量和大规模设备连接。

2019年大概可以被定义为5G技术应用的元年,新技术将给人们的生活带来方方面面的改变,以小组为单位,选取一个行业,试着畅想一下:在5G技术广泛应用后,该行业原有的目标市场会发生何种改变?为什么?

一、活动目标

让学生通过活动学会分析假想情况下目标市场可能的变化趋势。

二、建议时间

课下时间自定,课上用时30分钟。

三、材料准备

黑笔、A4纸、大卡纸、便利贴。

四、活动步骤

1. 各小组搜索资料并分享5G新技术特性。
2. 小组选取感兴趣行业。
3. 列举该行业原有的目标市场。
4. 组内讨论在新技术背景下原有目标市场将发生何种可能性的变化。
5. 班内分享。

为企业确定合适的推广手段

一、活动目标

1. 让学生通过研究调查,发现尽可能多的推广平台。
2. 让学生通过信息整理,总结当下推广平台的特点。
3. 使学生更多地了解不同推广渠道和推广的"玩法"。

二、建议时间

课上用时30～45分钟。

三、材料准备

A4纸、彩色笔、大卡纸、多媒体。

四、活动步骤(见表7-8)

表7-8 为企业确定合适的推广手段

步骤	具体要求	注意事项
1	小组按老师要求领取"创业项目"	选取时下热门话题。 以小组为单位进行"头脑风暴"
2	为该行业定制"营销事件"	
3	确定推广人群、推广渠道	
4	讨论选用何种推广信息载体	即兴演讲。要自信,也要坚信,乐于分享,乐于接受
5	向大家展示小组定制的推广活动	
6	小组互评,教师点评。全班总结	

故宫的营销计划你来整理一下

自 2014 年 8 月,故宫淘宝在发布了公众号文章《雍正:感觉自己萌萌哒》(见图 7-21 和图 7-22)后引起广泛关注,《感觉自己萌萌哒》雍正行乐 GIF 图上线一周,点击量更超过 100 万。通过反差感卖萌的强烈对比,雍正成为故宫品牌下的第一个 IP 代言人。

伴随着故宫一波又一波的营销攻势,故宫不再是你记忆中那个庄严肃穆的宫殿,华丽转身后,它成为博物馆营销的"教科书"。除了故宫淘宝卖萌带货之外,故宫还涉足微信公众号、H5、纪录片,更进军文案界、微表情界,并进行了一系列事件营销让用户感受到故宫更为年轻的新姿态,让鲜活、年轻化的故宫 IP 真正意义上进入大众视野。

图 7-21 故宫宣传插画 1

在 2018 年年末,故宫旗下的两家官方机构"故宫文创"和"故宫淘宝"均推出口红彩妆,朋友圈刷屏之后便一货难求,成为"国潮"品牌中的最新代表。故宫文创一年销售额破十亿元,无疑与他们近几年来前卫的营销玩法不无关系。

现在我们试着使用倒退法,为故宫当年的精彩的营销活动复盘一下他们的营销计划。

图 7-22 故宫宣传插画 2

一、活动目标

让学生通过整理真实场景中的营销计划学会编制营销计划。

二、建议时间

课下时间自定,课上用时30分钟。

三、材料准备

黑笔、A4纸、大卡纸、便利贴。

四、活动步骤

1. 教师故宫营销方案分享。
2. 小组内部讨论,重新明确营销计划中的要素与步骤。
3. 小组对故宫营销计划进行再现。
4. 班内小组分享。
5. 小组互评,老师点评,评出最详尽、最优秀的故宫营销计划。

课后思考

分正方和反方两组讨论,试使用主题"消费者爱促销"为辩题,进行班内辩论赛,进行讨论并试着回答如下问题:

1. 目标市场分类有哪些依据?
2. 好的推广手段包含什么要素?
3. 营销计划如何更精确地对应消费者的行为?

模块八　商业计划书撰写及评估

知识目标：

1. 掌握商业计划书的概念和内容要素。
2. 掌握商业计划书评估的角度。
3. 掌握商业计划PPT路演的技巧。

能力目标：

1. 能够撰写完整的、切实可行的商业计划书。
2. 能够从投资人的角度评估商业计划书。
3. 能够完成商业计划PPT路演。

【导入案例】

能帮助企业成长的商业计划

据统计，多达一半以上的创业公司在短短的四年之后就不存在了。大多数创业者在初创时期，都雄心勃勃、激情飞扬，被创业热情所驱使而积极做事，但也产生一个疑问：这些创业者怎么会这么快就以失败告终呢？

根据过去20多年在几家公司创业经验的总结，这些创业公司的失败归根结底都是因为一个工具的缺失：能帮助企业成长的商业计划。大多数创业者的商业计划都是有缺陷的，因为他们都忽略了一个非常关键的成分。那就是一个可以帮助你完成所有创业目标的人脉。在创业过程中，你需要跟客户、供应商、商家、营销团队、业务指导者以及其他的创业者、企业家合作，如果你或者你的创业伙伴善于跟这些人打交道，显然所有的问题都可以迎刃而解。如果你有一个强大的关系网，你完全可以不花一分钱就达到创业目标。而且，就算你没有接受过正规的教育，也可以实现自己的创业梦。有太多的创业者认为，能帮助自己实现创业梦想的唯一条件是大量的金钱和MBA学位，这一点需要纠正，你真正需要的，一定是你的人脉！

以下的五个步骤不仅可以帮助你检查自己的商业计划，搜索到人脉中支持你创业的人，而且可以帮助你创业成功，实现自己的创业理想。

(1) 把你的创业目标写出来。这也是为什么我们认为商业计划重要的原因。把商业计划写出来，有助于你描绘出创业的愿景、使命以及最后的目标。你心目中复杂的商业计划到底适不适合你？只有把它们简明地写在纸上才能明白。而且只有这样，你才能进行下面的关键步骤。

(2) 调动你的关系网。根据所写的创业目标来搜索，动员你身边的人脉关系。你需要为每一个详细的创业目标都标注上可能实现的愿景，以及所必需的人脉关系。举例来说,如果你想从一个蛋糕店来开始自己的创业之旅,那么你就需要寻找顾客源、面包供应商、营销团队,以及其他相关业务所必需的人才。你可以考虑利用一切工具来扩大自己的关系网,Facebook 之类的社交媒体正是可以免费利用的资源。

(3) 建立良好的人脉关系。当然,创业所必需的大部分人脉,你可能现在都找不到。没关系,你还可以进一步挖掘自己的人脉,扩大视野。寻找那些可能给你提供相关人才的人脉,让他们给你来搭建一个沟通的桥梁。这时,你就要运筹帷幄,知道谁的人脉最广,谁的人脉跟你的创业相关,然后再去联系和建设。你还需要知道的是,这些人脉桥梁、需要的人才,都是在哪儿打发自己的时间?他们都参与了哪些志愿者组织?在什么样的网络媒体可以找到他们?

(4) 提供帮助。现在,根据自己制定的明细表,以及确定可以找到的人脉关系表,找个合适的时间,把自己融入这些人脉资源之中。当然,一定不能一开始就直接要求对方做什么,你可以先适当地给予对方些什么。把你的人脉列表,细化到每个具体的人身上,跟他们深交,一次一个,并给他们提供一些帮助。例如,可以找出他们在生活和工作中的需求,并且告诉他们,你愿意、准备并且能够给他们提供帮助。当然也有一些人暂时并不需要帮忙,你表达了自己的想法,他们或许会反过来帮助你的创业。如此,你就可以达到一个惊人的效果。你会发现,自己的人脉网络又扩大了不止 10 倍。

(5) 分享你的创业愿景。需要确认的是,重要但不唯一的关键是,你要跟你找到的这些人脉来分享自己的创业愿景。这其中包括新的商业计划,以及确认你们需要定期并且长期维持关系的人。当你帮助每个人都实现他们自己的目标时,同时你也要跟他们分享你的创业愿景。当然,如果你接触到的这些人脉关系中,有些人暂时不支持你创业,也没关系。因为你会发现,许多人会用自己的方式来帮助你,帮助你的业务发展。

想要创业成功,需要很多很多的人一起努力。如果你不能动员别人,那么创业对于你来说,就是一条无比艰辛的前进道路。

【课前思考】

1. 创业是否有必要写商业计划书?
2. 商业计划书有什么作用?

单元 8.1　商业计划书撰写

商业计划书(Business Plan,BP)是一份全方位的项目计划,其主要意图是递交给投资人,以便于他们能对企业或者项目作出评估判断,从而使企业获得融资。

商业计划书有相对固定的格式,它几乎包括了反映投资商所有感兴趣的内容,从企业成长经历、产品服务、市场营销、管理团队、股权结构、组织人事、财务、运营到融资方案。只有内容翔实、数据丰富、体系完整、装订精致的商业计划书才能吸引投资人,让他们看懂企业或项目商业运作计划,才能使融资需求成为现实,所以商业计划书的质量对项目融资至关重要。

一份完整的商业计划主要包括以下要素。

一、执行摘要

执行摘要,也可以称为计划摘要或计划概况。执行摘要应该放在商业计划的最前面,也是读者最先阅读的部分,但是这部分的写作却是最后才完成的。执行摘要浓缩了整个商业计划的精华,涵盖了计划的所有要点,以求一目了然,以便读者能在最短的时间内评审计划并做出判断。

读者尤其是投资者,他们希望商业计划开门见山。如果没有执行摘要,就要等看完整个商业计划才了解企业的情况,这对于时间就是金钱的投资者来说可能一早就放弃了。因为他们没有这么多的时间,更没有这种耐心。投资者看完执行摘要后,如果产生兴趣,那么他就愿意花时间仔细看完全部计划的内容,然后再做决定。相反,如果一点兴趣都没有,后面的所有内容他都不会理睬,指望他来投资已经不可能。所以,执行摘要的写作最重要,一定要能激起投资者的兴趣,使其有进一步探究项目内容的渴望。

执行摘要应该是以简洁的和可信的方式强调创业经营的要点,特别要说明自身企业的不同之处以及导致企业成功的因素。具体的内容可能包括:公司介绍,主要产品和业务范围,市场情况,营销策略,组织与管理,生产销售,财务计划,资金需求等。

在介绍企业时,首先要说明创办新企业的思路、新企业的目标和发展战略。其次,要说明企业未来的经营情况,包括自身的和竞争对手的经营情况。最后,还要介绍一下创业者自己和团队其他主要成员的背景、经历、特长等。管理团队的素质对企业成功与否往往起关键作用。

为了使风险投资家看得懂商业计划,我们应该尽可能写的通俗易懂;为了让风险投资家在短时间内能够充分理解手中的商业计划,应该尽可能写的简洁;为了引起风险投资家的兴趣,应该尽可能地浓缩整份商业计划的精华。深入的探讨应该放在后面部分进行。

二、产品或服务

商业计划的读者最关心的问题之一就是,产品或服务是否具有创新性,能否卖得出去,市场有多大,能否赢利。这就要求新企业提供的产品或服务能解决现实生活中的问题,或者能够帮助顾客节约开支、增加收入。

通常的产品介绍应包括以下内容:产品的概念、性能和质量;主要的产品类型;产品的竞争优势;产品的市场前景预测;产品的品牌和专利;产品的成本分析等。

创业者要对新产品或服务作出详细的说明,说明应该准确、通俗易懂,尽量避免用专业性很强的术语,应使普通的投资者也能一看就明白。一般而言,如果可能,产品介绍应该附上产品的原型、技术图纸或相关照片等介绍资料。产品或服务的介绍比较具体,因而写起来较其他部分容易。虽然吹嘘自己的产品在推销时是应该而且必需的,但是,写作产品或服务时,应力求实事求是,计划中的每一笔承诺,都需要未来的企业尽力去兑现。创业者与投资者的合作不是"一锤子买卖",而应该是一种长期合作的伙伴关系。一旦某一项承诺无法兑现,投资者会重新检讨与创业者的合作,甚至远远失去他们的支持与合作。

同时，因为承诺无法兑现，会导致企业信誉受损、客户流失。这些代价，企业是承受不起的，最终可能导致创业者的失败。

三、组织与管理

（一）组织就是描述企业的组织结构和所有制形式

1．企业的组织形式

企业的组织形式包括直线制、直线职能制、事业部制等。在现实中，为选择合适的组织形式，新创企业应该综合下列因素：行业特点、企业规模、技术复杂程度、市场需求的变化、职工素质的高低、企业内部的分工与布局、管理者的管理水平等。一般来讲，初创企业很多都采用直线制或直线职能制。不管采用何种形式，这部分内容应该包括新企业的组织结构图（也可以放在附录中）、部门的划分以及各部门的责权利，应该明确每一个岗位的要求和职责。

2．所有制形式

所有制形式是指新创的企业是独资形式、合伙形式还是公司制形式。依据法律的规定，不同的所有制形式下，创业者承担的责任有很大的差别。

（1）如果采用"个人独资企业"的形式，创业者要对企业的债务承担无限责任。若企业的资产不足以偿还企业到期债务的，就需要用创业者的其他个人可执行资产来清偿这笔债务。也就是说，企业的责任就是创业者个人的责任，企业和创业者的责任连为一体。这种所有制形式，虽然加大了创业者的责任和风险，可以说是把自己的身家性命都搭进去了，但却向潜在的投资者表明了自己的信心和决心，有一种"不成功，则成仁"的气势，也极大地增强了外来投资者的投资欲望。

（2）如果采用"合伙企业"形式，创始人就有两个以上，合伙人通常要对企业债务承担连带无限责任。若企业的资产不足以偿还企业到期债务的，所有创始人要以自己的个人财产来清偿公司的到期未偿还的债务。正是因为这样，所有创始人都非常关注企业的生产经营，甚至直接参与企业的日常经营运作。采用"合伙企业"形式，应该签订合伙协议，需要明确合伙人之间的分工，明确各合伙人的责权利，以免出现职责冲突和利益纠纷。有资料显示，2/3 的合伙企业解散的主要原因是合伙人的利益发生了变化或者合伙人之间发生了人际冲突。同时，这类企业创始人的自有资金规模一般较个人独资企业要大，有利于从外部获得资金支持。

（3）如果采取"公司制"形式，创业者自己只承担有限责任。如果公司不能偿还到期债务，创业者（股东）仅以其对公司的投资额为限来对公司债务承担责任，债权人没有权利要求创业者（股东）拿出个人其他财产来替公司还债。对于创业者（股东）而言，最多使公司倒闭（或者拿去偿债），与创业者（股东）的其他财产没有任何关系。这有利于降低创业者的风险，但法律要求创业者投入的资金规模较大。而且，这种所有制形式是现代企业制度的要求，也是实践中采用最多的形式。在商业计划中，应该说明：企业采用的所有制形式、每一位投资者投入资金的数量和形式、每一位投资者承担责任的形式、投资者的责权利、企业的管理机构设置及其职权等。

（二）管理就是强调管理团队的问题

有人说，创业的成败在很大程度上取决于团队人员的素质。有什么样的团队，就有什么样的企业。企业失败的一个很大原因就是管理不善。外来投资者特别注重对管理团队的评价。这一部分的主要内容包括：哪些人将参与企业的经营管理；每个人将承担什么工作；每个人的学历、经历、特长；甚至每个人可能给企业带来的贡献；管理层的薪酬等。

创业者首先应该心中有数，及早明确企业需要哪种类型的人才。企业的管理人员应该是互补型的，而且要有团队精神。一个企业需要负责产品设计与开发、生产制作、市场营销、企业理财等方面的人才。

如果能够聘请到有相关工作经验的人，或者所聘人员的技能可以弥补创业者自身的不足与弱点，那么经营的企业很容易成功。如果计划安排亲戚朋友来帮助经营企业（仅仅因为是亲戚朋友才找他们），就需要三思而后行，最好不要把企业办成家族企业。

企业能够成功，是因为经营者能够做出比竞争对手更高明的决策。做出正确的决策要求企业拥有一支有竞争优势的团队。一支能干、互补且有经验的团队，能促使企业尽快地步入正轨，能帮助创业者实现企业的既定目标。同样，也能够增强外部利益相关者对企业的信心。

四、行业和市场

如果企业准备推出新的产品或服务，或者开拓新市场的时候，首先就要仔细地对准备进入的行业及市场进行分析和预测。如果分析的结果并不乐观，或者预测的结果出乎意料地差，那么创业者承担的风险就有可能超出他（或她）的可承受范围，明智的创业者会立即放弃这个计划，以将损失减至最低。创业者首先要对需求进行预测：市场是否存在对这种产品或服务的需求？需求的大小能否足以给企业带来利润？需求未来的发展趋势如何？影响需求的因素有哪些？其次，创业者需要对市场竞争情况进行分析：竞争对手有哪几家？他们的势力如何？他们的竞争优势何在？本企业未来能达到的市场占有率是多少？本企业的进入对竞争会带来何种变化？企业有没有相关的措施来应对？是否存在有利于企业的市场空当？等等。

这部分内容应该包括：市场现状综述、竞争对手介绍、目标顾客和目标市场、本企业产品或服务的市场定位、市场特征等。为了做好市场分析，创业者必须深入市场进行调查研究，尽量扩大信息的搜集范围，重视对宏观环境与微观环境的预测，利用科学的预测手段和方法。未来的市场不是凭空想象出来的，对市场的错误认识是创业失败的重要原因。

五、营销策略

营销策略是商业计划的重要组成部分，它主要描述企业的产品或服务将如何进行分销、定价和促销。营销策略的制订是计划制订中最富有挑战性的环节。制订营销策略应该考虑的因素主要有：消费者的类型和特点、相关产品或服务的种类和特性、企业自己的实际情况、外部环境因素等。比如，一般来讲，如果企业的顾客主要是个人消费者，那么促销策略应该注重广告和营业推广；如果顾客主要是企业，那么促销策略应该注重使用人员推销的方式。

这部分内容主要包括：市场机构和营销渠道的选择、营销队伍及其管理、促销计划与策略、价格策略。对于新企业来说，这些工作非常重要，尤其是价格策略，不仅关系到能否打开市场，而且关系到企业能否赢利及赢利的多少。

创业初期，企业往往采取低价格、高投入的营销战略，比如花大量的金钱做广告、搞促销、向批发商和零售商提供更多的返利，以求尽快打入市场。在这一阶段，企业不应该指望有太多的回报，而应该做亏钱的准备。只要企业能够坚持下去，并且不断地扩大销售，总会等到赚钱的那一天。

六、生产计划

如果新创办的企业属于制造业，那么计划中必须要制订生产计划，这个计划主要是描述产品完整的生产制造过程。一件产品的制造过程一般包括很多工序或工艺，当中部分工序或工艺由企业自己完成，另一部分则分包给其他企业去完成（要么因为成本低，要么自己没有这项技术）。如果出现分包，则应该说明分包的相关情况，比如分包商的名称、地点、合同、分包的原因等。对于自己完成的工序或工艺，则应该说明厂房的布局、需要的机器设备及技术条件、生产程序的设计和生产的步骤、生产周期标准和生产作业计划的制订、所需的原材料及供应商、生产成本、质量监控和改进计划等。

如果不是制造业，而是零售业或服务业的，不需要制订生产计划，可以制订相应的"经商计划"。内容相对简单，主要包括货物从哪里采购、存储控制系统的建立、库存需求等。

七、财务计划

财务计划需要花费较多的时间来做具体的分析，而且通常需要财务专家的帮助才能够完成。其中的内容包括：经营规划与资金预算，资金的来源与运用，预计的现金流量表、损益表和资产负债表，盈亏平衡点分析，财务比率的分析等。

（一）经营规划与资金预算

在编制预计财务报表之前，创业者应筹划经营，进行资本预算。如果创业者是独自经营，那么预算决策就由自己全盘负责；如果采用合伙经营或公司制形式，那么资金预算就需要在分工的基础上共同完成。首先应该制订销售预算，销售预算应该反映季节变化及营销策略对需求的影响。其次制订经营成本预算，经营成本包括固定成本和变动成本。固定成本是指与销售量无关的成本，不管销售量如何变化，这部分支出始终保持不变，比如固定资产的折旧、房屋和设备的租金、固定的工薪等。变动成本是指与销售量保持同方向变化的成本，一般而言，随着销售量的增加，这部分支出也随之增加，比如销售成本、广告费用、原材料费用等。资金预算的目的在于为评估影响企业一年以上的支出奠定基础。资金预算可以是估计购置新设备或者聘用新职员所需的费用，可以是评估自产还是购买的抉择，可以是购买和租赁的比较等。这些决策需要利用净现值方法计算资金成本和投资的期望回报，因而有较大的难度，一般需要寻求财务顾问的帮助。

（二）预计损益表

损益表是反映企业一定期间内经营成果的财务报表，主要提供有关经营成果方面的信息（包括收入、成本和费用、利润等）。利用这些信息，可以了解这一期间内收入实现情况和费用耗费情况，了解生产经营活动的成果，了解企业的赢利能力和变化趋势。

首先应该按月估计销售收入。销售收入的估计应立足于市场研究、行业销售状况以及一些试销经验，企业可以利用一些比较科学的预测方法（如专家意见法、德尔菲法、时间序列分析法）。任何一家新的企业，起步都是非常艰难的，开业的头几个月，销售收入少得无法想象，只有经过一段时间的潜心经营，销售收入才能达到一定的规模。

其次要按月估计经营开支。每一笔支出都不可遗漏，应该仔细地评估，以保证每一笔开支尽可能地符合实际。创业者必须做好充分的准备，创业初期，收入不多，而开支不少，往往入不敷出。

（三）盈亏平衡分析

创业者应该清楚未来的企业何时才开始获利，并且需要反映在计划中。盈亏平衡点就是企业刚开始由于产销量很小，一般都处于亏损，但随着产销量的增加，企业将出现既不赢利又不亏损的情况，这就是盈亏平衡点。这时的销售量称为盈亏平衡点销售量，这时的销售额称为盈亏平衡点销售额。盈亏平衡的销售额向创业者指明了支付全部的固定成本和变动成本所需的销售额。如果销售单价低于或等于产品的单位可变成本，企业永远无法实现赢利，这一点是应该清楚的。只有销售单价高于产品的单位可变成本，随着产销量的增长，肯定会出现盈亏平衡点，如果产销量进一步扩大，企业就开始赢利。通过盈亏平衡分析，可以预测到为实现既定的利润目标，企业的产销量以及销售额应该达到什么样的规模。

（四）预计现金流量表

现金流量表是反映企业一定期间内现金及现金等价物流入和流出信息的财务报表。通过现金流量表，可以评价企业的支付能力、偿债能力、周转能力，可以了解企业未来的现金流量，有助于分析企业收益质量及影响现金净流量的因素。这些信息对外部投资者来说非常重要，因为现金流量影响到银行的贷款能否顺利地收回，风险投资者的资金能否及时地退出。有一些企业损益表上有大量的赢利，却无力偿还到期债务，就是现金流出现问题。

一个赢利的企业也会因为现金的短缺而破产，这样的例子很多。所以，如果企业的现金流出现明显的亏空，仅用利润这个指标来评估新创企业是否成功，就可能会得出错误的结论。

现金流量表的编制，需要使用预计的销售收入以及销售成本费用等数据，但和编制损益表不一样，需要对这些数据根据现金可能变化的时间进行适当的调整。如果某一时期的现金流支出大于流入，创业者就应该有渠道筹集资金，以确保有足够的现金流来应付对外支出，这种现象往往出现在入不敷出的创业初期。

无论是预计损益表，还是预计现金流量表，有时候设置多种情境的假设是必要的。这些情境与预计不仅是为了编制预计损益表和预计现金流量表，而且更重要的是，它能令创业者熟悉影响经营的各种因素,了解这些因素的变化对企业经营将会产生怎样的影响。

(五)预计资产负债表

资产负债表是反映企业在某一特定日期财务状况的报表。通过资产负债表,可以了解企业资产和负债的总额及构成情况,可以了解所有者所拥有的权益。企业未来的每一笔经济业务都会影响到资产负债表。资产 = 负债 + 所有者权益,资产负债表就是根据这一公式,按照一定的分类标准和顺序,把企业一定日期的资产、负债和所有者权益各项目予以适当排列。资产是企业拥有或者能够控制的能以货币计量的经济资源,包括流动资产、长期投资、固定资产、无形资产和其他资产。负债是企业对债权人的负债或欠款,包括流动负债和长期负债。所有者权益是所有者在企业资产中享有的经济利益,其金额为资产减去负债后的余额,包括实收资本、资本公积、盈余公积和未分配利润。

创业者至少应该给出新创企业开始的 3～5 年的预计财务报表,以便对企业的长期经营有一个全面的估计和认识。

八、风险与机遇

任何一家新创的企业都将面临一些潜在的危险。创业者有必要进行风险估计以便及早制定有效的策略来应对。新创企业面临的风险可能有:技术不成熟、资源短缺、管理不到位、市场和产品的不确定性、对关键人员的依赖性、竞争的残酷性、技术的进步导致产品的过时等。对风险的应急计划和备选战略是向潜在投资者表明,创业者对经营中存在的风险是十分重视的,而且对可能发生的风险已经做了充分的准备。

机遇将给整个计划带来闪光点,也是各方所关注的焦点之一。面对机遇,创业者应该不失时机地把握和利用,并且应该具体地制定相应的策略,让机遇带动企业的发展,给企业带来丰厚的利润。机遇包括:政府政策的倾斜、市场需求的急剧扩大、强有力竞争对手的退出、技术的垄断等。

九、退出策略

很多创业者太沉浸于应付开办企业带来的挑战,从不考虑如何退出的问题。但是,人的一生终究是有限的,退出是迟早的事。所以在计划中,应该解决将来的企业"给谁、何时、多少钱"等问题。

更为重要的是,如果新创的企业准备吸引风险投资,那么在商业计划中必须说明风险资本退出的方式,因为风险投资家并不愿意长期持有企业的股份。具体退出的方式包括以下内容。

(1)股份回购。由创业者在一定的时候按照约定的价格和比例回购风险投资者持有的股份。

(2)公开上市。如果企业能够实现公开上市,则风险投资家能够通过证券市场把手中持有的股份卖出去,这样就能够成功退出企业。

(3)股权协议转让。就是在商业计划中注明允许风险投资家在一定的条件下将手中持有的股份通过协议的方式转让给其他投资者。

十、附录

商业计划一般应该有附录,附录中包含了不必在正文中列明的补充资料。附录可能包括:主要人员简历、专利技术的证明文件、相关资料的来源和说明、协议与合同、专业术语的阐释、供应商的资料等。

单元 8.2　商业计划书评估

大多数早期创始人,都没有明确的数据意识,其实创始人在开始第一轮融资的同时就要建立"数据思维",因为在项目资本化过程中,"数据"就是"证据",再好的项目创意,没有数据都是证据不足,所以导致投资人会随时变卦不再投资。很多创始人一味解释项目还没有营运或者营运时间太短,数据预测做不出来,这种表现很减分。投资人首先想了解的就是创始人对项目整体的规划和驾驭能力、统筹能力。如果从理论上都做不出,问题只能出在创业者没有良好的创业经验或从业经验,或者缺少战略规划能力,作为创始人这是先天致命的短板。

【案例 8-1】

ofo 失败原因是狂热的投资人

年关将至,中国创业史上又出现了一个新纪录,那就是共享单车 ofo 已经走入了绝途,1300 多万用户申请退还押金,如果以 99 元/位计算,ofo 大约需要退还 13 亿元押金,如果以 199 元/位计算,那么金额会更高。

自 2016 年 ofo 诞生以来,它先后融资了十几轮,融资总额达到了 150 亿元以上,可以说是近几年来中国创业史上最大的一笔数目。

但是 ofo 依然落败了,在某种意义上,共享单车这个概念很可能是一个伪命题。就在最近这几天,很多人都在讨论 ofo 失败的原因,其中马化腾的一个观点受到了最大的热议,他认为 ofo 的失败是因为"一票否决权",是"90 后"创业者戴威的固执,把 ofo 拉进了泥潭。但是在我看来,恐怕还有另外一个更重大的原因,就是那些狂热的投资人。

一

在过去三年里,投资共享单车主要有两种资本,一种是风险资本,一种是产业资本。

风险资本押注共享单车有两个原因,第一是网约车战争刚刚结束,2012—2016 年,以滴滴为代表的网约车迅速崛起,它主要的模式就是通过烧钱把传统的出租车体系烧垮,然后把竞争对手也烧垮,烧钱成为战备竞争唯一的手段,而且看来非常成功。

在风险投资看来,网约车和共享单车是天然的一环,共享单车解决了出行最后的一公里问题,所以他们试图在共享单车领域复制网约车的奇迹。在他们看来,只要烧钱就一定能烧出一个新世界,甚至在 2017 年年初有风险投资人提出,只要肯烧钱,他会在 90 天内"解决战斗"。

诱使风险投资人疯狂进入共享单车领域的还有另外一个原因，就是所谓的赛道理论，它指的是当一个新的风口出现的时候，就如同出现了一条赛道，那么作为一个合格的投资人，你首先要进入赛道，最好能够把赛道上所有的竞争者全部投资一遍。如果你不参与，那么就很可能成为一个尴尬的旁观者。

正是因为对烧钱战略和赛道理论的迷信，使得风险投资几乎在没有任何思考的情况下，纷纷进入了共享单车领域。

二

除了风险资本，投资共享单车的还有产业资本，它们是几家大型的互联网公司，比如阿里、腾讯、百度、美团和滴滴，它们投资的唯一理由就是需要一个新的流量入口。

到了2016年，中国智能手机的红利已经吃完，手机销售量开始停滞甚至下滑，流量成本变得越来越高。所以在大型互联网公司看来，共享单车是很好的入口，因为每一个骑单车的人既要注册自己的信息，还要开通移动支付。

在ofo的巅峰时期，日订单量曾经突破了3200万，这对于互联网公司来说，是不可多得的新用户资源和新流量入口，所以谁也不愿意错过这个巨大的流量池。

三

但是当你分析完这些投资理由后，你会发觉一个问题，无论是烧钱战略、赛道理论或者是流量入口价值，它们都回避了一个现实问题，那就是共享单车本身能不能赚钱，它的商业模式是什么？

这个问题，似乎全中国最聪明的投资人都没有好好考虑过。

我们知道，无论是卖一个包子，还是卖一部手机，或者卖一个服务，它本身是需要有正常的商业逻辑和盈利模式的。而在共享单车领域，投资人砸下了几百亿元的资金，却没有人去认真地想一想这个问题，这真是一个非常诡异的现象。

回望过去，共享单车行业的消失以及ofo的大败局，应该是风险资本和产业资本联手捧杀的结果，这样的结论既可笑又可怕。

（资料来源：根据新浪财经意见领袖吴晓波专栏文章整理，http://finance.sina.com.cn/zl/china/2018-12-29/zl-ihqhqcis1350388.shtml）

单元8.3 商业计划PPT路演

很多人能把商业计划书写得非常精彩，而往往忽视商业计划的推广。就好像再好的产品放在家里也是一文不值。风险投资家选择投资项目时，不仅会考虑项目本身的优劣，也非常重视创业者的能力和个人魅力。商业计划路演是创业者展示自己能力的难得机会。很难想象，风险投资家会把巨额资金投向一个说话结结巴巴、连自己的创意都讲不清楚的企业家。

一、语言锤炼

第一,语言尽量简洁、精练、保持平稳的语速、少用形容词、少用被过度使用的词语。语言基本要求:吐字清楚,语句连贯,适当停顿,语速适中,比正常说话略快,声音洪亮,有重点变化,用语要清楚、有节奏、无毛病。

第二,演讲的态势语言:自然大方——动作自然,表情大方;简洁明快——易于被人们看懂和接受;富于变化——随内容、情绪变化适当变化。

第三,在演讲中要增加互动,刺激投资者的兴奋点,带动投资者的参与积极性,用讲述的方式而不是念 PPT;态度真诚,用真诚的心去感动别人;充沛的情感,很多时候在现场表现好的创业者,投资人愿意跟他二次交流,不仅是因为项目感觉好,更多的是他的表达能力和现场感染力比较强。

二、更适合的路演人

选谁上台路演是个问题。最好的路演人人选是团队的创始人(CEO),对于项目的把控力强,熟悉整体项目的战略发展布局,在问答环节更容易游刃有余。路演中如果不是创始人来现场路演,弱点很明显,对创业项目的现阶段发展认识不够全面,对项目未来走势不明确,很容易在投资评审环节回答不够完善。

三、彩排的必要性

路演方案需要反复修改打磨,做好充分的准备,而不是寄希望于现场即兴发挥。创业路演最好采用现在越来越流行的 TED 演讲方式。

一场创业路演=一场关于创业的演讲=一场面对台下数十位专业投资评审+现场 800 名以上观众+万次点击量网络视频直播的创业演讲=一场"50+"纸质÷网络媒体宣传的创业路演活动。

四、注意的细节

路演过程中还有以下的很多细节需要注意。

(一) 一个好的 PPT

PPT 以简洁明了的图片、数据、图表为主,辅助配以凝练简短的总结性话语,重点部分突出商业模式、团队成员、市场竞争、融资需求及用途等。PPT 页数控制在 15～20 张。提前一定要去路演现场播放 PPT 调试控制时间,因为投资人肯定会喜欢一个有很好时间把控能力的创业团队,这在路演的时候就能体现出来。控制时间的另一个好处是,可以提炼路演传达的信息,表意明确,冗余信息少,提高路演的信息传达效率。

(二) 少即是多

把握节奏,不平铺直叙,有详有略,重点突出。事前准备好投资人可能会提出的问题和答案,哪些问题投资人提的概率比较大,提前准备好答案,最好能用简单的逻辑、精练的语言进行回答。接过话筒上台,就像站在舞台中央感受自己成为全场的焦点,向全场聆听自己路演的评审、观众问好,从自信地自我介绍开始,按照事前彩排的演讲逻辑开始路演。路演结束时应有结束语,然后交主持人控场,或者直接有请台下投资人就感兴趣的问题进行提问。

有时候,还可以根据现场情况加上一个准备好的自问自答。问题当然是前面没有详细讲到的,却是投资人十有八九会感兴趣的问题。所以要做好心理预设,现场控制并调整好自己的情绪,用机智、理性而有技巧性的表达方式去处理,往往可以加分。

(三)切忌对项目过分乐观

过分乐观自信会令人产生不信任感;多用有根据且有效的数据说明问题;平常心不可少,就算你准备得很充分,现场也可能发生一些突发情况,例如设备突发故障,或者是现场评审和观众的反应比较冷淡、不理解、不看好、不信任创业者的创业项目和创新理念。

(四)选择未充分竞争的项目

尽量选择进入未充分竞争的细分市场,不可进入一个拥塞的市场并企图后来居上。投资人不是科学家,所以不可过分强调技术因素或者使技术环节复杂化。

(五)不滥发材料

关于项目的材料,可转为 PDF 格式,加水印,不必滥发材料。

【案例 8-2】

上市公司路演案例:富士康工业互联网

2018 年 5 月 23 日上午,富士康工业互联网股份有限公司(以下简称富士康工业互联网)在上海证券交易所路演中心举行富士康首次公开发行 A 股网上投资者交流会。

1. 问:目前公司的主要业务有哪些?

富士康工业互联网陈永正:公司是全球领先的通信网络设备、云服务设备、精密工具及工业机器人专业设计制造服务商,为客户提供以工业互联网平台为核心的新形态电子设备产品智能制造服务。

在上述主营业务的基础上,公司致力于为企业提供以自动化、网络化、平台化、大数据为基础的科技服务综合解决方案,引领传统制造向智能制造的转型。

2. 问:公司的主要产品是什么?

富士康工业互联网陈永正:公司主要产品涵盖通信网络设备、云服务设备、精密工具和工业机器人。相关产品主要应用于智能手机、宽带和无线网络、多媒体服务运营商的基础建设、电信运营商的基础建设、互联网增值服务商所需终端产品、企业网络及数据中心的基础建设以及精密核心零组件的自动化智能制造等。

3. 问:公司近 3 年来研发投入占营收占比情况如何?

中金公司(中国国际金融股份有限公司)刘之阳:报告期内,发行人持续加大在研发方面的投入,2015 年度、2016 年度及 2017 年度,公司研发费用占营业收入的比例分别为 1.75%、2.01% 和 2.24%,占营业收入比重不断增长。

4. 问:5G 及物联网互联互通解决方案项目预计带来多大的经济效益?

中金公司余燕:本项目计划在前三年投入技术开发,在项目建成后,能够为公司吸收更多尖端技术人才,增强发行人研发创新实力,有利于形成持续创新机制。5G技术在产品中的广泛应用,有利于发行人优化产品结构,强化在5G技术方向的布局,进一步构建具有竞争优势的产业生态链。

5. 问:如何选择投资方向?

应该充分考虑投资者资质以及和公司长期战略合作关系等因素后再综合确定。主要包括:

(1) 具有良好市场声誉和市场影响力,代表广泛公众利益的投资者;

(2) 大型国有企业或其下属企业、大型保险公司或其下属企业、国家级投资基金等具有较强资金实力的投资者;

(3) 与公司具备战略合作关系或长期合作愿景,且有意愿长期持股的投资者。

6. 问:人力配置部分,4万工程师只占15%,则工业富联总共有几个员工?

工业富联陈永正:截至2017年年底,公司共有员工约27万人。公司建立了较为完善的技术创新机制,不断提升工业互联网智能制造和科技服务的水平。公司将持续提高研发费用的投入力度,聘请优秀的技术人才,打造国际化的研发团队,为公司技术的创新及发展创造有利条件。

7. 问:公司在商业模式方面有什么特别的优势?

富士康工业互联网董事长陈永正:全球网络通信制造服务分为两种模式。一种是以EMS、ODM等为主的电子工程背景模式;另一种是以模具、零组件为主的机械工程背景模式。

公司综合两种模式的优势,建立了"电子化、零组件、模块机光电垂直整合服务商业模式"。

公司拥有优异的研发设计、精密模具、新产品开发、小量试产、大量量产、全球运筹及工程服务等能力,通过在此基础上强化全球布局,垂直整合设计制造与经营模式,公司形成了全球3C电子行业最短的供应链。

在该商业模式的运作下,公司能够实现快速量产和更为高效的供应链管理。此外,我们工业互联网BEACON平台可以为各行业的企业赋能,提供转型升级的服务。

8. 问:公司是否存在资金被占用或为控股股东、实际控制人及其控制企业提供担保的情况?

富士康工业互联网财务总监、董秘郭俊宏:本公司建立了严格的资金管理制度,截至本招股说明书签署日,除经股东大会批准的关联交易导致的资金往来外,本公司不存在资金被鸿海精密、控股股东中坚公司及其控制的其他企业占用的情形。

9. 问:目前公司业务是否足够独立?

中金部董事总经理、保荐机构代表余燕:富士康工业互联网经过本次重组,公司业务独立于(中坚、鸿海等)控股股东及其控制的其他企业。

发行人具备独立的产、供、销业务体系和直接面向市场独立开展业务的能力;在交付相关产品后,发行人独立获得业务收入和利润,不存在依赖于控股股东及其他任何关联方的情形。

10. 问:募集资金运用对公司财务状况、经营成果的影响?

中金公司余燕：

（1）对公司净资产和资本结构的影响：本次募集资金到位后，公司的资产总额、净资产将显著增加，流动比率和速动比率将大幅提高，资产负债水平将进一步下降。公司资本结构的优化以及融资能力和抗风险能力的提高，将为公司进行市场扩张和战略部署提供有力保障。

（2）对公司净资产收益率和盈利能力的影响：由于募集资金投资项目存在建设期，募投项目达产前，短期内公司的净资产收益率将因净资产增加而被摊薄。

但从长期来看，本次募集资金投资项目符合行业的发展趋势和公司自身的发展规划，随着各个项目的逐步建成，投产公司的产品结构将得到升级和优化，产能将进一步提升，公司的技术和品牌优势也将得到充分发挥。

因此，有利于进一步提升公司的持续盈利能力和市场竞争能力，也将进一步提高公司的净资产收益率。

11．问：公司目前有什么正在研发的项目？

富士康工业互联网陈永正：截至招股说明书签署日，公司正在研发的项目主要包括应用于智能手机机构件的一系列开发项目、应用于电信网络设备的技术及应用程序、5G技术研发、物联网及工业互联网解决方案、面向应用场景的多种应用服务、业务功能组件、大数据处理和分析、数据采集、应用到工业机器人的治具自动化串杆技术、云计算服务及存储设备的解决方案等。

12．问：为什么公司2016年的总资产实现较大幅增长？

工业富联郭俊宏：2016年末公司总资产较2015年年末增长260.49亿元，增幅为23.75%，主要由流动资产增加所致，流动资产增加主要是因为：

（1）2016年第四季度客户订单同比上升导致当期期末应收账款余额同比上升；

（2）本次重组中分拆业务主体在历史期间的货币资金结算保留在分拆业务主体所属原法人主体内，视同所属原法人主体代其代收代付资金，由此而产生的代收代付净额于期末确认为分拆产生的应收款项，该类应收款项在2016年年末大幅增加。

13．问：2017年公司通信网络设备的销售收入增幅较大，是什么原因？

工业富联郭俊宏：2017年度，公司的通信网络设备的销售收入较2016年度增加668.55亿元，增幅为45.28%，主要原因为通信网络设备高精密机构件的主要客户新产品市场反响较好，且公司负责为该新产品生产、加工更多种类的核心组件，促进通信网络设备高精密机构件产品的销量和平均单价均上升。

（资料来源：前瞻产业研究院网站，https://f.qianzhan.com/shangji/detail/180525-3ec19d1d.html）

【案例 8-3】

马云与孙正义在东京大学对话：重温19年前软银投资阿里巴巴时

2019年12月6日，近千名创业者和大学生聚集东京大学内，他们见证着阿里巴巴集团创始人马云与软银集团董事长孙正义间的对话。

当主持人问马云："19年前，孙正义投资阿里巴巴时，是否某种程度上扮演了导师的角色?"还不等马云作答,坐在一旁的孙正义赶忙摇头否认,"我不是马云的导师。"

孙正义分享了第一次见到马云时的情景。那是在2000年,马云刚刚获得500万美元融资,彼时的他对更多投资并不渴求,和孙正义见过的其他创业者不一样,马云不谈商业模式,也不要钱,"他只说了自己的愿景,我能感受到他的决心和激情,5分钟之后我说我懂了,你要改变世界。"

孙正义说,初见马云,他才是受到启发的那一个,"我当时完全相信阿里巴巴会非常成功,马云会成为一个了不起的企业家,事实证明我是对的。"

孙正义毫不犹豫"靠直觉"做出了投资马云的决定,事实上,这笔对阿里巴巴的投资直接让软银集团收获了超千倍的收益。

都说创业者真正成就的是投资者。孙正义对此感触很深,"马云擅长的是他关心人类。他非常识人善用,他不是编程、法律等方面的专家,但是他知道如何用人。他非常擅长挖掘人才,锻炼年轻人,让他们成才,组成最好的团队。"孙正义还告诉现场观众,19年来每次和马云见面,马云都在谈论对未来、对互联网的思考,自己受益匪浅。"昨晚,我们单独聊了很多。"

在这次对话中,马云分别就 AI、技术发展、未来就业和教育等话题发表见解,孙正义予以认同,同时他指出马云在管理阿里巴巴时一直坚持"客户第一、员工第二、股东第三"的原则,其中不迎合股东、投资者的做法,虽然曾经不为华尔街理解,如今却获得包括孙正义在内的投资者的尊重。

"现在马云的工作是通过赋能年轻人来改变世界。我一开始认识他,他就这么说。"孙正义称赞马云初心不改,"他在改变具体做法,但目标没变,他一直希望年轻人成长,中小企业成长,给他们机会。"

作为投资者,孙正义如此描述自己与马云的关系,"我们谈论我们所相信的,我们交换想法,我们讨论如何改变人们的生活。"

马云在对话现场也表示,自己与孙正义早已是朋友和伙伴的关系,并且两人都更相信未来。

(资料来源:搜狐网新闻,http://www.sohu.com/a/358834999_118622)

分析: 创业者不可能对市场有很详细的调查数据,也无法准确地了解竞争对手的情况,创业计划不一定能为未来规划出必然的蓝图,但是,创业计划至少有以下几个方面的作用:①把计划中要创立的企业推销给自己;②把要创办的风险企业推荐给风险投资家;③有利于获得银行贷款等其他资金;④有利于企业的经营管理。

课堂活动与课后思考

商业风险分析

一、活动目标

1. 分析应该如何有效控制创业初期的风险。
2. 找到合理的解决风险的方法。

二、建议时间

课下时间自定,课上用时 30 分钟。

三、材料准备

黑笔、A4 纸、大卡纸、便利贴。

四、活动步骤

用鱼骨图联系法(见图 8-1)来分析应该如何有效控制创业初期风险,并找到合理的解决风险的方法。

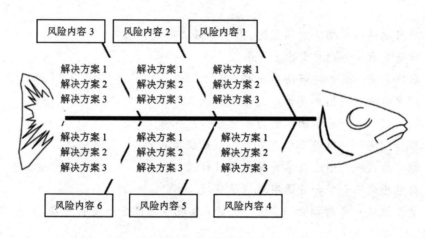

图 8-1　鱼骨图联系法

商业计划书评估

一、活动目标

分析商业计划书的突出模块。

二、建议时间

课下时间自定,课上用时 30 分钟。

三、材料准备

黑笔、A4 纸、大卡纸、便利贴。

四、活动步骤

每个创业小组团队利用大卡纸,分析自身 BP 中最值得突出的模块内容是什么,需要投资人关注的是哪个模块,具体原因是什么。

商业计划路演

一、活动目标

培养商业计划路演实操能力。

二、建议时间

课下时间自定,课上用时 30 分钟。

三、材料准备

黑笔、A4 纸、大卡纸、便利贴。

四、活动步骤

1. 思考自身创业项目的 BP 应该如何路演,8 分钟内需要组织和讲述的内容有哪些,如何做一份适合自身创业项目的 BF。各创业小组团队撰写一份商业计划书,可套用以下格式模板。

(1) 项目概述——描绘宏伟蓝图,用一句话清晰概括项目。
(2) 市场痛点——用户需求/痛点。
(3) 解决方案——如何解决用户痛点?
(4) 用户分析——用户是谁?(为用户画像)
(5) 核心团队——展示团队能力和优势。
(6) 市场空间——市场蛋糕有多大?(数据模式)
(7) 推广方式——通过精准营销实现目标。
(8) 商业模式——整合资源实现价值变现。
(9) 竞争优势——对标企业/核心优势/展现市场机会和发展潜力,突出核心资源和壁垒门槛。
(10) 财务预测——预算未来营收情况。
(11) 融资规划——分析融资多少/出让股份比/如何花钱。

2. 团队进行项目 BP 的路演对抗赛,每个团队路演时间为 8 分钟,路演完成投资人进行提问。

3. 每个团队可挑选一名成员模拟风投者,对其他项目进行资金的选投。

课后思考

1. 什么是创业计划?创业计划有何作用?
2. 撰写创业计划之前应该搜集哪些信息?
3. 一份完整的创业计划应该包括哪些内容?
4. 撰写创业计划应该遵守的原则有哪几条?

参 考 文 献

[1] 翟丽丽.互联网时代下现代企业经济管理创新模式研究[J].现代营销(信息版),2019(10):154.

[2] 吴敏.新常态经济背景下我国企业经济管理的创新路径研究[J].广西质量监督导报,2019(09): 22-23.

[3] 陈吉胜,胡红梅,刘立.大学生创新思维训练与创业指导[M].北京:电子工业出版社,2019.

[4] 康桂花,姚松.创新创业实用管理工具与方法[M].北京:中国林业出版社,2019.

[5] 吴隽,邓白君,王丽娜.从0到1一起学创业[M].天津:南开大学出版社,2019.

[6] 师建华,黄萧萧.创新思维开发与训练[M].北京:清华大学出版社,2019.

[7] 刘冬.自媒体环境下出版单位新媒体营销[J].传媒论坛,2018(08):108-109.

[8] 文波.互联网思维下的新媒体营销方式分析与研究[J].现代经济信息,2018(02):341.

[9] 李欣忆.企业新媒体营销中存在的问题及对策[J].传播力研究,2018(17):202-203.

[10] 范太华.创新思维与创新方法[M].长沙:中南大学出版社,2018.

[11] 李成钢.大学生创新创业经营模拟实践教程[M].北京:中国纺织出版社,2018.

[12] 池本工纯.图解商业模式[M].李希望,译.北京:人民邮电出版社,2018.

[13] 陈宏,叶亚芳.创新创业基础[M].南京:南京大学出版社,2018.

[14] 杨卫军.创新创业基础[M].北京:高等教育出版社,2018.

[15] 姜磊磊.基于微信的零售企业新媒体营销策略探析[J].贵阳学院学报(社会科学版),2017(06): 98-100.

[16] 王玉梅.互联网思维下的新媒体营销[J].中外企业家,2017(33):14-15.

[17] 耿丽微,赵春辉,张子谦.高校大学生创新能力培养与创业教育研究[M].成都:电子科技大学出版社,2017.

[18] 胡婧.移动互联网时代新媒体营销的现状与前景展望[J].新媒体研究,2017(23):36-38.

[19] 张禄.电视节目的新媒体营销[J].智库时代,2017(13):33-35.

[20] 吕强,张健华,王飞.创新创业基础教育[M].成都:电子科技大学出版社,2017.

[21] 赵锋.创新思维与发明问题解决方法[M].西安:西北工业大学出版社,2017.

[22] 李剑锋,张淑卿,赵玉红.大学生创新思维与案例分析[M].北京:光明日报出版社,2017.

[23] 陈诗慧,吕英,何乃柱.创业理论与技能[M].北京:北京工业大学出版社,2017.

[24] 张涛.创业教育[M].北京:机械工业出版社,2017.

[25] 汪卫星,李海波.开创精彩人生——大学生创新创业教育[M].北京:北京邮电大学出版社,2017.

[26] 陈建国,聂云松.税务公务员拓展训练教程[M].北京:中国税务出版社,2016.

[27] 张洪军,包丽.大学生科技竞赛研究与实践[M].哈尔滨:哈尔滨工程大学出版社,2015.

[28] 宫承波.创新思维训练教程[M].北京:中国广播电视出版社,2016.

[29] 白晓宇.产品创意思维方法[M].重庆:西南师范大学出版社,2016.

[30] 张涛.创业管理[M].北京:清华大学出版社,2016.

[31] 亚历山大·奥斯特瓦德.商业模式新生代[M].黄涛,郁婧,译.北京:机械工业出版社,2016.

[32] 由建勋. 创新创业实务 [M]. 北京：高等教育出版社，2016.

[33] 刘莉萍. 日本和新加坡创业教育比较研究及启示 [J]. 工业和信息化教育，2015(2).

[34] 张婷. 高职创业教育存在的问题与对策 [J]. 教育与职业，2015(2).

[35] 杨成双. 创造学基础 [M]. 成都：电子科技大学出版社，2014.

[36] 刘琼, 方锦. 美国创业教育研究——以百森商学院为例 [J]. 广角镜，2014(7).

[37] 于惠玲. 简明创新方法教程 [M]. 北京：中央广播电视大学出版社，2014.

[38] 胡惠林, 陈昕. 中国文化产业评论 [M].11 卷. 上海：上海人民出版社，2010.

[39] 高级幕僚. 这才是最牛团队：从携程到如家、汉庭 [M]. 广州：广东经济出版社，2010.

[40] 罗玲玲. 创意思维训练 [M]. 北京：首都经济贸易大学出版社，2008.

[41] 大卫·史密斯. 创新 [M]. 秦一琼，等译. 上海：上海财经大学出版社，2008.

[42] 辽宁省人事厅组. 创新能力培训教程 [M]. 沈阳：辽宁大学出版社，2007.

[43] 张涛. 创业教育 [M]. 北京：机械工业出版社，2006.

[44] 斯科特·A. 沙恩. 寻找创业沃土 [M]. 奚玉芹，金永红，译. 北京：中国人民大学出版社，2005.

[45] 海蒂·梅森, 蒂姆·罗纳. 公司创新的新模式 [M]. 苗莉，赵建国，等译. 北京：中国人民大学出版社，2005.

[46] 李时椿. 大学生创业与高等院校创业教育 [M]. 北京：国防工业出版社，2004.

[47] 吉雪, 许虹. 小老板创业策划 [M]. 成都：西南财经大学出版社，2004.

[48] 杰弗里·蒂蒙斯. 创业企业融资 [M]. 伟民，吕长春，译. 北京：华夏出版社，2002.

[49] 张涛, 李学渊, 包昆荣. 创业教育 [M]. 广州：广东高等教育出版社，2002.

[50] 彼得·F. 德鲁克. 创新与创业精神 [M]. 张炜，译. 上海：上海人民出版社，2002.

[51] 陈冠任. 个人创办私营公司全过程操作 [M]. 北京：中国工人出版社，2002.